Irene Raehlmann

Zeit und Arbeit

Irene Raehlmann

# Zeit und Arbeit

Eine Einführung

**VS VERLAG** FÜR SOZIALWISSENSCHAFTEN

VS VERLAG FÜR SOZIALWISSENSCHAFTEN

VS Verlag für Sozialwissenschaften
Entstanden mit Beginn des Jahres 2004 aus den beiden Häusern
Leske+Budrich und Westdeutscher Verlag.
Die breite Basis für sozialwissenschaftliches Publizieren


Bibliografische Information Der Deutschen Bibliothek
Die Deutsche Bibliothek verzeichnet diese Publikation in der Deutschen Nationalbibliografie;
detaillierte bibliografische Daten sind im Internet über <http://dnb.ddb.de> abrufbar.


1. Auflage April 2004

Lektorat: Frank Engelhardt

Der VS Verlag für Sozialwissenschaften ist ein Unternehmen von Springer Science+Business Media.
www.vs-verlag.de

ISBN-13: 978-3-531-14110-7        e-ISBN-13: 978-3-322-80504-1
DOI: 10.1007/978-3-322-80504-1

# Inhalt

5

6

# Vorwort

Bei der vorliegenden Schrift handelt es sich um eine erweiterte und aktualisierte Fassung, die seit 2002 als Kurs der Fernuniversität in Hagen im Fachbereich Kultur- und Sozialwissenschaften in der Lehre eingesetzt wird. Der langjährige Kollege Dr. Wieland Jäger, Professor für Soziologie am gleichnamigen Institut, hat den Studienbrief angeregt und betreut. Bei ihm bedanke ich mich. Ferner gilt mein Dank Markus Witt und Sabine Reuß, die die Literatur besorgt und die Textverarbeitung und -gestaltung vorgenommen haben.

Bamberg, im Februar 2004         I. R.

# Einleitung

Seit 30 Jahren beherrscht das Thema „*Zeit und Arbeit*" unter verschiedenen Stichworten wie Arbeits- bzw. Erwerbslosigkeit, Arbeitsintensivierung, Verkürzung und Flexibilisierung der Arbeitszeit, Vorruhestand und Altersteilzeit, bezahlte und unbezahlte Arbeit sowie Erziehungsurlaub/Elternzeit die öffentliche wie private Auseinandersetzung. In der Soziologie markiert das Thema des Bamberger Soziologentages von 1982 „Krise der Arbeitsgesellschaft?" (vgl. Matthes (Hrsg.) 1983) einen vorläufigen Höhepunkt der Diskussion, die sich seit den 90er Jahren mit der sich zuspitzenden Beschäftigungskrise erweitert und vertieft. Bei den Begriffen Zeit und Arbeit handelt es sich mithin um Schlüsselkategorien im Diskurs der Wissenschaft wie der Praxis. Ein solches, vielfach geteiltes Verständnis erscheint gerechtfertigt, weil in der Art und Weise wie Menschen Zeit und Arbeit gestalten die Gesellschaft in ihrem Bestand gesichert wird und dabei über innovative Veränderungsmöglichkeiten verfügt, oder aber sie wird durch Desintegration und Anomie von sozialen Verwerfungen bedroht. Auch die individuellen und kollektiven Entwicklungspotentiale bzw. -behinderungen der Gesellschaftsmitglieder werden durch solche Gestaltungsprozesse wesentlich grundgelegt.

In vielfältiger Weise werden Beziehungen zwischen Zeit und Arbeit durch das Tauschmittel Geld produziert und reproduziert. Es wird zwar hier nicht explizit als weitere Schlüsselkategorie thematisiert, aber es ist dennoch, wie zu zeigen ist, allgegenwärtig. Geld bindet „die Menschen unweigerlich zusammen, denn nun arbeitet jeder für den andern, und erst die Arbeit aller schafft die umfassende wirtschaftliche Einheit, welche die einseitige Leistung des Individuums ergänzt" (Simmel 1983: 82). Aus dem Streben nach Geld erwächst „daher die Unruhe, Fieberhaftigkeit, Pausenlosigkeit des modernen Lebens, dem im Gelde das unabstellbare Rad gegeben ist, dass die Maschine des Lebens zum *Perpetuum mobile* macht" (ebd.: 89).

Das Thema *„Zeit und Arbeit"* wird schrittweise erschlossen. In *Kapitel 1* gilt es, sich wichtiger *theoretischer Grundlagen* zu vergewissern. Zunächst sind die Kategorien *„Zeit" (1.1)* und *„Arbeit" (1.2)* in soziologischer Perspektive zu explizieren, und zwar unter Bezug auf die Klassiker wie Karl Marx, Max Weber, Emile Durkheim, Pitirim A. Sorokin, Robert K. Merton und moderne Theoretiker wie Herbert Marcuse, Norbert Elias, Marie Jahoda, Niklas Luhmann. Zusammengeführt werden beide Kategorien bzw. sozialen Tatbestände im Begriff *„Arbeitszeit" (1.3)*, der mit der Durchsetzung kapitalistischer Industrialisierung und der Bewirtschaftung von Zeit nach dem Motto „Zeit ist Geld" strategische Bedeutung für die Produktionsfaktoren Kapital und Arbeit erlangt. Zu klären sind in diesem Abschnitt etwa der Normalarbeitstag, Dimensionen, Typen von Arbeitszeit, der Zusammenhang von Arbeitszeit und Freizeit. Zudem wird in einer methodologischen Anmerkung die forschungsstrategische Bedeutung der Wechselwirkungen zwischen Arbeitswelt und den anderen Lebensbereichen angesprochen. In einem weiteren Punkt *„Zeit, Arbeit und Geschlecht" (1.4)* wird das überkommene Verständnis von Zeit und Arbeit ergänzt und korrigiert. Die Frauenforschung hat in den letzten 30 Jahren aufgezeigt, dass Arbeit in Erwerbsarbeit nicht aufgeht. Zudem sind in der gesellschaftlich notwendigen Familienarbeit Aspekte enthalten, nämlich die Arbeit mit und am Menschen, die auch

9

in der Erwerbsarbeit einer Dienstleistungsgesellschaft einen Bedeutungszuwachs erfahren. Ferner sind aufgrund der geschlechtsspezifischen Arbeitsteilung Zeitbudgets, Zeitverwendung und die Bedeutung von Zeit für Männer und Frauen höchst verschieden. In einem weiteren, dieses Kapitel abschließenden Teil werden wichtige *„Arenen und Akteure der Gestaltung von Zeit und Arbeit" (1.5)*, wie sie die sozialstaatliche Entwicklung in Deutschland hervorgebracht hat, vorgestellt. Die soziale Ordnung von Zeit und Arbeit ist Ergebnis kollektiver Verhandlungen auf staatlicher, sektoraler und betrieblicher Ebene. Außerdem ist noch eine weitere Arena zu berücksichtigen, nämlich die private Lebenswelt, wo heutzutage in Partnerschaft verbundene Männer und Frauen die Grundlagen ihres Zusammenlebens mit Blick auf Zeitverwendung sowie den Anteil an bezahlter und unbezahlter Arbeit miteinander aushandeln können. Schließlich werden von Frauen und Männern gleichermaßen, so die Annahme, vermehrt Eigenleistungen, d.h. auch individuelle Aushandlungen über die beruflichen Bedingungen, über Zeit und (Erwerbs)Arbeit im Lebenslauf erwartet. Diese relativ neuartigen Anforderungen zur Selbst-Optimierung sind abschließend zu skizzieren.

In *Kapitel 2* werden wichtige historische Etappen im Bereich von *„Zeit und Arbeit"* vorgestellt. Im Zuge der *Entwicklung der deutschen Wirtschaftsgesellschaft* lassen sich *drei Phasen unterscheiden. Die extensive (2.1) im Sinne einer Ausdehnung des Arbeitstages und die intensive Phase (2.2) als eine zeitliche Begrenzung bei gleichzeitiger Verdichtung der Arbeit* sind typische, allgemein anerkannte Differenzierungen. Wenn nun *eine dritte, die flexible Phase (2.3)* betont wird, so ist auch diese Markierung idealtypisch zu verstehen. Es handelt sich um ein aktuell sehr augenfälliges Muster, was sogar eine weitere Intensivierung der Arbeit eher befördern und in Teilbereichen auch zu einer

Verlängerung des Arbeitstages, ja sogar der Lebensarbeitzeit führen kann. —
Die Gefährdung der gesellschaftlichen Reproduktion führt zum Verbot bzw. zur
Einschränkung der Kinder- und Frauenarbeit sowie zur generellen Begrenzung
des Arbeitstages. Damit endet die extensive Phase der Industrialisierung. Nun
wird nach Möglichkeiten gesucht, wie die Arbeit verdichtet werden kann, um die
Arbeitsproduktivität zu sichern bzw. zu steigern. Die Einführung des Acht-
Stunden-Tages 1918 und die forcierte technisch-organisatorische Rationalisierung in den 20er Jahren signalisieren unübersehbar diesen Umbruch in Deutschland. Ein wiederum entscheidendes Datum für den Beginn einer Politik der Arbeitszeitflexibilisierung ist der Tarifvertrag von 1984 in der Metallindustrie.
Dieser bringt einerseits mit dem Einstieg in die 35-Stunden-Woche eine Arbeitszeitverkürzung, und andererseits eröffnet er Möglichkeiten, die Arbeitszeit beweglicher zu vereinbaren als das bislang, etwa im Rahmen von Schichtarbeit als
einer klassischen flexiblen Arbeitszeitform, der Fall ist.

Wird in den Kapiteln 1 und 2 das Thema soziologisch-theoretisch und his-
torisch-systematisch erschlossen, so werden in *Kapitel 3 „Flexible Gestaltung
von Zeit und Arbeit. Aktionsfelder und Praxisbeispiele"* gegenwärtige Tendenzen in exemplarischer Weise aufgezeigt. Die Auswahl von drei Schwerpunkten
bedarf der Begründung: Beim ersten Beispiel handelt es sich um ein Großunter-
nehmen in einer der Schlüsselindustrien der deutschen Volkswirtschaft. Unter
dem Titel *„Das atmende Unternehmen" (3.1)* wird die 1993/94 von der Volkswagen AG aus beschäftigungspolitischen Gründen — die Vermeidung von Massenentlassungen ist das primäre Ziel — eingeführte Vier-Tage-Woche mit einer
Arbeitszeit von knapp unter 30 Stunden thematisiert. Das ist ein sehr spektakulä-
rer Schritt, der in der Folgezeit durchaus Nachahmer findet. Von Beginn an sind
die Auswirkungen dieses Arbeitszeitmodells für das Unternehmen wie für die

11

Beschäftigten in ihrer inner- wie außerbetrieblichen Lebenssituation Gegenstand der Forschung. Heute liegen umfangreiche und inhaltlich breit gefächerte Ergebnisse vor, auf die Bezug genommen wird. Ein weiteres thematisches Feld ist die *„Informations- und Kommunikationstechnik"(IuK) als eine wichtige Voraussetzung zur „Neugestaltung von Raum, Zeit und Arbeit" (3.2)*. Auf der Grundlage dieser Technik kann die mit der Industrialisierung einhergehende Trennung von Haus und Betrieb tendenziell wieder rückgängig gemacht werden, wobei eine flexible Gestaltung der Arbeitszeit möglich ist. Die Flexibilisierung von Raum und Zeit hat daher vielfältige Rückwirkungen auf die Erwerbsarbeit wie auf die private Lebenssphäre. In einem weiteren Abschnitt werden Anforderungen an die Erwerbsarbeit thematisiert, die wichtige Impulse aus der außerberuflichen Lebenswelt erhalten. Es geht um die *Vereinbarkeit von „Erwerbs- und Familienarbeit: Möglichkeiten für beide Geschlechter" (3.3)*. Dieser Schwerpunkt ist deshalb geboten, weil die Umsetzung dieses Anspruchs aus objektiven wie subjektiven Gründen nach wie vor kaum realisiert ist, aber davon auszugehen ist, dass für Frauen Erwerbsbeteiligung mehr und mehr ein unverzichtbarer Bestandteil ihrer Lebensführung ist. Da aber die Beteiligung der Männer an der Familienarbeit bislang gering ist, werden in erster Linie jene Forschungsergebnisse rezipiert, die sich auf Hausmänner, teilzeitbeschäftigte Männer, Männer im Erziehungsurlaub beziehen. Da diese objektiv über größere Zeitressourcen für Familienarbeit verfügen, lassen sich aus den faktischen Zeitverwendungsmustern Annahmen über mögliche Entwicklungen ableiten.

In *Kapitel 4* richtet sich der Blick auf *„Modelle zukünftiger Entwicklung von Zeit und Arbeit"*. Es kann nicht erstaunen, dass die zu präsentierenden Zukunftsszenarien von unterschiedlichem Profil sind, was ein Ausdruck für Differenzen in der Interessenlage, der Analyse und Bewertung ist. Fast alle Entwürfe basieren auf einer engen Zusammenarbeit von Wissenschaft und Politik. Mit dem *neuen Bericht an den Club of Rome „Wie wir arbeiten werden" (4.1)* wird ein Modell für entwickelte Industrieländer vorgelegt, das durchaus anschlussfähig ist an die deutsche/europäische (sozial)wissenschaftliche und politische Diskussion. Beim Club of Rome handelt es sich um eine international anerkannte Einrichtung, die in der Vergangenheit, etwa in Fragen der Umwelt, der Mikroelektronik, wichtige Anstöße gegeben hat. Mit der Schrift *„Arbeit zwischen Misere und Utopie" (2000) von André Gorz (4.2)* wird ebenfalls ein Beitrag aus der europäischen Debatte rezipiert. Der Autor setzt sich seit mehr als 20 Jahren eigenwillig, kritisch, und unorthodox mit der Krise der Erwerbsarbeitsgesellschaft auseinander; seine Vorschläge transzendieren den gesellschaftlichen Status quo in sehr grundsätzlicher Weise. *Im Abschnitt 4.3 werden die Ergebnisse verschiedener Zukunftskommissionen in Deutschland*, die sich in den 90er Jahren aus unterschiedlichen politischen Lagern, in Kooperation mit der Wissenschaft bilden, diskutiert. Zunächst geht es um die *Kommission der Freistaaten Bayern und Sachsen*, die ihre Ergebnisse in einer *Kurzfassung (1998)* unter dem Titel *„Erwerbstätigkeit und Arbeitslosigkeit" (4.3.1)* veröffentlicht. Damit wird eine heftige Kontroverse ausgelöst, die ihren Niederschlag in einer *„Streitschrift" (1998) aus der Berliner Senatsverwaltung für Arbeit, Berufliche Bildung und Frauen* findet (4.3.2). Die der SPD nahestehende *Friedrich-Ebert-Stiftung (4.3.3)* publiziert unter dem Titel *„Wirtschaftliche Leistungsfähigkeit, sozialer Zusammenhalt, ökologische Nachhaltigkeit. Drei Wege ein Ziel" (1999)* Resultate aus der Arbeit ihrer Kommission. Für das *„Bündnis für Arbeit, Ausbildung und Wettbewerbsfähigkeit (1996 - 2003)" (4.4)*, in dem die Bundesregierung mit den Tarifvertragsparteien zusammentrifft, werden ebenfalls aus der Wissenschaft heraus Vorschläge für eine neue Beschäftigungspolitik entwickelt, die aber eine sehr strittige Aufnahme finden. Anfang 2003 scheitert dieses Bündnis u. a. wegen des Dissenses über die zukünftige Arbeitsmarktpolitik.

Am 14. März 2003 ergreift der Bundeskanzler mit der Vorstellung der *Agenda 2010* die Initiative. Die darin enthaltenen Vorschläge zur Arbeitsmarktreform sind Gegenstand eines langwierigen, konfliktträchtigen Verhandlungsprozesses in und zwischen den Regierungs- und Oppositionsparteien, bevor sie Ende 2003 vom Gesetzgeber schließlich verabschiedet werden. Mit diesen Gesetzen werden auch Ideen und Konzepte der Zukunftsmodelle aufgegriffen. Den Problemen der Umsetzung wissenschaftlicher Entwürfe in politische Gestaltung widmet sich das abschließende *Kapitel 5*.

Zusammenfassend können als *allgemeine Lernziele* festgehalten werden: Der nachfolgende Text soll die Möglichkeit eröffnen, zum Themenfeld *„Zeit und Arbeit"*

- sich die soziologisch-theoretischen Grundlagen anzueignen (Kapitel 1),
- sich in historisch-systematischer Absicht entscheidende Etappen in der Gestaltung dieser sozialen Tatbestände zu vergegenwärtigen (Kapitel 2),
- zentrale, durchaus zukunftsträchtige Handlungsfelder der letzten Jahre kennenzulernen und sich mit diesen auseinanderzusetzen (Kapitel 3),
- sich wichtige, von soziologischer Fantasie gespeiste realutopische Visionen und Konzepte zu erarbeiten, diese auf der Basis des Erlernten kritisch zu reflektieren und eine eigene Position zu der Gesamtthematik zu entwickeln (Kapitel 4, 5).

# 1 Theoretische Grundlagen

## 1.1 Zeit

Im Zuge der sozialen Umbrüche von der feudalen zur bürgerlichen Gesellschaft ist Zeit nicht länger nur ein Thema von Philosophie und Naturwissenschaft, sondern auch der Soziologie (vgl. Maurer 1992: 19 ff.). Zeit wird nun als ein gesellschaftlich geprägtes, historisch gewordenes und mithin wandelbares Phänomen begriffen. Auch das Zeitverständnis der Menschen ist an solche Voraussetzungen gebunden. Dieser Sachverhalt wird besonders offenkundig im Kontext der Entwicklung zur kapitalistischen Industriegesellschaft mit ihren sozialen Verwerfungen und den davon gespeisten sozialen Konflikten, die, wie wir noch sehen werden, zu einem Großteil auch Konflikte um Zeit sind, die sich in und im Umfeld industrieller Arbeit manifestieren.

Es ist Emile Durkheim, der in seinen religionssoziologischen Studien *Zeit als soziale Tatsache* erkennt und anerkennt und ihre gesellschaftlichen Funktionen bestimmt. Zeit als eine soziale Tatsache zu verstehen, heißt, sie als Produkt des kollektiven Denkens, des Denkens von Gruppen und Gesellschaften zu fassen. Zeit umgreift den sozialen und darin eingeschlossen auch den individuellen Lebenszusammenhang der Gesellschaftsmitglieder. Dazu schreibt er:

„Man stelle sich zum Beispiel vor, was der Begriff der Zeit wäre, wenn wir das abziehen, womit wir sie einteilen, messen und mit Hilfe von objektiven Zeichen ausdrücken, eine Zeit, die keine Folge von Jahren, Monaten, Wochen, Tagen, Stunden wäre! Das wäre etwas fast Unvorstellbares. Wir können die Zeit nur begreifen, wenn wir in ihr verschiedene Augenblicke unterscheiden. Wo liegt aber der Ursprung dieser Unterschiedlichkeit?" (Durkheim 1981: 28 f.)

Zeit wird zwar stets individuell erlebt, aber der Ursprung dieses Erlebens weist über den Einzelnen hinaus, verweist auf ein Gemeinsames, Kollektives und mithin auf Gesellschaft. Daher ist die Zeitkategorie

„ein abstrakter und unpersönlicher Rahmen, der nicht nur unsere individuelle Existenz umfasst, sondern auch die der Menschheit. (...) Es ist nicht *meine Zeit*, die auf diese Weise organisiert ist; es ist die Zeit, wie sie von allen Menschen einer und derselben Zivilisation gedacht wird. Das allein genügt schon, um deutlich zu machen, dass eine derartige Organisation kollektiv sein muss. In der Tat macht die Beobachtung klar, dass diese unumgänglichen Fixpunkte, auf die alle Dinge zeitlich ausgerichtet sind, dem sozialen Leben entnommen sind. Die Einteilung in Tage, Wochen, Monate, Jahre usw. entspricht der Periodizität der Riten, Feste, der öffentlichen Zeremonien. Ein Kalender drückt den Rhythmus der Kollektivität aus und hat zugleich die Funktion, deren Regelmäßigkeit zu sichern" (ebd. : 29).

Die gesellschaftliche Funktion gemeinsam geteilter, also sozialer Zeit besteht darin, soziales Leben durch regelmäßige, wiederkehrende Handlungen erst zu ermöglichen. D. h., „was an der Basis der Zeitkategorie steht, ist der Rhythmus des sozialen Lebens" (ebd.: S. 41). *Zeit ist ein Medium gesellschaftlicher Integration.* Wenn Zeit diesen kollektiven Charakter verlieren und sich total individualisieren würde, wäre gesellschaftliche Desintegration die Folge, ja mehr noch: „Wenn sich also die Menschen zu allen Zeiten nicht über diese wesentlichen Ideen hätten einigen können, wenn sie nicht eine einheitliche Auffassung der

Zeit (...) hätten, dann würde jede Übereinkunft unter den Geistern und folglich jedes gemeinsame Leben unmöglich sein" (ebd.: 38).

Im Gefolge von Durkheim haben Pitirim A. Sorokin und Robert K. Merton (vgl. 1937: 615 ff.) in Auseinandersetzung mit einem naturwissenschaftlichen Zeitverständnis sich ebenfalls mit der sozialen Zeit befasst und auf weitere Funktionen aufmerksam gemacht bzw. diese präzisiert. Der *Ursprung der sozialen Zeit* gründet in der unverzichtbaren, lebensnotwendigen *Zusammenarbeit der Menschen*. Durch zeitliche Strukturierung werden soziale Handlungen, etwa Aktivitäten im Bereich von Arbeit und Beruf, synchronisiert und koordiniert:

„We see, then, that systems of time reckoning reflect the social activities of the group. Their springs of initiation are collective, their continued observance is demanded by social necessity. They arise from the round of group life, are largely determined by the routine of religious activity and the occupational order of the day, are perpetuated by the need for social coordination, and are essentially a product of social interaction" (ebd.: 620).

Ferner betonen sie, dass *soziale Zeit* nicht nur von *quantitativer*, sondern auch von *qualitativer Natur ist*, — ein Gedanke, der angesichts aktueller Gefährdung kollektiver Zeiten uns noch beschäftigen wird. *Dass Zeit nicht gleich Zeit ist*, wird schon deutlich, wenn an Arbeitszeiten in der Nacht oder am Sonntag gedacht wird. In diesem Sinne fügen sie erklärend an: „(...) that these qualities derive from the beliefs and customs common to the group and that they serve further to reveal the rhythms, pulsations and beats of the societies in which they are found" (ebd.: 623).

Diese sozialen Funktionen, die mit dem *gesellschaftlichen Zeitgerüst* einherge-hen, können nur dann wirksam werden, wenn *sie individuell im Prozess der Sozialisation angeeignet werden:*

„Der einzelne Mensch lernt beim Heranwachsen die in seiner Gesellschaft gebräuchlichen Zeitsig-nale zu verstehen und sich im Verhalten an ihnen zu orientieren. Das Erinnerungsbild von der Zeit, die Vorstellung von ihr, die ein einzelner Mensch besitzt, hängt also von dem Entwicklungsstand, der die Zeit repräsentierenden und kommunizierenden sozialen Institutionen ab und von den Erfah-rungen, die der Einzelne mit ihnen von klein auf gemacht hat" (Elias 1984: XXI).

Nun gilt es, sich mit dem Problem auseinanderzusetzen, wie die soziale Ordnung von Zeit zu Stande kommt. Sie ist, wie bereits ausgeführt, ein gesellschaftliches Produkt, eine soziale Konstruktion, und insofern sind *Zeitordnungen auch Aus-druck gesellschaftlicher Macht- und Herrschaftsverhältnisse* (vgl. ebd.: 20 ff., 184 f.). Dabei können unterschiedliche Verfahren zum Zuge kommen: Zeitord-nungen können wie früher autokratisch von Priestern und weltlichen Herrschern gesetzt werden, etwa die Festlegung eines Kalenders mit bestimmten Festtagen, oder sie sind, wie heutzutage eher üblich, Ergebnis von Verhandlungen auf un-terschiedlichen gesellschaftlichen Ebenen. In der sozialen Wirklichkeit, die immer auch eine traditionsgebundene ist, lassen sich die Ursprünge der Zeitord-nungen auf verschiedene Verfahren zurückführen. Wichtig für ihr gesellschaftli-ches Funktionieren ist, dass sie von den Menschen als legitim anerkannt, respek-tiert und befolgt werden. Auf diese Weise entfalten sie eine „normative Wirkung auf die Strukturierung und Abstimmung von Handlungen" (Bergmann 1985: 476). Die *Kategorie Zeit* ist auch für Erscheinungen *sozialer Ungleichheit* be-deutsam. Status- und Schichtunterschiede und damit verbundene Abhängigkeits-verhältnisse ergeben sich aus der Möglichkeit, über die Zeit anderer verfügen, Termine und Fristen setzen zu können (vgl. Schöps 1980: 164 ff.). Wie bereits angemerkt, werden gesellschaftliche Zeitordnungen vor allem von jenen Anforderungen geprägt, die das System gesellschaftlicher Arbeit an sie stellt (vgl. Maurer 1992: 61). Mit dem Thema Zeit, so lässt sich schlussfolgern, werden zugleich wichtige Fragen des gesellschaftlichen, wirtschaftlichen, kulturellen und politischen Zusammenhangs und Selbstverständnisses sowie deren Entwicklung angesprochen.

Diese allgemein gehaltenen Ausführungen zum *Phänomen Zeit* sind nun *zu konkretisieren mit Blick auf die bürgerlich-industrielle Gesellschaft*. Die derzeitigen gesellschaftlichen Umbrüche lassen die damals durchgesetzte Zeitordnung bisweilen als obsolet erscheinen, teilweise wird sie in zugespitzter Form perpetuiert, aber auch neuartige Zeitarrangements entstehen. Wichtige Merkmale dieser kapitalistischen Industriegesellschaft sind: Unternehmer und freier, d.h. von feudalen Bindungen befreiter Lohnarbeiter, der seine Arbeitskraft verkaufen muss, sowie die Trennung von Haushalt und Betrieb als kapitalistischer Arbeitsorganisation (vgl. Weber 1965: 15 ff.). In dem Maße wie die Gesellschaft so komplexer und differenzierter wird — es entstehen neben Haushalt und Betrieb Schule und Hochschule, Institutionen der Politik und der Öffentlichkeit — verändern die Menschen ihre Haltung zur Zeit. Es entwickelt sich ein *reflexiver Umgang mit Zeit*, denn viele und unterschiedliche Handlungsanforderungen sind zu koordinieren und zu synchronisieren. Dadurch *erlangt der Faktor Zeit einen Bedeutungszuwachs*. Dieses *gewandelte Zeitverständnis* manifestiert sich in einer Arbeitshaltung, der *protestantischen Ethik*, die im nächsten Abschnitt näher erläutert wird (vgl. Kapitel 1. 2). So heißt es bei Max Weber:

„*Zeitvergeudung* ist also die erste und prinzipiell schwerste aller Sünden. Die Zeitspanne des Lebens ist unendlich kurz und kostbar, um die eigene Berufung ‚festzumachen'! Zeitverlust durch

Geselligkeit, ‚faules Gerde', Luxus, selbst durch mehr als der Gesundheit nötigen Schlaf (...) ist sittlich absolut verwerflich. (...) Zeit (...) ist unendlich wertvoll, weil jede verlorene Stunde der Arbeit im Dienst des Ruhmes Gottes entzogen ist. Wertlos und eventuell direkt verwerflich ist daher auch untätige Kontemplation, mindestens wenn sie auf Kosten der Berufsarbeit erfolgt. Denn sie ist Gott *minder* wohlgefällig als das aktive Tun seines Willens im Beruf" (Weber 1965: 167 f.).

Das Resultat dieses *Disziplinierungsprozesses* sind überaus *zeitbewusste und zeitregulierte Menschen*. Sie haben die sozialen Zeitzwänge im Sozialisationsprozess verinnerlicht, wodurch sie zum Selbstzwang geworden sind (vgl. Elias 1984: XLIV). Diese Zeitethik führt unmittelbar zu der das kapitalistische Zeitalter prägenden Auffassung „*Zeit ist Geld". Zeit wird* in der Wirtschaft *zu einem knappen Gut*, aber die weiteren Lebensbereiche, die private und öffentliche Sphäre, bleiben davon nicht verschont. Die Vorherrschaft der Zeit beinhaltet, dass sich Arbeit an der Zeit und nicht länger an der Aufgabe zu orientieren hat (vgl. Thompson 1973: 84 f.).

Die *aufgabenbezogene Zeiteinteilung, typisch für Agrargesellschaften*, ist dem Menschen verständlicher und kommt auch wohl seinen psycho-sozialen und physischen Bedürfnissen eher entgegen. So arbeitet der Bauer nicht nach der Uhr, sondern nach einem Rhythmus, der durch Jahres- und Tageszeiten bestimmt wird. Eine Trennung von Arbeit und dem übrigen Leben ist kaum ausgeprägt; ebenso wenig das uns wohl bekannte Spannungsverhältnis zwischen Arbeits- und Freizeit sowie zwischen Eigen- und Fremdzeit als eine weitere Differenzierung. Für einen Menschen, der nach der Uhr gewohnt ist zu arbeiten, gilt diese aufgabenorientierte Zeitverwendung „als verschwenderisch und ohne jeden Sinn für Dringlichkeit" (ebd.: 84). *Mit den industriegesellschaftlichen Zeitstrukturen*, die mit Manufaktur und Fabrik durchgesetzt werden, *verschwindet eine aufgabenbezogene Zeiteinteilung* mit ihrer Ausrichtung an natürlichen und sozialen Rhythmen, was sich in überlangen Arbeitszeiten, in zunehmender Schicht-, Nacht-, Sonntags- und Feiertagsarbeit eindrucksvoll zeigt. „Der Arbeitgeber muss die Zeit seiner Arbeiter nutzen und darauf achten, dass sie nicht verschwendet wird: *Nicht die Aufgabe, sondern der auf das Geld reduzierte Wert der Zeit wird entscheidend.* Man lässt nicht mehr die Zeit, über die man verfügt, verstreichen, sondern man setzt sie — wie Geld — für bestimmte Zwecke ein" (ebd.: 85).

Die neuen IuK-Techniken schaffen eine weitere Voraussetzung dafür, dass dieser Trend noch weiter forciert wird, indem sie ermöglichen, die Trennung von Haus und Betrieb, von Arbeitszeit und Freizeit zu relativieren bzw. sogar rückgängig zu machen, jedoch ohne Wiederkehr einer aufgabenorientierten Zeiteinteilung. Ganz im Gegenteil: Die Maxime *„Zeit ist Geld"* und die damit einhergehende Feststellung *„Zeit ist knapp"* gewinnt im globalen Kapitalismus eine *neue Qualität* insofern, als ein Begrenzen, Relativieren und Hinterfragen dieser Botschaften als überholte, unzeitgemäße Sozial- und Gesellschaftskritik abgewehrt und als gegen den Fortschritt gerichtet denunziert wird. Gleichwohl mehren sich die Stimmen, die die Zeitbeschleunigung als hoch risikoreich für Natur, Mensch und Gesellschaft einschätzen und für Entschleunigung, für das Prinzip Langsamkeit plädieren.

Trotz der *bis heute anhaltenden Beschleunigung* kann eine Gesellschaft, will sie ihr Überleben nicht gefährden, auf ein *aufgabenorientiertes Zeitverständnis nicht ganz verzichten.* Tätigkeiten wie die Erziehung und Betreuung von Kindern, Kranken und Alten sowie die Aufrechterhaltung und Pflege von Partnerschaften, Freundschaften und des Familienlebens erfordern ein solches Verhältnis zur Zeit. Im Übergang zur modernen Gesellschaft stellt Jean-Jacques Rous-

21

seau „die wichtigste und nützlichste Regel jeder Erziehung (auf). *Sie heißt nicht Zeit gewinnen, sondern Zeit verlieren"* (Rousseau 1987: 72). Dazu ausführlicher in Kapitel 1.4!

Niklas Luhmann widmet sich in systemtheoretischer Perspektive dem Phänomen der *Zeitknappheit* und entdeckt verschiedene Verfahren im Umgang mit diesem Problem. Zunächst stellt er fest, dass Zeitknappheit mit der Entwicklung von einfachen zu komplexen Sozialsystemen bzw. Gesellschaften entsteht. Ein wichtiges Strukturprinzip komplexer Gesellschaften ist ihre funktionale Differenzierung, d.h. die Existenz relativ eigenständiger Teilsysteme wie Religion, Politik, Wirtschaft, Familie. Diese Merkmale sind, wie vorstehend bereits angesprochen, charakteristisch für entwickelte Industriegesellschaften. Hier muss das Handeln

„in steigendem Maße aus dem familiären Kontext gelöst und zeitlich, sachlich und sozial mobilisiert werden. Das objektiv erwartbare Geschehen kann im subjektiven Zeithorizont der einzelnen Funktionsrollen oder Teilsysteme nicht mehr integriert werden, obwohl es für sie relevant bleibt. Die einzelnen Teilbereiche müssen daher aus ihrem Zeithorizont heraus Ansprüche an die Zeit anderer stellen, die deren Zeitpläne verzerren. Dadurch wird Zeit knapp" (Luhmann 1968: 14).

Gegenstrategien, die das Handeln entlasten und dysfunktionale Folgen für Arbeitsorganisationen, aber auch für außerberufliche Bereiche reduzieren, sind (vgl. Luhmann 1968: 3 ff., 1971: 113 ff., 1973; Schöps 1980):

- *Planung* antizipiert die Zukunft, strukturiert sie vor, indem zukünftige Handlungen durchdacht und zeitlich koordiniert werden.

- *Zeitliches Umdisponieren,* etwa Vorwegnahme oder Hintenanstellen von Aktivitäten, bedeutet *Setzen von Prioritäten.*

- *Beschleunigung des Verhaltenstempos,* d.h. Aufgaben werden in (immer) kürzerer Zeit erledigt. Das Handeln wird verdichtet, es intensiviert sich.

- Wenn *Aufgaben gleichzeitig verrichtet* werden, ergibt sich ebenfalls eine intensivere Nutzung der Zeit: Beim privat organisierten Arbeitsessen wird Berufliches mit Privatem verkoppelt. Bei der Vorbereitung des Mittagessens findet eine Unterhaltung über den Schulalltag des Kindes statt — hier sind Haus- und Erziehungsarbeit verbunden.

- *Routine und Gewohnheiten* entlasten den Zeithaushalt, da Tätigkeiten regelmäßig anfallen: Die Zeit für Planung und Umstellung reduziert sich, die Fähigkeiten werden entwickelt und geübt, so dass die Aufgabe „quasi automatisch" erledigt werden kann.

- *Substitution von Zeit durch Geld* bedeutet, dass fremde Zeit gekauft wird, etwa wenn eine Haushälterin und ein Kindermädchen angestellt werden, um personenbezogene Dienstleistungen zu erbringen.

- Auf der Basis von *Vertrauen* können zeitaufwendige Aufgaben und Termine *delegiert* werden.

- In Arbeitsorganisationen sind Inhaber eines höheren Status in der Lage, sich zeitlich zu entlasten, indem *Aufgaben und Termine* an untergeordnete Positionsinhaber *delegiert* und *diktiert* werden.

*Die Strategien gegen Zeitknappheit sind in ihren Wirkungen nicht neutral*, sondern können problematische Folgen zeitigen: Anspruchsreduktion, Qualitätsminderung, Unterlassung, Verzicht (vgl. Müller-Wichmann 1984: 186).


## 1.2 Arbeit


Arbeit ist von elementarer Bedeutung für die menschliche Existenz und für die Befriedigung menschlicher Bedürfnisse. Eine solche Auffassung ist in der Menschheitsgeschichte keineswegs selbstverständlich gewesen. In der Rückschau zeigt sich nämlich, dass *der heutigen Wertschätzung eine Geringschätzung von Arbeit vorausgeht.* Arbeit, zuerst nur als körperliche Arbeit verstanden, gilt in der Antike als Mühsal und Plage, die Sklaven und Knechten vorbehalten und eines „freien Mannes" unwürdig ist (vgl. Walther 1990: 3 ff.). Ein allgemein anerkanntes Verständnis von Arbeit bildet sich erst im Zusammenhang mit bestimmten gesellschaftlichen Verhältnissen heraus. Im Gefolge dieses tiefgreifenden Wandels zerbricht die feudal bestimmte ständische Gesellschaft und macht der bürgerlichen Platz. Der Prozess beginnt mit den Stadtrevolutionen des 11. und 12. Jahrhunderts, der schrittweisen Befreiung der Arbeitenden, der vom Lande Losgelösten, der Bürger, aus der Macht der mittelalterlichen Grundherren und endet damit, dass schließlich auch die Angehörigen der ehemals nicht arbeitenden Stände in den Kreislauf der Arbeitsteilung einbezogen werden. *Arbeit gilt fortan „als allgemeine Bürgertugend"* und enthält damit einen kritischen, gegen den adeligen Müßiggang gerichteten Akzent (ebd.: 22). So klagt Carlyle noch im 18. Jahrhundert:

> „Was sollen wir von diesen Besitzern des Bodens Englands sagen, deren anerkannte Funktion jetzt darin besteht, ihre Pachtzinse durchzubringen, Rebhühner zu schießen und als angenehme Belustigung im Parlament und in vierteljährigen Sitzungen herum zu dilettieren. (...) Dass man einer Klasse von Menschen, die luxuriös von dem Besten der Erde leben darf, erlaubt, (...) nichts zu tun. (...) Wir sagen ferner (...), dass solch eine Klasse aufhören muß, auf der Oberfläche des Planeten gesehen zu werden, denn auf ihm wohnt die Arbeit und nicht der Müßiggang" (zitiert nach: Kofler 1966: 408).

Die Auffassung, von Bürgertum und Aufklärungsphilosophie vertreten, *das Subjektsein des Menschen werde durch Arbeit vermittelt,* wird zuvor bereits in einem theologisch bestimmten Bezugssystem formuliert. Die christlich-mittelalterliche Arbeitsauffassung, die aus heutiger Sicht das sozial diskri-

.minierende Arbeitsverständnis der Antike überwindet und jenseits ständischer Schranken jedwede Arbeit vor Gott als gleichwertig anerkennt, wird ergänzt und zunehmend verdrängt durch die *calvinistische Arbeitsethik*. Sie entspricht der neuen Wirtschaftsform bestens und wird daher von Weber als „Geist des Kapitalismus" bezeichnet (vgl. Weber: 1965). Die bisherige Auffassung, dass das ewige Heil des Menschen in Gottes Händen liegt und der Mensch weder etwas dafür tun noch jemals seines Heils gewiss sein kann, wird entscheidend revidiert. Ist die Arbeit erfolgreich, so darf der Mensch daraus die Hoffnung schöpfen, dass Gott für ihn ist. Diese Prädestinations- und Rechtfertigungslehre begründet eine „rastlose Berufsarbeit": „Sie und sie allein verscheuche den religiösen Zweifel und gebe die Sicherheit des Gnadenstandes" (ebd.: 129). Der Glaube bewährt sich im weltlichen Berufsleben, und der dabei erlangte Reichtum ist nur insoweit eine Gefahr, wie er zu „faulem Ausruhen und sündigem Lebensgenuss" verleitet (ebd.: 172). Hiermit ist *eine bürgerliche Arbeits- und Berufsethik*, eine „ethisch gefärbte(n) Maxime der Lebensführung" (ebd.: 43) entstanden, die Weber zusammenfassend so charakterisiert:

„Die innerweltliche protestantische Askese (...) wirkte also mit voller Wucht gegen den unbefangenen *Genuss* des Besitzes, sie schnürte die *Konsumtion*, speziell die Luxuskonsumtion, ein. Dagegen *entlastete* sie im psychologischen Effekt den *Gütererwerb* von den Hemmungen der traditionalistischen Ethik[1], sie sprengte die Fesseln des Gewinnstrebens, indem sie es nicht nur legalisierte, sondern (in dem dargestellten Sinn) direkt als gottgewollt ansah" (ebd.: 179).

In diesem Zeichen der Erwählung erkaltet das ganze Leben in einer innerweltlichen Askese von Arbeit um der Arbeit willen. Es kommt daher weder zur Muße

---

[1] Gemeint ist damit jener Traditionalismus, wodurch „der Mensch (...) ‚von Natur' nicht Geld und mehr Geld verdienen (will), sondern einfach leben, so leben, wie er zu leben gewohnt ist, und soviel erwerben, wie dazu erforderlich ist" (ebd.: 50).

und zum Genuss des Arbeitsertrages noch zum Mitleid mit den Armen, weil diese ja von Gott verworfen sind. Ist Armut im Mittelalter zwar ein Unglück, dabei unabänderlich, weil durch Geburt, wird Armut nun zur Schuld. E.P. Thompson zitiert aus einer Predigt des Pfarrers Clayton von 1755: „„Wenn der Faulenzer seine Hände in der Tasche versteckt, anstatt sie zur Arbeit zu gebrauchen; wenn er seine Zeit mit Bummeln zubringt, seinen Körper durch Faulheit schwächt und seine Geisteskräfte durch Trägheit abstumpft, kann allein Armut sein Leben sein'" (Thompson 1973: 94).

Vor dem Hintergrund dieser Entwicklung kann in der *klassischen Nationalökonomie die Wirklichkeit des Menschen als ein System gesellschaftlicher Arbeit aufgezeigt werden*. Daher kann Marx sagen: „Die ganze so genannte Weltgeschichte (ist) nichts anderes (...) als die Erzeugung des Menschen durch die menschliche Arbeit, als das Werden der Natur für den Menschen" (MEW 1973: 546). Ihre konkrete Gestalt erhält Arbeit in der Ordnung des Privateigentums. Für den Menschen ist es „die Darstellung der Rechtfertigung in dieser Welt nicht aus höherer Gnade, sondern aus sich selbst, aus seiner Arbeit" (Jonas 1960: 148). Marx begreift unter Rückbezug auf Georg Wilhelm Friedrich Hegel *Arbeit als Schlüssel zum Wesen des Menschen*. Das Große an Hegel sei, betont er, dass er „das Wesen der Arbeit fasst und den gegenständlichen Menschen, wahren weil wirklichen Menschen als Resultat seiner eigenen Arbeit begreift" (Marx 1964: 269). Marx analysiert Arbeit zunächst als allgemeine Form des menschlichen Kampfes mit der Natur, um die für die menschliche Existenz erforderlichen Lebensmittel zu erhalten. Arbeit ist also „ein Prozess zwischen Mensch und Natur, ein Prozess, worin der Mensch seinen Stoffwechsel mit der Natur durch seine eigene Tätigkeit vermittelt, regelt und kontrolliert" (MEW 1974: 192). Arbeit ist entscheidende Bedingung für die Aussonderung des Menschen vom

Tierreich. Neben diesen allgemeinen nennt Marx noch weitere, speziellere Unterscheidungsmerkmale.

*Erstens: Arbeit ist zweckmäßige, zielgerichtete Tätigkeit,* d.h. der Mensch als ein mit Intelligenz ausgestattetes Wesen kann das Arbeitsergebnis antizipieren und den Arbeitsprozess daraufhin organisieren. Er schreibt:

„Eine Spinne verrichtet Operationen, die denen des Webers ähneln, und eine Biene beschämt durch den Bau ihrer Wachszellen manchen menschlichen Baumeister. Was aber von vornherein den schlechtesten Baumeister von der besten Biene auszeichnet, ist, dass er die Zelle in seinem Kopf gebaut hat, bevor er sie in Wachs baut. Am Ende des Arbeitsprozesses kommt ein Resultat heraus, das bei Beginn desselben schon in der Vorstellung des Arbeiters, also ideell vorhanden" ist (ebd.: 193).

*Zweitens: Der Mensch vollbringt diese zielgerichtete Tätigkeit mit Hilfe von selbst produzierten Werkzeugen.* „Der Gebrauch und die Schöpfung von Arbeitsmitteln, obgleich im Keime schon bestimmten Tierarten eigen, charakterisiert den spezifisch-menschlichen Arbeitsprozess" (ebd.: 194). In ihm eignet sich der Mensch die Natur in einer für die Bewältigung des Lebens brauchbaren Form an. Die Funktion des Arbeitsprozesses lässt sich folglich als „zweckmäßige Tätigkeit zur Herstellung von Gebrauchswerten" bestimmen (ebd.: 192). Dadurch ist Arbeit „nützliche" Arbeit (ebd.: 57). Gebrauchswertproduktion ist „eine von allen Gesellschaftsformen unabhängige Existenzbedingung des Menschen, ewige Naturnotwendigkeit, um den Stoffwechsel zwischen Mensch und Natur, also das menschliche Leben zu vermitteln" (ebd.: 57).

*Drittens: Der Mensch tritt auch in Wechselbeziehung mit anderen Menschen: Arbeit ist stets Kooperation.*

„In der Produktion wirken die Menschen nicht allein auf die Natur, sondern aufeinander. Sie produzieren nur, indem sie auf eine bestimmte Weise zusammenwirken und ihre Tätigkeiten gegeneinander austauschen. Um zu produzieren, treten sie in bestimmte Beziehungen und Verhältnisse zueinander und nur innerhalb dieser gesellschaftlichen Beziehungen und Verhältnisse findet ihre Einwirkung auf die Natur, findet Produktion statt" (MEW 1968: 407).

Die Gesellschaft, die sich im Feudalsystem entwickelt, ist eine warenproduzierende Gesellschaft, also eine, in der der Produzent etwas herstellen kann, ohne dass er es braucht, ohne dass das fertige Produkt seiner eigenen Bedürfnisbefriedigung dient. Diese erreicht er erst, wenn er sein Produkt gegen ein anderes tauscht, welches er nicht geschaffen, für ihn aber Gebrauchswert hat. *Arbeit in dieser warenproduzierenden Gesellschaft ist die Herstellung des Produkts für einen anderen,* so dass Arbeitstätigkeit zur Erwerbstätigkeit wird. Es verwandelt sich der Zentralbereich menschlicher Existenz, die Arbeitstätigkeit, zu einem Instrument der Bedürfnisbefriedigung für den Restbereich, für das eigentlich „lebenswerte Leben" (Volpert 1975: 159). Arbeit verwandelt sich noch in anderer Hinsicht. Denn die warenproduzierende Gesellschaft, die Arbeitsteilung voraussetzt, weitet, weil der Markt vielseitige Bedürfnisse weckt, diese zunehmend aus. Unter diesen Bedingungen sind die individuellen Handlungssysteme gekennzeichnet „durch eine zunehmende Vereinseitigung, d.h. die Handlungskompetenzen spiegeln die gesellschaftlichen Kompetenzen in immer geringerem Umfang wider" und ferner „durch ein Auseinanderfallen des allgemeinen (Erwerbs-)Motivs der Arbeitstätigkeit und des konkreten Inhalts und Ziels (Produkt) dieser Tätigkeit" (ebd.: 159 f).

Die warenproduzierende Gesellschaft erhält erst ihre zugespitzte Form im Kapitalismus. Hier ist der unmittelbare Produzent in doppelter Weise befreit, und zwar von persönlichen Abhängigkeitsverhältnissen und vom Besitz aller Produktionsmittel. Er besitzt nur noch seine Arbeitskraft und muss diese veräußern, er wird zum Lohnarbeiter. Der gesellschaftliche Gesamtprozess, speziell die Produktion, erscheint für den Lohnarbeiter als eine fremde Sache, daher nicht zu kontrollierende Macht, als Eigentum und Verfügungsgewalt des Kapitalisten. Er selbst ist diesem Zusammenhang ohnmächtig, fremden Nutzen dienend, einverleibt. Noch mehr als bisher ist Arbeitstätigkeit vom übrigen Leben getrennt, fängt Leben erst nach Beendigung der Arbeit an.

Während Hegel und Marx noch die persönlichkeits-, gesellschafts- und geschichtsbildende Rolle von Arbeit betonen, wird in der *klassischen Nationalökonomie Arbeit ausschließlich unter wirtschaftlichen Gesichtspunkten betrachtet.* Sie wird auf einen *bloßen Produktionsfaktor* reduziert. Dieses Verständnis ist auch noch für die moderne Wirtschaftswissenschaft typisch, die überdies den Arbeitsbegriff noch weiter verengt: *Arbeit wird nur als „wirtschaftliche Tätigkeit" aufgefasst,* so dass die Tätigkeit des Politikers, Künstlers, Forschers „nur im übertragenen Sinne und etwas unsicher als Arbeit bezeichnet" und außerdem *der Arbeitsbegriff „immer mehr auf die geleitete, unfreie Tätigkeit" des Lohnarbeiters begrenzt wird* (Marcuse 1967: 8).

Zudem wird in *neuerer Zeit eine weitere Reduktion des Arbeitsbegriffs kritisch angemerkt.* Bereits bei Hegel und Marx sowie bei nachfolgenden Theoretikern wird *Arbeit mit Erwerbsarbeit gleichgesetzt* — ein Tatbestand, der vor allem von der Frauenbewegung und -forschung kritisiert wird (vgl. Neusüß 1983: 181 ff.; Schmid 1990: 258 ff.). Ausgeblendet werden all jene Arbeiten, die in der Regel von Frauen verrichtet werden und die erst die Voraussetzungen für Erwerbsarbeit schaffen, so die Erziehung von Kindern, die Betreuung und Pflege von Kranken und Alten sowie die Hausarbeit, die zusammen mit der Beziehungsarbeit die physische und psychische Wiederherstellung, auch der männlichen Arbeitskraft, im Alltag sicherstellen. „Der Einfluss der Frauenforschung auf die inzwischen allgemein als notwendig erachtete und in Anspruch genommene ‚Erweiterung des Arbeitsbegriffs' gehört gewiss zu ihrer Erfolgsgeschichte" (Eckart 2000: 15). Die Diskussion darüber erhält zusätzliche Anstöße durch die seit etwa 30 Jahren sich vertiefende Krise der Arbeitsgesellschaft, die nach einer Neubewertung und Neuverteilung von bezahlter und unbezahlter, von Erwerbs- und Nichterwerbsarbeit verlangt. Gleichzeitig damit sind die Systeme sozialer Sicherheit neu zu organisieren, denn in ihrer überkommenen Form sind sie mit dem System der Erwerbstätigkeit verkoppelt, so dass andere Arbeitstätigkeiten häufig ungesichert und ungeschützt erfolgen. Die nachfolgende Tabelle gibt einen Überblick über den Anteil bezahlter und unbezahlter Arbeit (Resch 2000: 78):

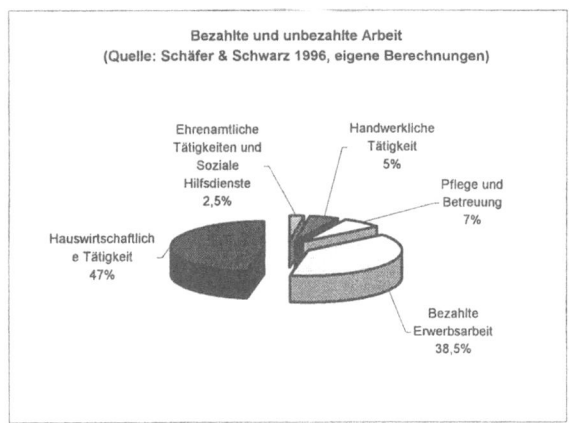

Es besteht jedoch die *Gefahr*, dass die überkommene *Verkürzung des Arbeitsbegriffs* abgelöst wird von einer *inflationären Verwendung* dieses Begriffs, etwa in Formulierungen wie Trauerarbeit (Mitscherlich, Mitscherlich 1967: 9), Erlebnisarbeit (Schulze 2000: 38) und Vergnügungsarbeit (Greiner 1986; zitiert nach: ebd.: 38).

„Auch begrifflich-analytisch sind gegen eine allzu expansive Neubestimmung des Arbeitsbegriffs Einwände zu erheben. Von 'Arbeit' kann nur dann gesprochen werden, wenn eine Tätigkeit durch ein vorbedachtes und nicht nur von den Arbeitenden selbst, sondern auch von anderen als nützlich bewertetes Ziel geleitet wird und wenn sich die auf dieses Ziel gerichteten Anstrengungen in einer gewissen Übereinstimmung mit dem gesellschaftlich erreichten Stand der technischen Produktivität befinden. Nach diesen beiden Kriterien der sozialen Validierung von Zielen und der Effizienz des Mitteleinsatzes würde etwa ein großer Teil der als 'Hobbies' betriebenen Tätigkeiten nicht sinnvollerweise der Sphäre der 'Arbeit' zugerechnet werden können, sondern müßte — wie etwa auch sportliche Tätigkeit — als eine konsumtive Art der Freizeitverwendung klassifiziert werden. Überall dort, wo der 'Arbeitsprozeß' und sein 'Ergebnis' schwer oder überhaupt nicht voneinander zu trennen sind und der Nutzen der Tätigkeit in ihrem 'Prozeßnutzen' aufgeht, wird man deshalb nicht sinnvoll von 'Arbeit' sprechen wollen" (Heinze, Offe 1990: 9).

„Technische Produktivität" und „Effizienz des Mitteleinsatzes" relativieren sich bei bestimmten Arbeiten, ohne dass die Tätigkeiten ihren Arbeitscharakter einbüßen. Ganz im Gegenteil — sie verfehlen ihre Ziel bei strikter zeitökonomischer Orientierung. Bei den Arbeiten handelt es um personenbezogene Dienstleistungen, so um Erziehung, Betreuung, Unterrichten, Lehre und Pflege, wo Zeit-verlieren-können funktional für den Tätigkeitsvollzug ist. Ähnlich verhält es sich beim Beraten und Bedienen, also insgesamt Tätigkeiten, die in der Dienstleistungsgesellschaft im Wachsen begriffen sind.

Insofern fordert der Strukturwandel von der Industrie- zur Dienstleistungsgesellschaft zu einer weiteren *Neubestimmung,* im Wesentlichen eine *Ergänzung von Arbeit,* gerade auch von Erwerbsarbeit, heraus. Verständlicherweise konkretisiert sich die Analyse von Arbeit, so von Marx und seinen Nachfolgern, primär in der *industriellen Erwerbsarbeit*. Daneben gibt es immer schon einen *weiteren Typ von Erwerbsarbeit*: „Dass alle Arbeit wesentlich auf Gegenständlichkeit bezogen ist, erscheint sofort zweifelhaft, wenn man etwa an ‚geistige' Arbeit, an politisches Handeln, *an gesellschaftliche Dienstleistungen (wie die Tätigkeit des Arztes, des Lehrers u. a.)* denkt" (Marcuse 1967: 28). Die oben erwähnten *Besonderheiten personenbezogener Dienstleistungen* bleiben lange Zeit auch *in der Wissenschaft unbeachtet*, da diese Arbeit vor allem im Privaten unentgeltlich geleistet wird oder als frauentypische Berufsarbeit wenig Beachtung findet. Diese Ignoranz ist nicht mehr haltbar, weil solche Tätigkeiten, etwa durch sozialstaatliche Politik wie die Pflegeversicherung, deren Einführung auch eine Antwort auf den demographischen Wandel ist, sich zu einem zukunftsträchtigen Wirtschafts- und Beschäftigungssektor entwickeln. In der *Diskussion um einen modifizierten Arbeitsbegriff* scheinen jene Momente nunmehr allgemeine Anerkennung zu finden, die die Frauenforschung von Beginn an als das Charakteristische an Erziehungs-, Beziehungs- und Pflegearbeit betont: die Ganzheit der Arbeitsaufgabe, die auf unmittelbare Bedürfnisbefriedigung zielt und einem natürlichen Zeitrhythmus unterliegt, wobei als Qualifikationen besonders Erfahrungswissen, Intuition und Empathie gefordert werden (vgl. Ostner 1978: 121 ff.). Diese Merkmale sind nun zentraler Bestandteil eines „subjektivierenden Arbeitshandelns" (Böhle 1999: 174 ff.) bzw. von „Gefühlsarbeit" (Brucks 1999: 182 ff.), sie sind eine wesentliche Bedingung dafür, dass personenbezogene Dienstleistungen überhaupt ein akzeptables Qualitäts- und Effizienzniveau erreichen. Es zeigt sich, dass diese neuen Arbeitskonzepte also keineswegs so neu sind, wie sie suggerieren: „(...) subjektive Faktoren wie Gefühl, Empfindungen und Erlebnisse (werden) nicht ausgeschaltet (...), sondern (sind) ein wichtiger Bestandteil bei der Bewältigung von Arbeitsaufgaben; des Weiteren wird das, worauf sich die Arbeitstätigkeit richtet, nicht als ‚Objekt', sondern als bzw. wie ein ‚Subjekt' aufgefasst" (Böhle 1999: 176); d.h. „Handlungsziele sind nur in Kooperation mit dem Klienten (zu) verfolgen" (Brucks 1999: 185). Diese Dienstleistungsarbeit, im Kontext von Erwerbstätigkeit ausgeübt, führt zu Anforderungen, die es erschweren können, die beruflichen von privaten Rollen zu trennen. Aus der Rollendiffusion entstehen dann spezifische Belastungen/Beanspruchungen (vgl. Marquard u. a. 1993).

*Zusammenfassend ist festzuhalten:* Gegenüber dem klassischen Verständnis von Arbeit zeichnen sich zwei eng miteinander verwobene Änderungen ab: *Arbeit ist mehr als Erwerbsarbeit. Merkmale außerberuflicher Familienarbeit,* von der von Männern dominierten Wissenschaft lange Zeit ignoriert, werden nun *in ein Arbeitskonzept integriert, das für Arbeitsanalysen in einer Dienstleistungsgesellschaft immer wichtiger wird.* Dies ist ein eindrucksvoller Beleg dafür, wie sehr Vertreter gegenwärtiger Soziologie einschließlich ihrer Teildisziplinen sich zumindest bislang gegenüber Erkenntnissen der soziologisch orientierten Frauenforschung verschließen (vgl. Gerhard 1998: 343 ff.)

Dass beide Arbeitsbereiche, die Familien- wie die Erwerbsarbeit gesellschaftlich notwendig sind, dürfte klar geworden sein. So bleibt noch die Frage zu beantworten, welche Bedeutung diese Arbeiten — andere gesellschaftlich notwendige Arbeiten, etwa das Ehrenamt, bleiben hier vorerst unberücksichtigt — für Frauen und Männer haben. Es geht um die *subjektive Bedeutung von Arbeit.* Marie Jahoda, die sich dem Thema bereits in den 30er Jahren des letzten Jahrhunderts im Kontext zu Forschungen über Erwerbslosigkeit widmet (vgl. Jahoda u. a. 1975), kommt in neuen Untersuchungen zu folgendem Ergebnis (vgl. Jahoda 1983): Bei der Erfahrung mit der Erwerbsarbeit lassen sich fünf Aspekte unterscheiden, die bei der Erwerbslosigkeit fehlen und zu einer psychischen Verarmung der Betroffenen führen. *Erwerbsarbeit* als eine regelmäßige Tätigkeit beinhaltet die Auferlegung einer *festen Zeitstruktur*, sie erweitert die *sozialen Kontakte* und *Erfahrungen* über die stark emotional besetzten Familienbeziehungen hinaus, sie ermöglicht die *Teilhabe an sozialen Zielsetzungen und kollektiven Anstrengungen*, sie weist dem Individuum einen *sozialen Status* zu und garantiert seine *Identität*. In einem Interview 1996 äußert sie sich wie folgt: Erwerbsarbeit gewährleistet „die Verbindung zur Wirklichkeit. Ich glaube, dass dies unabhängig von der Höhe des Einkommens ist. Auch die so genannten niedrigsten Arbeiten geben die Möglichkeit, den sozialen Kontakt zu erweitern, zu fühlen, dass man an etwas Nützlichem teilnimmt, eine Zeitperspektive zu gewinnen" (Jahoda 1997: 164).

Die wachsende Wertschätzung von Erwerbsarbeit, die auf dem herausragenden Stellenwert im individuellen wie kollektiven Lebensgefüge gründet, überdeckt *die Ambivalenz, das zerstörerische Potential* solcher *Arbeit*. Mit Blick auf den Einzelnen, auf Natur und Gesellschaft sind als mögliche Folgewirkungen zu konstatieren: Die Arbeitskraft ist bedroht von Gesundheitsverschleiß, arbeitsbedingten Erkrankungen bis hin zur „Vernichtung durch Arbeit", industrielle Massenproduktion hat verheerende ökologische Folgen, die Herstellung von Waffen für die eigene oder fremde Kriegsführung kann Menschen und deren Lebensbedingungen vernichten. Diese *destruktiven Aspekte von Arbeit* (vgl. Clausen 1988) sind in erster Linie den betrieblichen, gesellschaftlichen, internationalen Rahmenbedingungen geschuldet, d.h. verantwortlich sind primär jene leitenden Akteure aus Politik und Wirtschaft, die solche Arbeitsprozesse in Gang setzen, und weit weniger jene, die diese ausführen müssen, wollen sie nicht die Möglichkeit, ihren Lebensunterhalt zu verdienen, verlieren. Gleichwohl können die

34

Ausführenden, in der Regel die abhängig Beschäftigten, gegen solche bedrohlichen Entwicklungen mit (kollektivem) Widerstand antworten. Auch die BürgerInnen können sich solchen Protesten anschließen bzw. sie von sich aus organisieren, was zunehmend auch mit globaler Perspektive geschieht.

## 1.3 Zeit und Arbeit: Arbeitszeit

In der vorindustriellen, feudal-ständischen Gesellschaft, in der Produktion und Reproduktion vereint im „ganzen Haus" erfolgt, lässt sich Arbeitszeit als ein von der übrigen Lebenszeit formal abgetrennter, standardisierter Teil noch nicht identifizieren. Gearbeitet wird nach natürlichen, durchaus sozialen, von Traditionen und Gewohnheiten überformten Rhythmen der Tages-, Jahres- und der Lebenszeit. Der individuelle Arbeitsrhythmus wird zeitlich kaum, abgesehen von Erfordernissen der Zusammenarbeit, reglementiert. Eine solche Arbeitsweise verbindet sich ziemlich spannungsfrei mit anderen Lebensäußerungen und Tätigkeiten wie Muße, Geselligkeit, Feste und Feiern, und dieses Zusammenspiel bildet die Lebenswelt der Menschen. Eine Trennung von Arbeitszeit und Freizeit oder gar von Arbeit und Leben, wie sie der moderne Industriekapitalismus formal und dem Anspruch nach hervorbringt, gibt es noch nicht. Die Existenz unterschiedlicher, relativ autonomer, jedoch funktional aufeinander bezogener Lebensbereiche, typisch für die moderne differenzierte und komplexe Lebenswelt, ist daher noch unbekannt.

Im Zuge der Durchsetzung der kapitalistischen Industriegesellschaft und den davon bestimmten Rationalisierungsprozessen wird *Zeit zu einem wichtigen ökonomischen Faktor.* Seither ist sie Gegenstand vielfacher Bewirtschaftung. Mit der Entwicklung von Manufaktur und Fabrik als zentrale Orte gesellschaftlicher Produktion, wo Menschen arbeitsteilig, aber möglichst reibungslos und konfliktfrei kooperieren sollen, ergeben sich enorme organisatorische Anforderungen an den Unternehmer bzw. später an das Management. Historisch erstmalig müssen im gleichen Raum zur gleichen Zeit Tätigkeiten einer Vielzahl von Arbeitskräften zusammen mit Arbeitstechniken und Maschinen so koordiniert und synchronisiert werden, dass Güter optimal produziert werden können und insgesamt eine effiziente Arbeitsorganisation entsteht. Dabei wird sich das Kapital der strategischen Bedeutung von Zeit bewusst, es versucht, sie zu gestalten, zu vereinheitlichen und sie gegenüber den Arbeitskräften als verbindlich zu erklären und durchzusetzen. Diese sind von ständischen Fesseln zwar Befreite, aber zugleich Besitzlose, also dem Zeitdiktat des Kapitals zunächst schutzlos ausgeliefert. Sie sind gezwungen, ihre Arbeitskraft, genauer ein Stück Lebenszeit, auf Arbeitsmärkten anzubieten, zu verkaufen, wollen sie ihr Überleben nicht riskieren. Hingegen kann der Kapitalbesitzer souveräner mit seiner Zeit umgehen. Er kann warten und darin zeigt sich sein Machtvorsprung. Seine Existenz und die seiner Familie ist nicht bedroht, wenn er Einstellungen verzögert, Arbeitskraft durch Maschinen ersetzt oder für seine Produktionsstätte nach einem günstigeren Ort sucht.

Die *Arbeitszeit*, die der Lebenszeit abgerungen werden muss und die die Lebenswelt in unterschiedliche Bereiche wie private, familiäre und öffentliche, berufliche Sphäre aufspaltet, ist *Ausdruck struktureller Ungleichheit* zwischen Arbeit und Kapital. Über die Zeit anderer verfügen und den Raum ihres Aufenthalts bestimmen zu können, ist, wie auch in Kapitel 1.4 und 1.5 zu lesen, Ausdruck von Macht:

„Man kann Herrschaft geradezu so definieren, dass sie jederzeit imstande ist, die Regeln vor-
zugeben, nach denen die Menschen ihre Zeit aufzuteilen gezwungen sind und in welchen Räumen
sie sich zu bewegen haben. Herrschaft besteht primär nicht in globalen Abhängigkeitsverhältnissen,
sondern in einer Detailorganisation von Raum- und Zeitteilen, die den einzelnen Menschen in seiner
Lebenswelt wie in ein Korsett einspannen" (Negt 1985: 21).

Damit enthält die *Arbeitszeit* von Beginn an ein Konfliktpotential, sie ist bis
heute *Gegenstand von Interessen- und Machtauseinandersetzungen*. Arbeitszeit
lässt die übrige Lebenszeit nicht unberührt, als von der Erwerbsarbeit entbunde-
ne Zeit, d.h. als Freizeit wird sie „zu einer funktionalen Residualkategorie"
(Maurer 1992: 117). Dass die Freizeit keineswegs arbeitsfreie Zeit ist, zeigt sich
bei erwerbstätigen Frauen besonders offenkundig, die für die notwendige Familienarbeit nach wie vor die Hauptverantwortung tragen (vgl. Kapitel 1.4). Für
das Verhältnis von Arbeitszeit und Freizeit ist nicht mehr ein sich ergänzendes,
ja verwobenes Miteinander typisch, sondern eher ein konflikthaftes Neben- oder
Gegeneinander. Denn mit zunehmender gesellschaftlicher Differenzierung entwickeln die Teilbereiche eigene Zeitmuster, die keineswegs von vornherein
kompatibel mit denen der Arbeitszeit sind, zumal die Arbeitszeiten selbst heutzutage zunehmend beweglicher werden.

Die *Arbeitszeit* entwickelt sich mit der Industrialisierung zu einer wichtigen
*„Zeitinstitution"* (ebd.: 87 ff.). Institutionen sind durch relative, die individuelle
Lebensspanne überschreitende Dauer charakterisiert, zudem werden dadurch
Tätigkeiten koordiniert und funktional aufeinander bezogen, schließlich wird
mittels sozialer Kontrolle die Befolgung von Regeln überwacht und Abweichungen sanktioniert. Arbeitszeit kann diesen Merkmalen zufolge als „Zeitinstitution" gelten, da

„1) die Lage, Dauer, Anordnung und Häufigkeit eines sozialen Ereignisses, 2) das Verhalten in, sowie der Umgang mit der Zeit und 3) die soziale Verbindlichkeit festgelegt (sind). Ihr besonderer Geltungsanspruch bewirkt die prinzipielle Einhaltung und die Sicherheit, dass andere sich so und nicht anders verhalten, weil sie sonst den Vorteil verlieren würden, als berechenbarer Interaktionspartner zu gelten" (ebd.: 88).

Nachfolgend werden *einige Definitionen und Dimensionen der (Erwerbs)Arbeitszeit* vorgestellt (vgl. Brinkmann 1981: 12 ff.): Unter *Arbeitszeit im strengsten Sinn* wird die reine Arbeitszeit ohne Pausen verstanden. Sie unterscheidet sich von der im *strengen Sinn* dadurch, dass nicht vereinbarte, also informelle Pausen, die es immer geben wird, eingerechnet werden. Unter *Arbeitszeit im weiten Sinn* wird die Anwesenheit, also einschließlich der Pausen, in der Arbeitsstätte verstanden, während bei der *Arbeitszeit im weitesten Sinne* noch die Arbeitswegezeiten berücksichtigt werden. Eine weitere, zunehmend wichtigere Differenzierung ist, die *Arbeitszeit nach der Dauer (chronometrisch)* und *der Lage (chronologisch)* zu unterscheiden. Diese Strukturierung wird deshalb bedeutsamer, weil das so genannte *Normalarbeitsverhältnis*, worunter eine Vollzeitbeschäftigung mit fünf Tagen in der Woche, die sich in der Regel von Montag bis Freitag erstreckt, zwischen 35 und 40 Stunden ausmacht und in der Lage nicht variiert sowie tagsüber ausgeübt wird, in Bewegung geraten ist. Abweichungen können sich auf eine oder mehrere Dimensionen beziehen. Hierzu gehören neben der Dauer und Lage noch die Kontinuität, so feste, regelmäßig wechselnde, variable Arbeitszeiten und die Reichweite, etwa mit Blick auf den Tag, die Woche, den Monat, das Jahr. Bekannte Beispiele für eine chronologisch flexible Arbeitszeit sind Gleitzeitsysteme und Schichtarbeit, die meist regelmäßig wechselt, wobei beide Systeme von unterschiedlicher Reichweite sein können. Wird die Dauer der Arbeitszeit nach oben durch Überstunden oder nach unten durch Kurzarbeit, Teilzeitarbeit verändert, handelt es sich um chronometrisch flexible Arbeitszeiten. Diese Kriterien erlauben, Arbeitszeiten der abhängig Beschäftigten, die heutzutage in ihrer Vielfalt kaum noch zu überblicken sind, zu systematisieren. Der Entwicklungsgeschichte der Arbeitszeit in Deutschland wird in Kapitel 2 nachgegangen.

An dieser Stelle ist eine *methodologische Anmerkung* geboten: Im Prozess der Institutionalisierung von Arbeitszeit und mithin von Freizeit sind Arbeit und Leben, wie bereits angedeutet, allem Anschein nach getrennt. Auch der Unterscheidung von System und Lebenswelt und deren Entkopplung durch Jürgen Habermas (1981) liegt ein solches Verständnis zugrunde. Die zweckrationalen Strukturen und Handlungen gesellschaftlicher Systeme kontrastieren mit den eigensinnigen der Lebenswelt. Demgegenüber gibt es empirisch gestützte Hinweise darauf, dass trotz der formalen, zeitlichen und sachlichen Scheidung faktisch mannigfache Wechselwirkungen existieren, die es berechtigt erscheinen lassen, von der betrieblichen in Kontrast zur außerbetrieblichen Lebenswelt zu sprechen (vgl. Volmerg u. a. 1986, Raehlmann u. a. 1993). Die Überformung der Arbeitswelt durch lebensweltliche Bezüge zeigt sich strukturell (z.B. Existenz informeller Gruppen), auf der individuellen sowie kollektiven Ebene des Bewusstseins bzw. der Ideologie (z.B. Betrieb als „Familie", Unternehmer als „fürsorgender Vater") und des Handelns (z.B. Kollegialität als moralische Verpflichtung). Eine Überformung in umgekehrter Richtung erscheint in der Figur des „Arbeitskraftunternehmers", des „flexiblen Menschen" (vgl. Kapitel 1.5).

Für die vielfältigen Wechselwirkungen zwischen beruflicher und außerberuflicher Lebenswelt interessierten sich SoziologInnen lange Zeit kaum. Ist das Thema doch zwischen den üblicherweise arbeitsteilig verfahrenden Spezialsoziologien verortet und mithin erscheint die Zuständigkeit unklar. Gleichwohl nehmen bereits die *Erhebungen des Vereins für Socialpolitik:* „Auslese und Anpassung (Berufswahl und Berufsschicksal) der Arbeiterschaft der geschlossenen Großindustrie", Anfang des 20. Jahrhunderts von den Brüdern Max und Alfred Weber maßgeblich initiiert, diese Perspektive auf (vgl. Raehlmann 1992: 9 ff.). In der *Frauenforschung* und in *einigen Forschungen aus dem staatlichen Forschungs- und Aktionsprogramm „Humanisierung des Arbeitslebens"* wird diese Fragestellung in den 70er Jahren wieder aktuell (vgl. Raehlmann 1980: 63 ff.). Mit unterschiedlicher Gewichtung werden sowohl subjektive als auch objektive Dimensionen des Wirkungsgefüges thematisiert. Das neue, zunehmend rezipierte „*Konzept der alltäglichen Lebensführung*", das auch den in Kapitel 3.1 referierten empirischen Ergebnissen zu Grunde liegt, thematisiert den „von Personen konstruierte(n) und praktizierte(n) Gesamtzusammenhang ihrer alltäglichen Tätigkeiten während einer bestimmten Lebensphase in den für sie relevanten Sozialsphären" (Hildebrandt u. a. 2000: 28). Es steht zweifellos in der skizzierten soziologischen Tradition und im Kontext des mit der Industrialisierung forciert einsetzenden gesellschaftlichen Modernisierungsprozesses. Es ist eben nicht erst, wie vielfach behauptet, eine aktuelle Antwort, ein konzeptioneller Neuentwurf im Zusammenhang mit der zweiten, der so genannten reflexiven Phase von Modernisierung (vgl. Raehlmann 2002: 249 ff.). Jedoch erfährt eine solche Perspektive einen aktuellen Bedeutungszuwachs dadurch, dass die Trennung zwischen Arbeitszeit und Freizeit durch neue, beweglichere Formen von Arbeitszeit wie Arbeitsorganisation aufgelockert, poröser wird, und zwar sowohl individuell als auch kollektiv. Dazu tragen auch die IuK-Techniken wie Faxgeräte zu Hause, Mobiltelefone bei, die effizienteres Arbeiten unterstützen, „doch leider walzen sie immer größere Bereiche des privaten und persönlichen Lebens nieder", so dass die bezahlte Arbeit „in dramatischem Ausmaß immer mehr

Raum im Leben der Menschen einnimmt" (Reich 2002:180). Die Vermittlung beider Lebensbereiche ist daher heute nicht nur für Frauen, sondern auch für Männer spannungsreicher und konfliktträchtiger als früher (vgl. Hochschild 2002).

Damit einhergehende Probleme greift auch der im anglo-amerikanischen Bereich entwickelte Ansatz *„work/family border theory: A new theory of work/family balance"* (vgl. Campbell Clark 2000: 747 ff.) auf. Ergebnisse der davon inspirierten Forschung werden in Kapitel 3.2 und 3.3 erörtert. Dieses Konzept wird von dem praktischen Erkenntnisinteresse geleitet, ähnlich wie seinerzeit das Humanisierungsprogramm (vgl. Raehlmann 1980: 63 ff.), dazu beizutragen, die beiden Lebensbereiche so zu gestalten und so zu vermitteln, dass sie von den Akteuren als ausbalanciert wahrgenommen bzw. in der Sprache des -programms „negative Wechselwirkungen vermieden" werden. Sue Campbell Clark bezieht sich in der theoretischen Begründung ihrer Forschungsperspektive auf den deutschen, 1933 in die USA emigrierten Sozialpsychologen jüdischer Herkunft Kurt Lewin (vgl. Campbell Clark 200: 752), der mit der *Feldtheorie und der zentralen psychologischen Kategorie „Lebensraum"* eine Richtung begründet, die beansprucht, die psychologische und soziale Dimension der „Situation als einen Raum aufzufassen" (Lewin 1982: 93) und insofern eine feldtheoretisch fundierte Integration der Sozialwissenschaften zu begründen (vgl. ebd.: 237). Die Annahmen Lewins sind jenen benachbart, die aus soziologischer Sicht, vor allem von Max Weber für die vorgenannten Studien formuliert worden sind (vgl. Weber 1924: 18 f., 61 ff.), wobei es sich nach meinem derzeitigen Kenntnisstand um von einander unabhängige Entwicklungen handelt. Gleichwohl lassen sie sich wechselseitig integrieren, teilweise überlappen sie sich sogar. In einer ersten, vorläufigen Annäherung können die Unterschiede so charakterisiert werden:

Während der Entwurf Lewins allgemeiner, erkenntnistheoretischer Natur ist, argumentiert Weber eher in gesellschaftstheoretischer Perspektive, nämlich Berufsarbeit als zentrales Medium von Vergesellschaftung im Kontext gesamtgesellschaftlicher Rationalisierung (vgl. Kapitel 1.2). Da bereits an anderer Stelle ausführlich auf die mit den Erhebungen des Vereins für Socialpolitik begründete Tradition Bezug genommen wurde (vgl. Raehlmann 2002: 249 ff.), soll wegen der Aktualität im internationalen Diskurs hier der Gedankengang Lewins vorgestellt werden. Er schreibt in dem bislang unveröffentlichen Text „Feldtheorie und Geometrie":

„1. Die Feldtheorie geht von der Annahme aus, dass das Verhalten, welches jede Art von Handeln, von Affekt und Denken umfasst, von einer von Vielzahl gleichzeitig vorliegender Faktoren abhängt, die das psychologische ‚Feld' ausmachen. Dieses Feld enthält solche Tatsachen, wie etwa die Bedürfnisse der handelnden Person, die Ziele und Wünsche des Individuums; die Art und Weise, wie das Individuum Vergangenheit und Zukunft sieht; die Art und die Lage von Schwierigkeiten, ferner die Gruppen, zu denen das Individuum gehört; seine Freunde und seine eigene Position unter ihnen. Das Feld ist demnach kein ‚abstraktes' Bezugssystem (...). Vielmehr repräsentiert es eine Vielzahl von Bereichen, die alle zur gleichen Zeit existieren und die untereinander in Wechselwirkung stehen. (...)
2. Jedem Individuum entspricht zu einem bestimmten Zeitpunkt ein anderes psychologisches Feld, das wir den Lebensraum dieses Individuums nennen. Es schließe sowohl die Person wie die Umwelt ein; und zwar die Umwelt, wie sie das Individuum sieht.
3. Die Veränderung in einem Teil des Feldes beeinflusst bis zu einem gewissen Grade jeden anderen Teil des Feldes. Jede Veränderung innerhalb des Feldes hängt von der Konstellation des Gesamtfeldes ab.
4. Veränderungen in einem Feld können durch psychologische oder nichtpsychologische Einwirkungen hervorgerufen werden. (...) Es handelt sich hierbei um die Determinanten, die wir als ‚Randbedingungen des Lebensraumes' bezeichnen können" (Lewin in: Graumann 1982: 25 f.).

## 1.4   Zeit, Arbeit und Geschlecht

Der Wirkungszusammenhang von Zeit und Arbeit, von Arbeit und Zeit wird besonders augenfällig bei der Betrachtung der Geschlechterverhältnisse. Diese werden wesentlich bestimmt durch eine nach wie vor existierende *geschlechts-spezifische Arbeitsteilung*, die zwar mit der Entwicklung der bürgerlich-kapitalistischen Gesellschaft sich erweitert und vertieft, aber ein historisch über-kommenes und durchaus weltweites Phänomen ist. Für die vorindustrielle Ge-sellschaft ist, wie bereits bekannt, die Einheit von Produktion und Reproduktion „im ganzen Haus" mit einem aufgabenorientierten Verständnis von Zeit und mit fließenden Übergängen von Arbeit und Nicht-Arbeit typisch.

„In der frühen Neuzeit (16. bis 18. Jahrhundert, I.R.) bildete der um ein Ehepaar gruppierte herr-schaftlich organisierte Haushalt mit seiner Hauswirtschaft und seinen Arbeitskräften, die neben Kost und Logis auch einen gewissen Lohn in Sach- und/oder Geldwert erhielten, die Basis von Landwirtschaft, Gewerbe und Handel. Der Haushalt war die Grundordnung sowohl für das Überle-ben der einzelnen Menschen als auch insgesamt für die soziokulturelle und religiöse Ordnung von Wirtschaft, Gesellschaft und Herrschaft. Wem es auf lange Sicht nicht gelang, einem Hauhalt anzugehören, sah sich ausgegrenzt und dem heimatlos vagabundierenden Armutsvolk zugerechnet" (Hausen 2000: 347).

Die Einheit zerbricht mit der Durchsetzung der kapitalistischen Industriegesell-schaft in Haushalt und Betrieb — „einer der tiefsten sozialhistorischen Ein-schnitte im neuzeitlichen Erwerbsleben" (Wehler 1995: 146). Der Haushalt wird Privatsache, die Arbeitsorganisationen, so Unternehmen und Staatsverwaltun-gen, bilden zusammen mit den entstehenden Vereinen, Verbänden und Parteien einen Raum der beruflichen und öffentlichen wie politischen Angelegenheiten. Im Zuge der gesellschaftlichen Transformation findet, wie unter Kapitel 1.2

ausgeführt, eine Neubewertung von Arbeit statt: Arbeit wird auf Erwerbsarbeit reduziert. Damit wird Hausarbeit, obwohl allgegenwärtig und sichtbar, im zeitgenössischen Diskurs und in Darstellungen ausgespart oder „ästhetisiert zur schönen Handlung" (Schmid 1990: 262). Sie wird entwertet, denn Anforderungen und Belastungen bleiben unsichtbar; entgolten wird sie nicht mit Geld, sondern zumindest dem Anspruch nach mit Liebe und Harmonie, was grundlegende Abhängigkeiten der Frau vom Mann überdeckt. Unabhängig von der Erwerbstätigkeit der Frauen — für untere soziale Schichten war und ist sie stets überlebensnotwendig, von Frauen aus den mittleren und oberen sozialen Schichten wird sie aus unterschiedlichen Motiven zunehmend angestrebt — galt bzw. gilt *das von Bürgertum und Aufklärung inspirierte Leitbild der Ergänzung von Mann und Frau, was weitreichende geschlechtsspezifische Unterschiede legitimiert und reproduziert.* Bis heute existieren sie für Bildung, Ausbildung, Art und Umfang der Erwerbstätigkeit und der Teilhabe am öffentlichen Leben. So setzt sich im 19. Jahrhundert der Anspruch an den Mann durch, erwerbstätig zu sein, sich um öffentliche Angelegenheiten zu kümmern und gleichzeitig in der Familie als Oberhaupt, Ernährer und Beschützer von Frau und Kind anerkannt zu werden. Hingegen werden Frauen unabhängig von ihrer konkreten Lebensgestaltung auf das Ideal der fürsorgenden Tochter, Gattin und Mutter verpflichtet, was sich in der Zuständigkeit für Haus- und Familienarbeit manifestiert. Die Ausprägung geschlechtsspezifischer Arbeitsteilung hat weitreichende Folgen: Die überkommene ungleiche Verteilung von Macht und Herrschaft im Geschlechterverhältnis verändert sich weiter zu Ungunsten der Frauen. „Denn Familie und Haushalt (...) rückten hinsichtlich Gestaltungsmacht und Wertschätzung immer erkennbarer im Gefüge der Gesellschaft an den Rand des Geschehens. Sie werden zum abhängigen Nebenschauplatz" (Hausen 2000: 349). Die *geschlechtsspezifische Arbeitsteilung* ist mithin auch eine *geschlechtshierarchische*.

Zu fragen ist, welche Auswirkungen die geschlechtshierarchische Arbeitsteilung auf die Zeitstrukturen hat. Soweit ich sehe, hat Helga Nowotny als eine der ersten *geschlechtsspezifische Zeiten*, Zeit der Männer, Zeit der Frauen thematisiert. Diese Unterscheidung ist durchaus strittig (vgl. Raehlmann und Kritik 1990: 269 ff., 278 ff.). Eingebettet sind ihre Überlegungen in allgemeine zeitsoziologische Ausführungen, die Zeit als Schlüsselkategorie insofern identifizieren, als über Zeit reden impliziert, wichtige gesellschaftliche Bereiche wie Familie, Wirtschaft, Politik zugleich zu behandeln und dabei die Aufmerksamkeit auf Selbstverständnis, Konflikte und Entwicklungsperspektiven zu richten. Ihr Statement lautet daher: „Nie von Zeit allein" (Nowotny 1982: 9 ff., Dies. 1989: 116). Während männliche Zeitmuster durch die Berufswelt bestimmt werden, stehen die der Frauen im Gegensatz dazu: Es sind „jene merkwürdig verwobenen weiblichen Zeitgebilde (...), die in eigentümlicher Weise den bunten Bettdecken ähneln, den quilts, dem Stückwerk weiblicher Handarbeit (...): zum Wärmen der Lieben und Verlegenheitslösung zugleich, aus Abfallprodukten entstandene Muster: Zeit der Frauen" (Nowotny 1982: 9). Hier kommt eine Abwertung weiblicher Zeit zur Sprache, die durchaus noch konsensfähig ist, obwohl sich mehr und mehr die Erkenntnis Bahn bricht, dass die aufgabenorientierte Zeitverwendung durch Frauen Produktion und Reproduktion erst sichert. Diese Zeitorientierung verschont aber Frauen nicht vom Zeitdruck, denn die Zeitnot im Beruf greift auf das außerberufliche Leben über. Es wird in der Familie notwendig, die familiale Zeit mit den Zeitanforderungen externer Bereiche wie Beruf, Kindergarten, Schule in Einklang zu bringen, und zudem muss eine Abstimmung innerhalb der Familie erfolgen. Die Verschränkung gesellschaftlicher Teilsysteme mit jeweils unterschiedlichen Positionen, Rollen und Erwartungen verschärft den Zeitdruck. „Neben dem externen Kompatibilitätspostulat besteht folglich auch innerhalb des Teilsystems das Abstimmungserfordernis von Zeitbudgets und Terminen, das grundsätzlich die Zeitknappheit erhöht und um so schwieriger zu erfüllen ist, je größer das Gewicht des externen Zeitzwangs ist" (Schöps 1980: 155 ff.).

In einer solchen Gesellschaft kann der Mensch *Zeit gewinnen, wenn er notwendige Dinge von einem anderen Menschen erledigen lässt.* Dieser andere ist *in der Regel die Frau*, deren Zeithorizont darauf gerichtet ist, für andere da zu sein, ihre Zeit von anderen in Anspruch nehmen zu lassen:

„Es ist also Hausfrauenzeit in der Privatsphäre eine Zeitressource sowohl für andere Familienmitglieder, als auch, indirekt, für den öffentlichen Bereich. Der Ehemann kann Überstunden machen, sich in der Politik engagieren, Kinder können Sport treiben, jobben, überhaupt über ihre Freizeit frei disponieren. Für die Frau wird dies zu einem persönlichen Problem, denn entsprechend weniger Zeit steht ihr für eigene Aktivitäten zur Verfügung. Dadurch, dass sie andere innerhalb der Privatsphäre zeitlich entlastet, bleibt diese Zeit außerhalb öffentlich-gesellschaftlicher Planung. Sie wird als gegeben hingenommen" (Tornes 1988: 19).

Unter der Voraussetzung geschlechtsspezifischer Arbeitsteilung kann es nicht verwundern, wenn *für erwerbstätige Frauen die Zeitnot eine kaum zu bewältigende Belastung darstellt.* „Zeitmangel ist (...) bei der Haushaltung erwerbstätiger Frauen ein Dauerzustand" (Becker-Schmidt, u. a. 1982: 7). Hier hat die gesellschaftlich bedingte und historisch überkommene Zeitknappheit einen höchst fragwürdigen und problematischen Höhepunkt erreicht. Mit der Erwerbstätigkeit der Frau verändert sich auch ihre Zeitperspektive. Die aufgabenorientierte Zeit wird ergänzt um jene Zeit, die als Maßeinheit für den Arbeitseinsatz gilt. Frauen müssen zusätzlich zu den Zeitzwängen *mit diesen konträren Zeitstrukturen umgehen*, was nicht immer leicht ist. Es ist „besonders für Mütter eine Belastung, mit der sie Tag für Tag fertig werden müssen. Nichts ist sich wechselseitig fremder als der kindliche Umgang mit Zeit und der kurzzyklisch-gleichförmige, unmenschliche Takt von Maschinen" (ebd: 7). *Benachteiligungen der Frau in der Berufswelt stehen in einem deutlichen Zusammenhang mit ihrem Mangel an Zeit über die gesamte Lebensspanne.* Das Zeitdilemma gründet, wie bereits angedeutet, darin, dass die Zeit der Frau zum großen Teil Zeit für andere ist. Sie ist verantwortlich für deren Zukunft, was die Planbarkeit ihrer eigenen künftigen Zeit erheblich einschränkt (vgl. Tornes 1988: 24). *Zeitknappheit* ist also ein gesellschafts- und *geschlechtsspezifischer Tatbestand, der darüber hinaus auch von der Klassen- und Schichtstruktur geprägt ist.* Möglichkeiten zur zumindest ansatzweisen Bewältigung von Zeitdruck sind aufgrund der materiellen Ressourcen in den mittleren und höheren Schichten eher gegeben. Notwendige Aufgaben werden nicht selbst erledigt, sondern *an Dritte gegen Bezahlung delegiert* wie das Waschen, das Putzen, die Kinderbetreuung. Zudem können *funktionierende soziale Netze*, so Nachbarschaft, Verwandtschaft, Freunde, solche Dienstleistungen unentgeltlich zur Verfügung stellen. Diese Unterstützungen können allen zugute kommen. *Wechselseitige Verpflichtungen können aber weitere zeitliche Belastungen begründen.* Die Gewährleistung von Hilfe scheint jedoch zunehmend infrage gestellt durch räumliche Mobilität und Individualisierungstendenzen. Das Problem des Zeitmangels wird so bestenfalls entschärft, beseitigt wird es nicht.

Das Zeitdilemma, vor allem der erwerbstätigen Frau, fordert zur *Veränderung* heraus. Mit der *Beseitigung der geschlechtlichen Arbeitsteilung* wäre eine *Neu-*

*organisation der Zeit im Lebenslauf* verbunden, die es besser als bisher gestattet, die im privaten, beruflichen und öffentlichen Leben anfallenden Arbeiten von beiden Geschlechtern zu erledigen. Ohne weitere flankierende gesellschaftliche Maßnahmen, etwa der Ausbau von Infrastrukturen für Kinder, würde der Zeitdruck zwar nicht schwächer, er würde aber zwischen den Geschlechtern gleichmäßiger verteilt. Zunächst wird sich vermutlich das Problem sogar zuspitzen, denn die Umverteilung der Arbeit kommt, was unübersehbar ist, kaum voran, an der überkommenen Arbeitsteilung wird zäh festgehalten, was jedoch zunehmend zu Spannungen und Konflikten zwischen den Geschlechtern führt.

„Denn in den Zeitkonflikten der Frauen kommen alle anderen Konfliktlinien zwischen Markt und Staat, zwischen Arbeitszeit und Freizeit, unfreiwilliger und freiwilliger, bezahlter und unbezahlter Zeit exemplarisch zum Ausdruck. Ihre Konflikte ergeben sich aus der konfliktträchtigen Erfahrung einer arbeitsteiligen Gesellschafts- und Zeitordnung, in der die Zeit der Männer niemals der Zeit der Frauen gleich war. So haben sich unterschiedliche Zeitkulturen entwickelt, die weit tiefer gehen, als pragmatische Anforderungen oder zugeschriebene Arbeitsleistungen erwarten lassen. Der hier aufbrechende Konflikt ist ein Ringen um eine neue Zeitkultur" (Nowotny 1989: 116).

Dennoch kann *eine generelle Aufhebung der Zeitknappheit nicht erwartet* werden, denn das würde beinhalten, *den Rationalisierungsprozess der Neuzeit wieder rückgängig zu machen.* Die Frage ist vielmehr, ob und inwieweit die Rationalisierungsbewegung qualitativ verändert werden kann, was im Kern *die Ermöglichung von mehr Zeitsouveränität* heißen würde. „Eine der wirklich großen Aufgaben wäre, einen alternativen Zeitbegriff (...) durchzusetzen. Idealtypisch gesehen, ginge es darum, Zeit als Maß für Arbeitseinsatz und Zeit als Aufgabenorientierung anders und besser miteinander zu kombinieren, als es heute möglich ist" (Tornes 1988: 40).

## 1.5 Arenen und Akteure der Gestaltung von Zeit und Arbeit

Es sind mehrere Arenen und Akteure, kollektive, also Institutionen, Organisationen und Gruppen, sowie einzelne Personen zu unterscheiden. Anders als in feudal-ständischen, obrigkeitsstaatlichen oder totalitären Systemen werden in demokratisch verfassten Gesellschaften Zeit und Arbeit nicht autoritär geregelt, etwa als Anordnung oder Diktat, sondern sie sind Ergebnis von Verhandlungen auf unterschiedlichen gesellschaftlichen Ebenen mit verschiedenen Akteuren. Es handelt sich um die öffentliche Sphäre, etwa um den Gesetzgeber, die Tarifvertragsparteien, den Betriebs- bzw. Personalrat mit dem Arbeitgeber, und um die Privatsphäre, wo ebenfalls formal gleichberechtigte Partner die Modalitäten ihres Zusammenlebens vereinbaren. Schließlich geht es noch aktuell um gestiegene Anforderungen an die Gesellschaftsmitglieder, ihre berufliche wie private Biographie eigenständig zu planen und zu organisieren, was ihnen auch vermehrt Verhandlungen mit unterschiedlichen Personen und Institutionen abverlangt.

Die sozialen Verwerfungen, die den kapitalistischen Industrialisierungsprozess auch in Deutschland begleiten, fordern den *Obrigkeitsstaat* dazu heraus, zumindest die schlimmsten Folgen durch Fabrikgesetze und sozialpolitische Maßnahmen, etwa durch Verbot und Einschränkung der Kinder- und Frauenarbeit, zu mildern (vgl. Kapitel 2.1, 2.2). Ansonsten sieht sich der Faktor Arbeit, insbesondere die sich entwickelnde Arbeiterbewegung, staatlichen Repressionen ausgesetzt, während den Interessen des Faktors Kapital weitestgehend entgegenkommen wird. Im Zuge sozialstaatlicher Entwicklung, begonnen Ende des 19. Jahrhunderts, verstärkt in der Weimarer Republik und weiter forciert nach dem Zweiten Weltkrieg in der Bundesrepublik Deutschland, entstehen Organisationen und Institutionen, die zusammen mit dem Staat die zentralen Arenen und mithin Akteure im Bereich der Gestaltung von Zeit und Arbeit bilden. Das Netzwerk wird sich zukünftig noch erweitern durch den europäischen Einigungsprozess. Die Auseinandersetzungen um Zeit und Arbeit finden also unter politisch-rechtlichen Rahmenbedingungen statt, die historisch als Resultat aus Interessenkonflikten zwischen Kapital und Arbeit entstanden sind.

Beim *Staat* lassen sich fünf relevante Funktionen unterscheiden (vgl. Müller-Jentsch 1997: 302 ff.):

*- Regulative Politik: Setzung von Rechtsnormen*
Die im Grundgesetz verankerte Koalitionsfreiheit bedeutet die Anerkennung der Gewerkschaften und Arbeitgeberverbände als Interessenvertretung ihrer jeweiligen Mitglieder. Die Tarifautonomie garantiert zudem diesen Verbänden, über die Arbeitsbedingungen selbstständig zu verhandeln, wobei Streik und Aussperrung legale Mittel der Interessendurchsetzung sind. Neben der Tarifautonomie gibt es auf betrieblicher wie unternehmerischer Ebene weitere Gesetze die Art und Umfang der Beteiligung des Faktors Arbeit regeln (ebd.: aktualisiertes Schaubild 304):

| Regelungsgegenstand | Rechtliche Grundlage |
|---|---|
| Koalitionsfreiheit | Grundgesetz (GG) Art. 9,3 |
| Arbeitskampf<br>- Streik<br>- Aussperrung | Bundesarbeitsgericht (BAG)<br>- Urteile von 1955, 1971<br>- Urteile von 1955, 1971, 1980 |
| Tarifvertragsbeziehungen<br>(Tarifautonomie) | Tarifvertragsgesetz (TVG)<br>von 1949 und 1969 |
| Betriebliche Interessenvertretung<br>- In der Privatwirtschaft<br>- Im öffentlichen Dienst | Betriebsverfassungsgesetz (BetrVG)<br>von 1952, 1972 und 2001<br>Personalvertretungsgesetze<br>von 1955 und 1974 |
| Mitbestimmung im Unternehmen | Montanmitbestimmungsgesetze<br>von 1951 und 1956<br>Mitbestimmungsgesetz von 1976 |
| Interne Verbandsbeziehungen | Vereinsrecht (BGB) |

Ferner sieht das individuelle Arbeitsrecht Mindestnormen vor und greift über Gesetze und Verordnungen gestaltend in die Arbeitsverhältnisse ein, etwa beim Arbeitsschutz, bei der Arbeitszeit. Die Durchsetzung dieser Arbeitsrechte obliegt der Arbeitsgerichtsbarkeit.

- *Distributive Politik: Soziale Sicherung*

Zu den großen Bereichen der sozialen Sicherung zählen die Kranken- (seit 1883) die Unfall- (seit 1884), die Alters- und Invaliden- (seit 1889), die Arbeitslosen- (seit 1927) sowie die Pflegeversicherung (seit 1995). Sie bilden ein Auffangnetz für die Wechselfälle des Lebens. Ihre Leistungen sind an ein Erwerbsarbeitsverhältnis in der Vergangenheit bzw. Gegenwart gebunden. Immerhin marginal berücksichtigt werden neuerdings Kindererziehung und Pflege mit leistungssteigernden Wirkungen in der Altersversorgung. Auf Dauer Nichterwerbstätige, soweit sie nicht mitversicherte Angehörige sind, fallen aus dem sozialen Netz mehr und mehr heraus. Angesichts der demographischen Veränderungen und eines verschärften internationalen Wettbewerbs werden neben der betrieblichen auch die private Absicherung — die so genannte Riester-Rente (seit 2002) als wichtiger Schritt — für das Alter notwendig, denn die Renten werden abgesenkt, um den Anstieg der Lohnnebenkosten zu begrenzen und so Beschäftigung zu sichern bzw. auszuweiten.

*- Arbeitsmarktpolitik*

Bereits in der Weimarer Republik gehört die Arbeitsvermittlung zu den staatlichen Aufgaben. Heute erfüllt die Bundesagentur (bis 2003 Bundesanstalt) für Arbeit ein weitaus größeres Spektrum wie Berufsberatung, Förderung der beruflichen Bildung, der Umschulung und Rehabilitation sowie Arbeitsbeschaffungsmaßnahmen. Sie wird seit 2002 umgebaut, um ihre Vermittlungsfunktion besser zu erfüllen (vgl. Kapitel 5).

*- Einkommenspolitik und Sozialpolitik versus Deregulierung*

Mit der keynesianisch orientierten Globalsteuerung versucht der Staat in den 60er und 70er Jahren, den Arbeitsmarkt positiv zu beeinflussen. Diese Politik führt nur kurzzeitig zum Erfolg. Die nachfrageorientierte wird seit den 80er Jahren von einer angebotsorientierten Politik abgelöst, die über eine Deregulierung, so durch die Lockerung arbeitsrechtlicher Bestimmungen, eine positive Wende auf dem Arbeitsmarkt herbeiführen will (vgl. Kapitel 3.3). Im mittlerweile gescheiterten Bündnis für Arbeit haben Staat und Tarifvertragsparteien gemeinsam nach Wegen aus der Beschäftigungskrise gesucht (vgl. Kapitel 4.4).

Die im Kontext der Agenda 2010 Ende 2003 verabschiedeten Gesetze beanspruchen, beschäftigungsfördernde Wirkungen zu entfalten (vgl. Kapitel 5).

*- Der Staat als Arbeitgeber*

Mit dem Ausbau des Sozialstaates in den letzten Jahrzehnten ist der Staat zum größten Arbeitgeber geworden und hat mithin eine enorme beschäftigungspolitische Bedeutung. Die anhaltende Finanzkrise der öffentlichen Haushalte lässt einen weiteren Ausbau nicht mehr erwarten, es ist im Gegenteil mit einem Beschäftigungsabbau zu rechnen, wie er sich im privaten Sektor über Rationalisierungsmaßnahmen vollzieht. Erst ein höheres Wirtschaftswachstum fördert auch die Beschäftigung.

In einer weiteren Arena, der *Tarifautonomie*, handeln in der Regel Arbeitgeberverbände und Gewerkschaften für Sektoren, Branchen und Regionen autonom Tarifverträge aus. Vereinbart wird im wesentlichen die Höhe des Entgelts, die zumindest indirekt, da sie betriebliche Rationalisierungsmaßnahmen mit auslösen kann, auch über Erwerbsmöglichkeiten mitbestimmt, sowie die Arbeitszeit, etwa die tägliche, wöchentliche Dauer und die Urlaubslänge (vgl. ebd.: 225 ff.). Tarifverträge regeln Mindeststandards für die Beschäftigung, die höherrangiges Recht wie Arbeitszeitgesetze zu beachten haben. Die Gruppe der leitenden Angestellten handelt wie jene, die unter neuen Beschäftigungsformen tätig ist, diese Arbeitsbedingungen selbst aus.

In der Arena der *Betriebsverfassung* kommen die Akteure Betriebs- bzw. Personalrat und Arbeitgeber bzw. Management zusammen. Sie können laut Gesetz Vereinbarungen auf der Ebene der Tarifautonomie bzw. des Gesetzgebers qualitativ und quantitativ durch Betriebs- bzw. Dienstvereinbarungen offiziell über-, aber bislang nicht unterschreiten. Derzeit gewinnt die Ebene der Betriebsverfassung einen Bedeutungszuwachs gegenüber der Tarifautonomie. Vereinbarungen sind, um den einzelwirtschaftlichen Gegebenheiten besser zu entsprechen, unternehmens- bzw. betriebsnäher zu treffen. Somit sollen Tarifverträge Rahmenbedingungen fixieren, die über Öffnungsklauseln den betrieblichen Umständen angepasst werden. In Krisensituationen werden Arbeitszeit und Entgelt schon jetzt vielfach unterhalb des Tarifvertrags in betrieblichen Bündnissen verhandelt (vgl. Gehrmann, Tenbrock 2003: 23). Der Gesetzgeber drängt die Tarifvertragsparteien, das Verhältnis von Tarifvertrag und Betriebsvereinbarung neu zu ordnen; anderenfalls droht eine gesetzliche Regelung. Abgesehen von formalen Vereinbarungen existieren noch informelle Absprachen in Arbeitsgruppen, etwa über die zu erbringende Arbeitsmenge.

Verhandlungen über Zeit und Arbeit im *privaten Lebensbereich* unterscheiden sich grundsätzlich von solchen in der beruflich-öffentlichen Sphäre. *Im privaten Raum treten sich ausschließlich einzelne Personen gegenüber*, die unmittelbar, von face to face, ihre eigenen Bedürfnisse und Interessen ins Spiel bringen. Zudem richten sich die Akteure nach einem Handlungsmuster, das Talcott Parsons und Luhmann idealtypisch mit „*Affektivität*" beschreiben. Im Gegensatz dazu orientieren sich Handlungen, etwa im Gesetzgebungsverfahren und bei Tarifverhandlungen, an einem alternativen Maßstab, nämlich dem der „*affektiven Neutralität*". Damit ist, wie bereits die Alltagserfahrung lehrt, Handeln im öffentlich-politischen Raum kaum ausreichend beschrieben. Was könnte darunter noch verstanden werden? Schon Weber spricht von drei Qualitäten, die das politische Handeln bestimmen sollten: „Leidenschaft — Verantwortungsgefühl — Augenmaß" (Weber 1964: 167). Es geht um die „leidenschaftliche Hingabe an eine ‚Sache'", die verantwortlich zu vertreten ist. Sie soll „entscheidende(r)

54

Leitstern des Handelns" sein (ebd.: 167 f.), aber dabei ist Augenmaß zu wahren, indem man „die Realitäten mit innerer Sammlung und Ruhe auf sich wirken (...) (lässt), also: die Distanz zu den Dingen und Menschen" (ebd.: 168), was mit Distanzlosigkeit nicht zu verwechseln ist.

Dass der private Lebenszusammenhang im Gegensatz zum öffentlichen durch affektive Handlungen bestimmt wird, bedarf ebenfalls der Erklärung: Zunächst ist festzuhalten, dass die *Modalitäten des Zusammenlebens in einer Ehe* — andere Lebensformen interessieren hier zunächst nicht — *erst seit der Reform des deutschen Ehe- und Familienrechts von 1977 verhandlungsfähig geworden sind, wiewohl, wie in Kapitel 1.3 aufgezeigt, vielfältige Wechselwirkungen mit der beruflichen Sphäre von jeher existieren.* Die grundgesetzlich garantierte Gleichberechtigung der Geschlechter ist nun auch im privaten Bereich verankert. Die Hausfrauenehe ist abgeschafft, da die Frau das Recht auf Erwerbstätigkeit erhält unabhängig von der Zustimmung des Mannes, aber ohne dass dieser ausdrücklich zu einer Teilnahme an Erziehung und Haushaltsführung verpflichtet wird. Mit der Reform wird *die rechtliche Grundlage für Verhandlungen zwischen den Eheleuten* geschaffen, zuvor bestimmte allein der Ehemann über die Verteilung von Zeit und Arbeit. Zwar treten sich die *Partner* nun als *formal Gleiche* gegenüber, aber ähnlich wie in den Beziehungen zwischen Kapital und Arbeit sind die *faktischen Verhandlungspositionen* von Mann und Frau zumeist *höchst ungleich*: *Beruflicher Status* und *Einkommen* sind in der Regel beim Mann höher als bei der Frau. Selbst bei vergleichbarer Position sind die Verhandlungen schwierig, da *Erfordernisse des Arbeitsmarktes und des Berufes*, wie da sind Ansprüche an *Flexibilität, Mobilität*, sich als weitere restriktive Rahmenbedingungen erweisen können. Hinzu kommt, *dass der berufliche Status des Mannes den gesellschaftlichen Status der Frau, wenn auch weniger offen als früher, nach wie vor bestimmt,* und zwar auch dann, wenn sie selber beruflich erfolgreich ist. Das bestätigt eine neue Studie über die Vereinbarkeit von Familie und Beruf bei Führungskräften. Auf der Basis empirischer Ergebnisse bilanziert die Autorin: „Die gesellschaftlichen Männlichkeitsvorstellungen, die beruflichen Erfolg und Karriere mit männlicher Identität verknüpfen, sind deshalb nicht nur für Männer unter ihresgleichen von höchster Relevanz, sondern auch für die Frauen im Verhältnis zu ihren Ehemännern" (Notz 2001: 166). Schließlich sind die *Beziehungen zwischen den Verhandlungspartnern intim und affektiv*. Sie sind qualitativ anders als etwa jene zwischen ArbeitskollegInnen. Im Zuge der Auflösung des „ganzen Hauses" und wachsender Individualisierung

„bildet sich ein neues Verständnis von Liebe heraus. Es ist das Leitbild der zugleich romantischen und dauerhaften Liebe, die aus der engen gefühlsmäßigen Bindung zwischen zwei Personen erwächst und ihrem Leben Inhalt und Sinn gibt. (...) Ihr innerer Kern lässt sich folgendermaßen beschreiben: Je mehr andere Bezüge der Stabilität entfallen, desto mehr richten wir unser Bedürfnis, unserem Leben Sinn und Verankerung zu geben, auf die Zweierbeziehung" (Beck, Beck-Gernsheim 1990: 70 f.).

Auch jenseits gesellschaftlicher Zwänge wie Arbeitsmarkt und Beruf ist es schwierig, die beiden Seiten der Ehe — Ehe als Vertrag, Ehe als Liebesbeziehung — so in Einklang zu bringen, dass Liebe nicht funktionalisiert wird, um überkommene Ungleichheit weiter zu legitimieren, und dass andererseits bei der Verfolgung von Gleichberechtigung Liebe, ein sehr zerbrechliches Gut, nicht auf der Strecke bleibt. Die *emotionale Seite von Ehe und Familie*, von der Verständnis und Fürsorge, Befriedigung und Sinnerfüllung erwartet wird, kurzum Liebe, erweist sich *keineswegs als neutral mit Blick auf das Ergebnis solcher Aushandlungsprozesse*, sie sind, was im übrigen dysfunktional wäre, eben *kein Ort „affektiver Neutralität"* im Sinne von *„Augenmaß"* und *„Distanz"*, um mit

Weber zu sprechen. *Auch politisches Handeln tut sich ja schwer, diesen Normen zu genügen.* Es bleibt daran zu erinnern, dass *Resultate von Verhandlungen* auch in den zuvor diskutierten Arenen häufig *ambivalent* sind, sie können von *Fortschritt* wie auch von *Kompromiss* und *Rückschritt* gleichermaßen gekennzeichnet sein. *Vergleichbar schillernd sind vermutlich auch die Ergebnisse in der privaten Lebenswelt.* Dass sich solche Aushandlungsprozesse noch schwieriger gestalten, wenn es zudem um die Erziehung von Kindern und die Versorgung von Alten geht, bedarf keiner weiteren Erläuterung. Mehr noch als in ehelichen kann heutzutage in *nicht-ehelichen Partnerschaften* von einem *Verhandlungsmodell* ausgegangen werden. Dennoch: Eine Gegenüberstellung von Ideal und Wirklichkeit verweist auf folgenden ernüchternden Sachverhalt:

„Dass sich in den Geschlechterverhältnissen in den letzten 50 Jahren viel verändert hat, ist unbestreitbar. Doch dass Paarbeziehungen sich zunehmend zu ‚Verhandlungsfamilien auf Zeit' konstituieren, bei denen die (geschlechtsbezogene) Arbeitsteilung stetig neu reflektiert und gegebenenfalls zurückgewiesen wird, ist eine theoretisch und empirisch nicht haltbare Überlegung" (Notz 2001: 161 f.).

Neuere Entwicklungen in der Arbeitswelt und bei den Arbeitskräften scheinen *von den Subjekten vermehrt umfangreiche Eigenleistungen mit Blick auf die Verteilung und Gestaltung von Zeit und Arbeit im Lebenslauf* zu verlangen. Es handelt sich um *persönlich geführte Aushandlungsprozesse im Berufsfeld mit Arbeitgebern, unmittelbaren Vorgesetzten, Auftraggebern und Kunden.* Die Veränderungen sind aber bislang, was ihre mögliche Breitenwirkung anlangt, empirisch kaum hinreichend untersucht. Gleichwohl erfreut sich das Thema intensiver Diskussionen. Sie bündeln sich etwa in Deutschland in der Figur des

„Arbeitskraftunternehmers" (vgl. Voß, Pongratz 1998: 131 ff.) und in den USA in der des „Flexiblen Menschen" (Sennett 1998).

Die Anforderungen an die Arbeitskräfte sind so neu nicht, wie vielfach unterstellt. Das Leitbild, das die protestantische Ethik als das dem Kapitalismus angemessene Muster der Arbeits- und Lebensführung vermittelt (vgl. Kapitel 1.1, 1.2), scheint sich, angepasst an den neuen, globalen Kapitalismus, nun zu verallgemeinern. Die Maxime des aufsteigenden Bürgertums, den gesamten Lebenszusammenhang zweckrational zu planen und zu organisieren, richtet sich nun an *alle* Gesellschaftsmitglieder (vgl. Voß, Pongratz 1998: 155). Dabei hat sich der religiöse Gehalt dieser Leistungsethik längst verflüchtigt. Zu den alten wie neuen Anforderungen zählen: Selbstkontrolle und Selbstverantwortung, Eigeninitiative und Veränderungsbereitschaft, räumliche und zeitliche Mobilität, lebenslange Lernfähigkeit und -bereitschaft zum Um-, Weiter- und Neulernen. Nicht alle Arbeitskräfte verfügen über ein entsprechendes Potential und angemessene sowie ausreichende Ressourcen, um zum *Unternehmer-ihrer-selbst* zu werden. Insofern bleiben überkommene gesellschaftliche Ungleichheiten zwischen verschiedenen Arbeitskräftegruppen vermutlich erhalten. Die vermehrten Anforderungen an die Arbeitskräfte können dazu führen, dass die traditionelle Arbeitsteilung zwischen den Geschlechtern sich nicht weiter aufgelockert, sondern neu zementiert wird. Mehr noch: (Familiales) Zusammenleben wird weiter erschwert, wenn nicht sogar unmöglich, falls beide Partner sich den Arbeitsmarkterfordernissen nach Rundum-Flexibilität stellen müssen bzw. wollen. Andererseits können sich auch Chancen für ein neues Arrangement der Geschlechter ergeben. Soziale Ungleichheiten können sich aber auch noch weiter zuspitzen.

Die Herausforderungen für die Arbeitskräfte sind Ergebnis bzw. stehen im Kontext mehrerer Entwicklungen. Spätestens seit dem Zusammenbruch sozialistischer Wirtschaftsgesellschaften wird der Kapitalismus unübersehbar global, was verschärften Wettbewerb bedeutet mit Druck auf die Arbeitsbedingungen, vor allem in den sozialstaatlich regulierten Gesellschaften mit ihren international vergleichsweise hohen sozialen Standards. Die neuen umfassenden technisch-organisatorischen Rationalisierungsstrategien, also die Durchsetzung von lean-production-Konzepten auf der Grundlage von IuK-Techniken führen zumindest in Teilbereichen zu steigenden qualifikatorischen Anforderungen an die Arbeitskräfte. Inhaltlich anspruchsvolle Tätigkeiten finden auch aufgrund des Wertewandels eine durchaus positive Resonanz bei den Beschäftigten. Gleichwohl bleiben tayloristische Arbeitszuschnitte auf breiter Front erhalten, ja sie erleben allem Anschein nach sogar eine gewisse Renaissance (vgl. Springer 1999). Nicht zuletzt infolge dieser Rationalisierungskonzepte differenzieren sich die Beschäftigungsverhältnisse. Es entstehen vermehrt abhängige wie selbstständige Formen von Erwerbsarbeit mit gleitenden Übergängen, die insgesamt bisherige Ansprüche an Entgelt, Arbeitszeit und soziale Sicherheit kaum mehr erfüllen. Das gilt für Werkverträge, Arbeitsbefristung, Leiharbeit, Teilzeitarbeit, neue Heimarbeit, Subunternehmen und neue Selbstständigkeit. Die Berufsbiographien setzen sich vermutlich zunehmend aus solchen unterschiedlichen Arbeitsmustern zusammen, die zudem von Phasen der Erwerbslosigkeit unterbrochen werden können. Die lebenslange Erwerbstätigkeit in einem Unternehmen, in einem Beruf bzw. Tätigkeitsfeld mit entsprechenden Aufstiegschancen verliert an Bedeutung.

Das skizzierte Szenarium hat empirisch begründeten Widerspruch ausgelöst. Hans Bertram weist anhand von Daten aus den USA, dem wohl am weitesten fortgeschrittenen Land des flexiblen Kapitalismus, darauf hin, dass es bislang kaum Belege für die beschriebenen Trends gibt. Für ihn sind es spekulative Überlegungen, die gleichwohl mögliche zukünftige Entwicklungen antizipieren können (vgl. Bertram 2000: 308 ff.). Ein Rückblick auf Daten der letzten 15 bis 20 Jahre lässt ihn schlussfolgern:

„Die messbare regionale Mobilität, die zeitlichen Veränderungen der Beschäftigungsdauer und die neuen Berufe, die gegenwärtig in den Vereinigten Staaten entstehen, sind keine hinreichenden Belege dafür, dass der flexible Kapitalismus von den Bewohnern der Vereinigten Staaten ein höheres Ausmaß an Flexibilität und Ungebundenheit verlangt als der klassische Industriekapitalismus früherer Jahrzehnte" (ebd.: 319).

In einem Interview äußert sich Bertram mit Blick auf die deutschen Verhältnisse entsprechend:

„Die heutige Arbeitswelt verlangt nicht mehr Flexibilität als die klassische Industriegesellschaft. Wir haben untersucht, wie häufig in Deutschland die ganz Alten und die Jungen bis zum 30. Lebensjahr den Job gewechselt haben. Wer zwischen 1910 und 1917 geboren wurde, hat im Schnitt fünfmal neu angefangen, dass gilt auch für die heutigen Jungen. Wer allerdings nach 1950 im beginnenden Wirtschaftswunder die Arbeit aufnahm, hat nur ein bis drei Mal gewechselt. (...) Die Stabilität der Nachkriegsgesellschaft ist historisch die Ausnahme. Zwischen 1952 und 1970 hat eine positive industrielle Entwicklung stabile Arbeitsbiographien in traditionellen Familien ermöglicht, begleitet von der Stabilisierung des Sozialstaats. Das war ein einmaliger Dreiklang" (Bertram in: v. Thadden 2001: 9).

Ähnlich argumentiert Richard Münch, der sich grundsätzlich mit der Unterscheidung von erster und zweiter Moderne auseinandersetzt, er relativiert diese Differenz und rückt sie gar in die Nähe einer Fiktion: Wanderungen zwischen Stadt und Land, internationale Migrationsströme, zwei Weltkriege haben gesellschaftliche Umbrüche und bei allen Betroffenen ein Ausmaß an Unsicherheiten ausgelöst, „das mit Gewissheit nicht hinter den heute erfahrenen, weit mehr durch wohlfahrtsstaatliche Regulierung ausgeglichenen Unsicherheiten zurücksteht" (Münch 2002: 427).

Friedrich Fürstenberg sieht in den skizzierten neuen Formen beruflicher Selbstständigkeit, nämlich Arbeitsbedingungen individuell auszuhandeln, kein allgemeines Phänomen, sondern nur ein „hochspezialisiertes Segment des Arbeitsmarktes" (Fürstenberg 2000: 108). Die überwiegende Mehrzahl der Arbeitskräfte, durchaus fähig und bereit, sich den neuen Anforderungen zu stellen, bleibt jedoch auf organisatorische und institutionelle Einbettung, wie sie der Sozialstaat herausgebildet hat, angewiesen, um die mit dem Strukturwandel einhergehenden berufsbiographischen Risiken und Brüche bewältigen zu können. Der Arbeitskraftunternehmer als neue Schlüsselfigur des globalen Kapitalismus — diese Verallgemeinerung wird als „ideologisches Konstrukt oder als ‚Mythos'" entzaubert (Deutschmann 2001: 64; vgl. Kapitel 3.1, 4.3.1). Festzuhalten bleibt, dass die individuellen wie gesellschaftlichen Folgen des neuen Kapitalismus allem empirischen Anschein nach noch relativ unbestimmt sind. Es ist wohl eher von einer offenen Situation auszugehen, die nach weiterer empirischer Aufklärung verlangt.

# 2 Zeit und Arbeit. Skizze zur Entwicklung der deutschen Wirtschaftsgesellschaft

## 2.1 Ausdehnung der Arbeitszeit

Für die frühindustrielle Phase des Kapitalismus in Deutschland — etwa um die Mitte des 19. Jahrhunderts — sind, um das Existenzminimum zu sichern, die Integration von Frauen und Kindern in den Produktionsprozess sowie „barbarische Arbeitszeiten" zwischen 14 und 16 Stunden charakteristische Merkmale (Wehler 1995: 780). Die Arbeitszeit dehnt sich noch weiter aus durch teilweise stundenlange Hin- und Rückwege. Damit einher geht eine Zunahme von Nachtarbeit, möglich geworden durch die Erfindung der Elektrizität, sowie von Sonn- und Feiertagsarbeit (vgl. Deutschmann 1985: 76 ff.). Unterbrochen wird diese nur ein äußerst bescheidenes Einkommen garantierende Erwerbstätigkeit durch die Wechselfälle des Lebens wie Krankheit und Invalidität sowie durch Wirtschaftskrisen, die Kurzarbeit, Entlassung und Erwerbslosigkeit mit der Gefahr absoluter Verelendung zur Folge haben.

Von den Beschäftigten wird eine Aufteilung des Alltags in Arbeitszeit und Freizeit sowie eine zeitwirtschaftliche Arbeitsweise noch nicht akzeptiert. Dazu bedarf es eines längeren individuellen und kollektiven Entwicklungsprozesses, in dem der industrielle Arbeitsrhythmus angeeignet und verinnerlicht wird. Die

Sozial- und Selbstdisziplinierung erfolgt neben der Fabrik in der Schule, der Kaserne und im Zucht- oder Arbeitshaus (vgl. Maurer 1992: 112). Diese Organisationen werden so zu wichtigen Sozialisationsinstanzen. Noch prägt der vorindustrielle, eng mit anderen Tätigkeiten verwobene Arbeitsrhythmus die Arbeit in der Fabrik. Er macht vermutlich erst die überlangen, in sich zerstückelten Betriebszeiten einigermaßen erträglich. Industriearbeit ist zunächst eine kurzfristige Lösung, sie gilt als vorübergehender Zustand und noch nicht als Lebensschicksal. Ebenso kurzfristig ist die unternehmerische Beschäftigungspolitik angelegt, die eine maximale Verausgabung der Arbeitskraft mit dem Ziel der Gewinnmaximierung intendiert.

Etwa bis zur Jahrhundertwende ringen Kapital und Arbeit in einem offensichtlichen „Kleinkrieg" darum, „die große Kluft" zwischen formeller und informeller Arbeitszeit zu schließen bzw. aufrecht zu erhalten (Deutschmann 1985: 81). Der Eigensinn der Arbeitskräfte, das Zeitdiktat der Fabrik permanent zu unterlaufen und Zeitsouveränität zäh zu behaupten, manifestiert sich in vielfältigen Reaktionsweisen (vgl. ebd.: 80 ff.): Absentismus, vor allem am so genannten „blauen Montag", Unpünktlichkeit, Kommen und Gehen nach Belieben, lange Pausen, wenig Sorgfalt und Disziplin bei der Arbeit, geringe Arbeitsintensität, häufiger Arbeitsplatzwechsel, ferner Essen und Trinken, insbesondere Alkohol in großen Mengen (Saufgelage) mit negativen Folgen für Produktivität und Sicherheit, Kommunikation und Beaufsichtigung der Kinder. Eine Antwort der Arbeitgeber auf dieses als Disziplinlosigkeit wahrgenommene Verhalten der Beschäftigten sind „rigorose Fabrikordnungen", deren Befolgung durch Kontrollmaßnahmen, abgestufte Strafen bis hin zur Kündigung erzwungen wird (Wehler 1995: 146). Als das wirksamste Mittel gegen die Zeitvergeudung erweist sich die Ablösung des Zeitlohns durch leistungsabhängige Formen des Entgelts, die die Entwicklung von Selbstkontrolle und Zeitdisziplin begünstigen (vgl. Deutschmann 1985: 92).

Mehr noch als bei den männlichen Arbeitskräften zeigt sich bei den (verheirateten) Frauen, deren Erwerbstätigkeit zwischen 1882 und 1907 von 27 auf 31 Prozent steigt, wobei 44,6 Prozent als Industriearbeiterinnen tätig sind (vgl. Wehler 1995: 774), wie stark der Arbeitsrhythmus vom außerbetrieblichen Leben bestimmt wird. Hier sind es zuvörderst nicht die traditionellen Arbeitsgewohnheiten der vorindustriellen Zeit, sondern die Anforderungen, die die geschlechtsspezifische Arbeitsteilung, also die Zuständigkeit für das außerbetriebliche Leben, für Haus und Familie, an die weiblichen Arbeitskräfte stellt (vgl. Deutschmann 1985: 94 ff.). Das bis heute existierende Zeitdilemma löst schon früh Diskussionen über die Dauer und Lage der Arbeitszeit für verheiratete Frauen aus. Unternehmer zeigen sich, sofern an weiblicher Arbeitskraft interessiert, durchaus aufgeschlossen und kompromissbereit: So können Beginn und Ende der Arbeitszeit, Dauer und Lage von Pausen vielfach frei bestimmt werden, um den häuslichen Pflichten nachkommen zu können. Auch werden Kinder am Arbeitsplatz von ihren Müttern bzw. Eltern betreut, zuweilen werden sie mit Aufgaben betraut, was später jedoch mit der Kinderschutzgesetzgebung kollidiert. Die den Frauen eingeräumten Optionen sind abhängig von der Art der Arbeitsplätze und den Branchen; Voraussetzung dafür ist ein leistungsbezogenes Entgelt, also der Akkordlohn (vgl. ebd.: 92). Die Zugeständnisse führen zu keinem zusätzlichen „Schlendrian", sondern ganz im Gegenteil: Frauen sind wegen ihres Fleißes und ihrer Disziplin durchaus geschätzte Arbeitskräfte:

„Für Frauen war die Zeit ungleich knapper als für Männer; sie waren gezwungen, den Zeit- und Lohnverlust aufgrund ihrer Doppelbelastung durch intensiveres Arbeiten wieder wettzumachen. Den ‚Schlendrian' der Männer konnten sie sich nicht leisten, und das machte sie als besonders ‚fleißige' Arbeitskräfte bei den Unternehmern beliebt — nicht allerdings bei den männlichen Kollegen. Die Frauenarbeit scheint damit schon zu einem historisch frühen Zeitpunkt Züge getragen zu haben, die über das frühindustrielle Zeitarrangement hinausweisen" (ebd.: 95 f.).

## 2.2 Verkürzung der Arbeitszeit und Arbeitsintensivierung

Die Verlängerung der Arbeitszeit in der Frühindustrialisierung wird von Marx als Phase der Produktion des absoluten Mehrwerts bezeichnet (vgl. Marx 1974: 192 ff.). In dieser Periode entwickelt sich die wirtschaftliche Dynamik auf der Grundlage des variablen Kapitals, d.h. einer maßlosen Verlängerung des Arbeitstages, was zumindest mit einem hohen physischen Verschleiß der Arbeitskräfte einhergeht und deren Wiederherstellung gefährdet: Kinder und Jugendliche sind frühzeitig, vor dem Erwachsenwerden verschlissen, Frauen sind gesundheitlich so beeinträchtigt, dass die Geburt gesunder Kinder gefährdet ist, generell droht auch für Männer durch die zeitliche Überbeanspruchung Krankheit, Invalidität und mithin vorzeitige Erwerbsunfähigkeit. Insofern kann nicht erstaunen, wenn bereits um die Jahrhundertmitte Bemühungen einsetzen, die Arbeitszeit für besonders gefährdete Gruppen wie Kinder/Jugendliche und Frauen herabzusetzen und überdies die Arbeitszeit generell Schritt für Schritt zu reduzieren. Damit beginnt für das Kapital die Phase der Produktion des relativen Mehrwerts (vgl. ebd.: 331 ff.). Seit dieser Zeit baut die wirtschaftliche Entwicklung auf fixem Kapital auf, d.h. auf der Produktionstechnik. Damit verbindet sich eine intensive Nutzung der Arbeitskraft als Prozess zeitökonomischer Rationalisierung. Mit der Verkürzung des Arbeitstages geht seine Verdichtung einher. Die extensive Phase der Industrialisierung wird also von der intensiven abgelöst.

An diesem Prozess sind die unter Kapitel 1.5 vorgestellten Akteure maßgeblich beteiligt, so der Staat, die Tarifvertragsparteien und in der frühen Phase durchaus auch einzelne sozial eingestellte, weitsichtige Unternehmer. Die tägliche Arbeitszeitverkürzung, die sich mit Blick auf Sektoren und Branchen sehr unterschiedlich entwickelt, geht in erster Linie auf Eingriffe des Staates zurück, während die wöchentliche Verringerung eher Resultat gewerkschaftlichen Drucks ist, mit dem Ergebnis, dass sich eine Verkürzung mit einer Verdichtung der Arbeitszeit arrangiert (vgl. Deutschmann 1985: 293 ff.).

Mehr und mehr wird die Teilung des Alltags in Arbeitszeit und Freizeit, in betrieblicher und außerbetrieblicher Lebenswelt von den Arbeitskräften akzeptiert. Die grundlegende Veränderung ist auf eine Reihe von Ursachen zurückzuführen: Dass eine Verkürzung der Arbeitszeit mit einer Intensivierung einhergeht, ist keineswegs selbstverständlich, sondern an bestimmte Voraussetzungen gebunden, etwa an die Arbeitsmotivation, an die Arbeitsorientierungen allgemein und an den Lebensrhythmus der Arbeitskräfte (vgl. ebd.: 181). Um die Jahrhundertwende wird offenkundig, dass sich die Einstellung der LohnarbeiterInnen zur Zeit verändert hat. Zeit wird generell als ein knappes Gut betrachtet. In diesem Bewusstsein werden die unterschiedlichen Lebensbereiche ebenso wie der Lebenslauf selbst zeitökonomisch zugerichtet. Das zeigt sich in folgenden Tatbeständen: In der Arbeitswelt wird die Zeit intensiver genutzt. Es verringert sich der Absentismus, der „blaue Montag" verliert an Bedeutung, der exzessive Alkoholkonsum nimmt ab, offizielle und inoffizielle Pausen werden weniger und kürzer (vgl. ebd.: 197 ff.). Lohnarbeit gilt nicht länger als vorübergehend, sondern als generationsübergreifendes Schicksal. Dadurch verändert sich die Einstellung zur Zukunft und folglich auch die Erwerbsorientierung und das -verhalten, indem nun versucht wird, mit der eigenen Arbeitskraft möglichst schonend umzugehen. Parallel dazu favorisieren die Unternehmer personalpolitische Strategien, die die Entwicklung einer betrieblichen Stammbelegschaft begünstigen, etwa durch eine Lehrlingsausbildung und durch das Bemühen, die Fluktuation der Beschäftigten wegen besserer Verdienstaussichten und Vermeidung von Monotonie einzudämmen, z.B. durch die Gewährung eines Jahresurlaubs (vgl. ebd.: 202 ff.). Lohnarbeit auf Dauer erweist sich nun als ein wichtiger Tatbestand, um die Gründung und das Wachstum der Gewerkschaften mit zu erklären. Sie lassen sich als „Organisatoren und Promotoren jener Rationalisierung und Systematisierung des Erwerbsverhaltens" begreifen (ebd.: 218). Dabei wird für sie die Arbeitszeitfrage zu einem zentralen Thema: Überlange Arbeitszeiten sind wegen der gesundheitsschädlichen Folgen zu bekämpfen, um die tägliche wie lebenslange Reproduktion der Arbeitskraft zu sichern und möglichst zu verbessern (vgl. ebd.: 219).

Nachfolgend wird die Verkürzung der Arbeitszeit in den wichtigsten Schritten vorgestellt, wobei sich der Blick auf die tägliche, wöchentliche, jährliche und lebenslange Reduktion richtet sowie auf bestimmte Gruppen, die davon besonders betroffen sind.

*Die tägliche Arbeitszeit*, zunächst noch 14 bis 16 Stunden, sinkt zwischen 1850 und 1873 auf etwa 12 Stunden. „Dieser Gewinn von zwei bis vier Stunden ist in den vierzig Jahren danach, als bis 1914 die Verminderung auf zehn Stunden gelang, nicht mehr übertroffen worden" (Wehler 1995: 147). Um 1890 beträgt die tägliche Arbeitszeit 11 Stunden, und durch die Gewerbeordnungs-Novellen von 1891, 1906 und 1908 sinkt sie nochmals auf neuneinhalb bis zehn Stunden (vgl. ebd.: 780 f.). Eine gesetzliche Regelung für erwachsene Arbeiter gibt es bis 1918 nicht, gleichwohl sieht die Mehrzahl der Tarifverträge, die seit 1890 sprunghaft zunehmen, Regelungen unter zehn Stunden täglich vor. Schon vor 1914 lässt sich das Phänomen beobachten, dass die Tarifpolitik der Gesetzgebung vorauseilt (vgl. Deutschmann 1985: 222 f.). Eine Arbeitszeit zwischen acht bis neun Stunden täglich, von einer kurzen Frühstücks- und einer halbstündigen Mittagspause unterbrochen, in England bereits die Regel, setzt sich in Deutschland um die Jahrhundertwende unter dem Schlagwort „englische Arbeitszeit" zunehmend durch, wobei sie von Unternehmern ohne große Auseinandersetzung zugestanden wird (vgl. ebd.: 192). Gleichwohl kämpft die internationale Arbeiterbewegung um den Achtstundentag, der dann nach dem Ersten Weltkrieg als Ergebnis der Novemberrevolution 1918 in Deutschland als Normalarbeitszeit gesetzlich verankert wird — dabei umfasst die *Wochenarbeitszeit* 48 Stunden (vgl. Müller-Jentsch 1997: 236 f.). Bereits 1923 wird der Achtstundentag wieder eingeschränkt, die Arbeitszeitordnung erlaubt, einseitig oder durch Tarifvertrag geregelt, die Arbeitszeit auf zehn Stunden zu erhöhen (vgl. Schmiede, Schudlich 1984: 372). Ab Mitte der 30er bis Anfang der 50er Jahre ist dann der Zehnstundentag die Obergrenze des Normalarbeitstages (vgl. ebd.: 377). Nach dem Zweiten Weltkrieg geht es um eine weitere Verkürzung der Arbeitszeit. Von den Gewerkschaften wird am 1. Mai 1952 die 40-Stunden-Woche mit einem arbeitsfreien Samstag gefordert. Vorreiter sind die Industriegewerkschaften (IG) Druck und Papier bzw. Metall. Umgesetzt wird das Verlangen zum 1. Oktober 1965 bzw. zum 1. Januar 1967. Erst 1984 wird „die 40-Stunden-Woche tarifliche Regelarbeitszeit für 99 Prozent der Arbeitnehmer" (Müller-Jentsch 1997: 236). Bereits im gleichen Jahr, wiederum sind die gleichen Gewerkschaften aktiv, beginnt die Auseinandersetzung um die 35-Stunden-Woche, wobei bereits erste, noch vergebliche Versuche 1978/79 unternommen werden. Es gelingt, nach „einem harten, wochenlangen" Arbeitskampf mit einer Verkürzung der Arbeitszeit auf 38,5 Stunden zumindest einen Einstieg in die 35-Stunden-Woche durchzusetzen, die schließlich nach zwei weiteren Verkürzungen 1995 zur tarifvertraglichen Regelarbeitszeit in der Druck- und Metallindustrie Westdeutschlands wird (ebd.: 236). Die Verkürzung der Wochenarbeitszeit seit 1984 geht einher mit dem Zugeständnis an die Arbeitgeber, die betriebliche und mithin auch die individuelle Arbeitszeit flexibler zu gestalten. Damit beginnt eine neue Phase der Arbeitszeitgestaltung, die Gegenstand von Kapitel 2.3 ist.

Der gesetzlichen Normierung der Arbeitszeit seit 1918 gehen Regelungen für *Kinder/Jugendliche und Frauen* voraus. Bereits 1839 wird in Preußen das Mindestalter für die Fabrikbeschäftigung von Kindern auf neun Jahre und auf zehn Stunden täglich festgelegt bei Verbot von Nacht-, Feiertags- und Sonntagsarbeit. 1853 wird dann das zulässige Alter auf 12 Jahre angehoben, und die Arbeitszeit auf sechs Stunden täglich beschränkt mit der Verpflichtung zu einem mindestens dreistündigen Schulbesuch. Nach der Reichsgründung 1871 lautet die Regelung: Kinder zwischen 12 und 14 Jahren dürfen nur sechs Stunden täglich, Jugendliche zwischen 14 und 16 Jahren zehn Stunden, in der Zeit von 5.30 morgens bis 8.30 Uhr abends beschäftigt werden. Es sind Pausen von einer halben Stunde vormittags, einer Stunde am Mittag für Kinder zu gewähren und für Jugendliche zweimal eine halbstündige Unterbrechung. Arbeiten an Sonn- und Feiertagen bleiben verboten. 1891 wird in der Novelle der Gewerbeordnung das Mindestalter für Kinderbeschäftigung auf 13 Jahre angehoben (vgl. Deutschmann 1985: 220 f.). Heute sind die Belange Jugendlicher (zwischen 14 und 18 Jahren) im Jugendarbeitsschutzgesetz sowie im Berufsbildungsgesetz geregelt.

„Von besonderer Bedeutung sind die Bestimmungen über die Befristung der täglichen (8 Stunden) und wöchentlichen (40 Stunden) Arbeitszeit, über die notwendigen Ruhepausen (bei einer Arbeitszeit von mehr als 4,5 bis 6 Stunden 30 Minuten, bei mehr als 6 Stunden 60 Minuten), über die Freizeitregelung (nach Beendigung der täglichen Arbeitszeit mindestens 12 Stunden) und die Nachtruhe (Beschäftigung nur in der Zeit von 6 bis 20 Uhr), über das Beschäftigungsverbot an Samstagen und Sonntagen sowie über die Freistellung für die Teilnahme am Berufsschulunterricht" (Prigge 1997: 773).

Von einigen Ausnahmen abgesehen ist die Beschäftigung von Kindern (unterhalb von 14 Jahren) verboten.

In der Novelle von 1891 wird erstmalig die Arbeitszeit für *Frauen* begrenzt, deren Erwerbsquote bis 1914 auf ein knappes Drittel ansteigt (vgl. Wehler 2003: 237). Die tägliche Arbeitszeit wird auf maximal 11 Stunden, am Samstag und am Vorabend vor Festtagen auf zehn Stunden eingeschränkt, wobei an diesen Tagen die Arbeit um 16.30 Uhr endet. Die Mittagspause darf eine Stunde nicht unterschreiten. Nachtarbeit zwischen 20.30 und 5.30 Uhr ist für Frauen verboten ebenso wie die Beschäftigung unter Tage. Die Vorschriften für Wöchnerinnen von 1878 werden verschärft. Gemäß der Berner Konvention von 1906 wird 1910 die tägliche Arbeitszeit für Frauen auf zehn Stunden festgelegt, vor Sonn- und Feiertagen hat sie vor 17 Uhr zu enden und darf acht Stunden nicht überschreiten. Die Regelungen gelten nun für alle Betriebe, nicht allein für die Fabrik, sofern mindestens zehn Frauen beschäftigt sind. Eine 11-stündige Ruhepause bedeutet, dass die Nachtarbeit restriktiver gefasst wird (vgl. Deutschmann 1985: 221 f.). „In denjenigen Betrieben, in denen Frauen und Männer beschäftigt waren, liefen die Arbeitszeitvorschriften für Frauen praktisch auf eine Normierung der Arbeitszeit für alle erwachsenen Arbeiter hinaus. Direkt wurde eine solche allgemeine Normierung durch neue Bestimmungen zur Sonntagsruhe eingeführt,

die 1895 in Kraft traten" (ebd.: 222). Bis 1994 unterliegt die Frauenerwerbstätigkeit Restriktionen durch entsprechende Schutzbestimmungen, die die Arbeit
von Frauen wegen der Zuständigkeit für die Familienarbeit zu bestimmten Zeiten
sowie in Sektoren und Branchen mit besonders schwerer körperlicher Arbeit
verbieten. Die Gesetze erweisen sich mit Blick auf den Arbeitsmarkt als ambivalent, denn sie erschweren den Zugang und widersprechen heute dem Grundsatz
der Gleichberechtigung der Geschlechter. Beschäftigungsverbote sind von nach-
lassender Bedeutung, da es sich häufig um schrumpfende Branchen ohne zukünftige arbeitsmarktpolitische Relevanz handelt. Mehr und mehr setzt sich
daher die Auffassung durch, dass Frauenarbeitsschutz „heute nur noch im Zusammenhang mit Gebärfähigkeit und Mutterschaft gerechtfertigt" ist (Vogelheim
1984: 86). Das Arbeitszeitgesetz vom 1. Juli 1994 trägt dieser Auffassung Rechnung. Nachtarbeit ist nun generell für Frauen erlaubt, sofern nicht das Mutter-
schutzgesetz greift.

Mit der forcierten Industrialisierung wird der bis dahin *arbeitsfreie Sonntag* von
einer Sieben-Tage-Woche verdrängt. Die Begrenzung der Wochenarbeitszeit
erfolgt erstmalig mit dem Arbeitsschutzgesetz von 1839, in dem u. a. Kinderar-
beit am Sonntag verboten wird. In der Diskussion über die 1869 verabschiedete
Gewerbeordnung des Norddeutschen Bundes finden sich die gesellschaftlichen
Kräfte zusammen, so die beiden Kirchen, konservative und sozialdemokratische
Politiker, die den Kampf um den erwerbsarbeitsfreien Sonntag gegen Ende des
Jahrhunderts erfolgreich zu Ende führen (vgl. Heckmann 1988: 102). Sie argu-
mentieren wie folgt: Zunächst verweisen sie auf die positiven Erfahrungen mit
der absoluten Sonntagsruhe in England, eine Verringerung der Löhne sei dadurch nicht eingetreten, die Arbeitsunterbrechung habe zudem positive Folgen
für die Gesundheit, sie könne überdies zur Fortbildung genutzt werden und das

Familienleben stärken (vgl. ebd.: 102). Am 1. Juni 1891 wird das Arbeitsschutzgesetz als Novelle zur Gewerbeordnung veröffentlicht, in dem u. a. das Verbot
der Sonntagsarbeit ausgesprochen wird. Das Gesetz, das 1895 in Kraft tritt,
enthält zahlreiche Ausnahme- und Sonderregelungen. Dies ist jedoch eine weitere wichtige Etappe auf dem Weg zum Normalarbeitstag (vgl. Deutschmann
1985: 222).

Im Unterschied zu Angestellten und Beamten, denen bereits vor 1914 ein ein-
wöchiger, bezahlter *Jahresurlaub* gewährt wird, ist dieser für ArbeiterInnen
höchst selten. Nur in wenigen Tarifverträgen, etwa für die Druckindustrie, für
einige Brauerei- und Metallbetriebe, finden sich solche Regelungen (vgl. Wehler
1995: 762). Für die Gewerkschaften ist Urlaub zunächst kein Thema, da er als
ein Instrument unternehmerischer Personalpolitik „bewährte" Arbeitskräfte langfristig an das Unernehmen binden soll (vgl. Deutschmann 1985: 206 f.). Die
Situation verändert sich erst in der Weimarer Republik, 1926 gelten bereits für
rund 95 Prozent der von Tarifverträgen erfassten Beschäftigten Urlaubsverein-
barungen. Für ArbeiterInnen werden durchschnittlich drei bis sechs, für Angestellte 12 bis 18 Tage bezahlter Erholungsurlaub gewährt (vgl. Müller-Jentsch
1997: 238). Nach dem Zweiten Weltkrieg verlängert sich der Jahresurlaub von
zunächst zwei Wochen in den 50ern auf fünf bis sechs Wochen in den 80er Jahren. Ende 1995 beträgt die Urlaubsdauer im Westen 30 und im Osten Deutschlands 26 bis 30 Tage. Hier ist schon aufgrund des so genannten Tabu-Katalogs
der Arbeitgeberverbände aus den 70er Jahren vorerst keine weitere Ausweitung
zu erwarten, aber auch für die Gewerkschaften ist dies derzeit kein vordringli-
ches Thema (vgl. ebd.: 238).

Die *Lebensarbeitszeit* wird nach oben durch den *Eintritt in den Ruhestand*, in die Rente begrenzt, für die die Bismarcksche Sozialpolitik, die Alters- und Invalidenversicherung von 1889, die Grundlage legt. Das Gesetz fixiert einen Rechtsanspruch der Versicherten auf Leistung. Das bedeutet aber konkret, dass in den Genuss „nur männliche gewerbliche Arbeiter vom siebzigsten Lebensjahr (kamen I. R.), noch 1900/1910 überschritten nur siebenundzwanzig Prozent aller Männer diese Altersschwelle" (Wehler 1995: 914). Zudem ist die Höhe der Renten so gering, dass eine eigenständige Lebensführung ohne weitere familiäre Unterstützung schon für einen alleinstehenden Invaliden oder alten Mann kaum möglich ist, ganz zu schweigen von einer zusätzlichen Existenzsicherung für die Ehefrau. Die Altersgrenze sinkt dann von 70 auf 65 Jahre durch Beschluss des Reichstages von 1916 (vgl. Preller 1949: 60). Das offizielle Eintrittsalter in den Ruhestand mit 65 Jahren wird in den 80er und 90er Jahren durch Vorruhestandsregelungen, Altersteilzeit durchbrochen. Die Rentenreform von 1992 sieht ab 2001 eine schrittweise Heraufsetzung der Regelaltersgrenze auf 65 Jahre für alle Beschäftigtengruppen, d.h. auch für Frauen, vor sowie Rentenabschläge bei vorzeitiger Inanspruchnahme (vgl. Keller 1995: 160). Eine weitere zukünftige Erhöhung auf 67 Jahre kann angesichts des demographischen Wandels nicht mehr ausgeschlossen werden.

Die einzelnen Schritte und verschiedenen Tatbestände, um die Arbeitszeit zu verkürzen, sind in ihren *Folgen für die Beschäftigten durchaus als ambivalent* zu bewerten. Den positiven Effekten wie Verlängerung der erwerbsarbeitsfreien Zeit, Förderung der Gesundheit und Chancen für mehr Beschäftigung stehen durchaus problematische gegenüber. „Die Absenkung der Arbeitszeit bedeutet nicht eine derart durchschlagende Erleichterung, wie das manchmal behauptet wird" (Wehler 1995: 780): Bereits für die ersten Schritte zur Arbeitszeitverkürzung im 19. Jahrhundert gilt:

„Als Folge des vermehrten Maschineneinsatzes (...) nahm das Tempo zu, mit dem der einzelne Arbeiter seine Aufgaben ausführen musste. Und aus denselben Gründen stieg die psychische Belastung (...). Die erhöhte Arbeitsgeschwindigkeit und der psychisch-mentale Druck mochten zwar weniger greifbar wirken als die körperliche Beanspruchung während langer Arbeitszeiten, sie beeinflussten aber auf ihre Weise die Lebensqualität im Betrieb nicht minder" (ebd.: 781).

Der hier angesprochene Trend hat sich in der Folgezeit bis in die Gegenwart nicht nur fortgesetzt, sondern sogar verstärkt. Die Arbeitszeitverkürzung in den 20er Jahren bedeutet, wie empirische Untersuchungen belegen, dass sich die Leistungsanforderungen erhöhen und die Arbeit intensiviert wird (vgl. Schmiede, Schudlich 1984: 374). Die in den 50er und 60er Jahren erstrittene Arbeitszeitverkürzung erweist sich ebenfalls als produktivitätssteigernd und bietet zugleich Raum für umfangreiche betriebliche Rationalisierungsmassnahmen mit weiteren leistungssteigernden Effekten (vgl. ebd.: 383 ff.). Arbeitsintensivierung ist Ergebnis eines Prozesses betrieblicher wie gesamtgesellschaftlicher Rationalisierung. Im einzelnen kann Rationalisierung bedeuten: *Erstens* Verbesserung der technischen Formen des Kapitals, *zweitens* Verbesserung der weltwirtschaftlichen, volkswirtschaftlichen und einzelwirtschaftlichen Organisationsformen des Kapitals sowie *drittens* Verbesserung der Arbeitsqualität der Arbeitenden mit dem Ziel, den Wirkungsgrad menschlicher Arbeit zu steigern und den Aufwand an menschlicher, also physischer und psychischer Energie zu senken (vgl. Bund der Industrieangestellten Österreichs 1929: 10). Rationalisierung kann im Kontext einer kapitalistischen Wirtschaftsgesellschaft als permanentes Bemühen der Unternehmen verstanden werden, alle technischen und organisatorischen

Möglichkeiten zu nutzen, um die einzelwirtschaftliche Rentabilität zu sichern. Im Mittelpunkt steht dabei die Senkung der Arbeitskosten durch den Einsatz produktionssteigernder Maschinen und durch arbeitsorganisatorische Maßnahmen. Diese laufen zunächst auf eine zunehmende Arbeitsteilung bis hin zur Arbeitszersplitterung hinaus. Ein Höhepunkt in dieser Entwicklung ist die Wissenschaftliche Betriebsführung von Frederick Winslow Taylor (vgl. 1919), der durch Bewegungsstudien und Zeitaufnahmen die Arbeit optimieren, d.h. beschleunigen will, indem „überflüssige" Zeit eliminiert wird. Sie wird seit den 20er Jahren sukzessive auch in Deutschland durchgesetzt. Während heute eine gewisse Umkehr zu beobachten ist, indem Planung, Ausführung und Kontrolle wieder zu komplexeren Arbeitsaufgaben reintegriert werden. Beide Strategien arbeitsorganisatorischer Rationalisierung gehen einher mit dem Ziel einer weiteren Arbeitsintensivierung (vgl. Raehlmann 1996). Davon betroffene ArbeitnehmerInnen erleben die wachsende Arbeitsgeschwindigkeit als Hektik und Zeitdruck, und sie gilt, was neuere empirische Untersuchungen vielfach bestätigen, als das wohl wichtigste Belastungsmerkmal (vgl. Rinderspacher 1985: 211 ff.).

Einen Einblick in die gesamtwirtschaftliche Produktivitätsentwichlung der letzten Jahre bietet die nachfolgende Tabelle (Müller-Jentsch, Ittermann 2000: 29):

| Jahr (1) | Bruttoinlands-produkt (real) (2) Mrd. DM | j. V. % | Erwerbs-tätige Tsd. | BIP je Er-werbstätigen Tsd. DM | j. V. % | BIP je Erwerbs-tätigenstunde DM | j. V. % |
|---|---|---|---|---|---|---|---|
| | | | Früheres Bundesgebiet | | | | |
| 1950 | 426,7 | | 20.000 | 21,8 | | | |
| 1955 | 673,4 | | 22.830 | 29,9 | | | |
| 1960 | 1.000,0 | | 26.063 | 38,4 | | 17,8 | |
| 1965 | 1.265,2 | | 26.775 | 47,3 | | 23,0 | |
| 1970 | 1.543,2 | | 26.560 | 58,1 | | 29,8 | |
| 1975 | 1.718,6 | | 26.020 | 66,0 | | 36,7 | |
| 1980 | 2.018,0 | | 26.980 | 74,8 | | 42,8 | |
| 1981 | 2.020,0 | 0,1 | 26.951 | 75,0 | 0,2 | 43,4 | 1,2 |
| 1982 | 2.001,0 | -0,9 | 26.630 | 75,1 | 0,3 | 43,3 | -0,1 |
| 1983 | 2.036,2 | 1,8 | 26.251 | 77,6 | 3,2 | 44,9 | 3,7 |
| 1984 | 2.093,5 | 2,8 | 26.293 | 79,6 | 2,6 | 46,3 | 3,1 |
| 1985 | 2.136,0 | 2,0 | 26.489 | 80,6 | 1,3 | 47,5 | 2,7 |
| 1986 | 2.186,1 | 2,3 | 26.856 | 81,4 | 0,9 | 48,3 | 1,6 |
| 1987 | 2.218,4 | 1,5 | 27.050 | 82,0 | 0,7 | 49,0 | 1,5 |
| 1988 | 2.301,0 | 3,7 | 27.261 | 84,4 | 2,9 | 50,4 | 2,7 |
| 1989 | 2.384,4 | 3,6 | 27.658 | 86,2 | 2,1 | 52,1 | 3,4 |
| 1990 | 2.520,4 | 5,7 | 28.479 | 88,5 | 2,7 | 54,6 | 4,9 |
| 1991 | 2.647,6 | 5,0 | 29.190 | 90,7 | 2,5 | 56,5 | 3,5 |
| 1992 | 2.694,3 | 1,8 | 29.452 | 91,5 | 0,9 | 56,6 | 0,1 |
| 1993 | 2.648,6 | -1,7 | 28.994 | 91,3 | -0,1 | 57,5 | 1,7 |
| 1994 | 2.708,9 | 2,3 | 28.636 | 94,6 | 3,6 | 60,1 | 4,5 |
| 1995 | 2.718,2 | 0,3 | 28.464 | 95,5 | 0,9 | 61,2 | 1,8 |
| 1996 | 2.779,2 | 2,2 | 28.186 | 98,6 | 3,3 | 63,2 | 3,3 |
| 1997 | 2.809,5 | 1,1 | 27.884 | 100,8 | 2,2 | 64,9 | 2,7 |
| 1998 | 2.889,1 | 2,8 | 27.915 | 103,5 | 2,7 | 66,3 | 2,2 |
| | | | Neue Bundesländer | | | | |
| 1991 | 206,0 | | 7.321 | 28,1 | | 18,6 | |
| 1992 | 222,1 | 7,8 | 6.387 | 34,8 | 23,6 | 20,3 | 9,1 |
| 1993 | 241,6 | 8,8 | 6.210 | 38,9 | 11,9 | 22,7 | 11,8 |
| 1994 | 266,2 | 10,2 | 6.330 | 42,1 | 8,1 | 24,6 | 8,4 |
| 1995 | 278,0 | 4,4 | 6.396 | 43,5 | 3,4 | 26,0 | 5,7 |
| 1996 | 285,4 | 2,7 | 6.279 | 45,5 | 4,6 | 27,3 | 5,0 |
| 1997 | 291,9 | 2,3 | 6.078 | 48,0 | 5,7 | 29,1 | 6,6 |
| 1998 | 297,6 | 2,0 | 6.055 | 49,1 | 2,3 | 29,5 | 1,4 |
| | | | Deutschland (3) | | | | |
| 1991 | 3.346,0 | | 37.759 | 88,6 | | 57,7 | |
| 1992 | 3.421,0 | 2,2 | 37.155 | 92,1 | 3,9 | 58,4 | 1,2 |
| 1993 | 3.383,8 | -1,1 | 36.586 | 92,5 | 0,5 | 59,7 | 2,2 |
| 1994 | 3.463,2 | 2,3 | 36.465 | 95,0 | 2,7 | 61,9 | 3,7 |
| 1995 | 3.523,0 | 1,7 | 36.428 | 96,7 | 1,8 | 63,9 | 3,3 |
| 1996 | 3.549,6 | 0,8 | 36.151 | 98,2 | 1,5 | 65,3 | 2,1 |
| 1997 | 3.601,1 | 1,5 | 35.864 | 100,4 | 2,3 | 67,5 | 3,5 |
| 1998 | 3.678,6 | 2,2 | 35.999 | 102,2 | 1,8 | 68,5 | 1,5 |
| 1999 | 3.732,3 | 1,5 | 36.038 | 103,6 | 1,3 | 69,2 | 1,0 |

(1) 1950, 1955: ohne Saarland und Westberlin
(2) in Preisen von 1991; Deutschland ab 1991: in Preisen von 1995
(3) revidierte Ergebnisse der VGR nach ESVG; 1999 vorläufige Ergebnisse
Quellen: St.Jb.; IAB, schriftliche Auskunft

## 2.3 Flexibilisierung der Arbeitszeit

Der Einstieg in die 35-Stunden-Woche und die Möglichkeit, die Arbeitszeit flexibler zu vereinbaren — beides wird 1984 tarifvertraglich fixiert —, bedeuten eine *tiefgreifende Zäsur in der (Arbeits)Zeitgestaltung.* Seither hat sich dieser Umbruch als gesamtgesellschaftliches Projekt zu mehr Flexibilität erweitert und vertieft. Zur Disposition stehen die Arbeitsbedingungen und Beschäftigungsverhältnisse insgesamt.

Zentrum der Debatte bildet das von Seiten der Gewerkschaften vorgebrachte Argument, angesichts der seit Mitte der 70er Jahre wachsenden Erwerbslosenzahlen — von ein Prozent 1973 auf knapp acht Prozent 1985 (vgl. Hardes u. a. 1995: 175) — *Arbeitszeitverkürzung als Mittel gegen Erwerbslosigkeit* einzusetzen (vgl. Kutsch, Vilmar (Hrsg.) 1983). Die Arbeitgeberverbände, die gemäß ihren Empfehlungen zu Tarifauseinandersetzungen — der so genannte Tabu-Katalog — keine weitere Verkürzung der Arbeitszeit unter die 40-Stunden-Woche hinnehmen wollen, da sie anders als in den Jahrzehnten zuvor befürchten, diese nicht mehr im ausreichenden Maße durch eine Steigerung der Arbeitsintensität und -produktivität kompensieren zu können (vgl. Schmiede, Schudlich 1984: 387 ff.), akzeptieren den Einstieg in die 35-Stunden-Woche unter folgender Bedingung: Über die herkömmlichen Formen — worüber noch zu sprechen sein wird — hinaus ist die *Arbeitszeit zu flexibilisieren.* Das heißt: Um die kapitalintensiven betrieblichen Anlagen optimal nutzen zu können, sind die *Betriebsnutzungszeiten von den individuellen Arbeitszeiten zu entkoppeln.* Der Tarifvertrag, im Frühsommer 1984 nach langwierigen Auseinandersetzungen mit Streik und Aussperrung vereinbart, sieht eine wöchentliche Arbeitszeit von 38,5

Stunden vor, dabei können die Arbeitszeiten sich zwischen 37 und 40 Stunden bewegen bei einem Ausgleichszeitraum von zwei Monaten. In den folgenden Jahren wird die Arbeitszeit sukzessive weiter verkürzt bis 1995 die 35-Stunden-Woche in der Metall- und Druckindustrie erreicht ist, wobei die tägliche Mehr- oder Minderarbeit in einem immer längeren Zeitraum — bereits 1989 sechs Monate (vgl. Keller 1995: 142) — ausgeglichen werden kann. Ein bislang von den Arbeitszeitverkürzungen ausgeschlossener Teil der Beschäftigten, je nach Tarifgebiet zwischen 15 und 20 Prozent schwankend, hat nunmehr das Recht, freiwillig zwischen einer 35- und 40-Stunden-Woche zu wählen (vgl. Keller 1995: 144). Etwa für ein knappes Viertel aller Beschäftigten in Westdeutschland gilt Mitte der 90er Jahre laut Tarifvertrag die 35-Stunden-Woche, während die übrigen ArbeitnehmerInnen 37,5 Stunden tätig sind. In Ostdeutschland ist zu diesem Zeitpunkt weiterhin eine 39- oder 40-Stunden-Woche üblich (vgl. Müller-Jentsch 1997: 237).

Im Frühjahr 2003 will *die IG Metall die 35-Stunden-Woche bei vollem Lohnausgleich auch in Ostdeutschland durchsetzen.* Ihr geht es um die weitere Angleichung der Arbeits- und Lebensverhältnisse in Deutschland, d. h. auch um die Beseitigung von Wettbewerbsvorteilen der ostdeutschen Unternehmen gegenüber westdeutschen. Sie muss wegen mangelnder Bereitschaft den Streik abbrechen und erlebt eine *beispiellose Niederlage,* die auf die Arbeitszeitdebatte rückwirkt. Von einzelnen Arbeitgeberverbänden wird nun eine *Verlängerung der Arbeitszeit auf 40 und mehr Wochenstunden* für Westdeutschland gefordert, was eine Absenkung der Entgelte beinhaltet, aber keine Rückkehr zu starren Arbeitszeiten. Deren weitere Flexibilisierung steht nach wie vor auf der Agenda ganz oben (vgl. Tenbrock 2003: 19).

78

Einen anderen Weg, jedoch die gleichen Ziele verfolgend, beschreiten die IG Chemie, IG Bau-Steine-Erden, die IG Textil-Bekleidung und die Gewerkschaft Nahrung-Genuss-Gaststätten. Sie favorisieren eine *Lebensarbeitszeitverkürzung*. Die Vorruhestandsregelungen, eine Kombination von gesetzlicher und tarifvertraglicher Regelung — die so genannte Tarifrente —, sollen den Übergang in den Ruhestand erleichtern. Danach erhalten Unternehmen einen Zuschuss der Bundesanstalt für Arbeit, sofern an die mit 58 Jahren ausscheidenden MitarbeiterInnen Vorruhestandsgelder gezahlt werden (vgl. Müller-Jentsch 1986: 195).

Die *Vorruhestandsregelungen* bedeuten für alle Beteiligten hohe finanzielle Belastungen, gleichwohl erscheinen sie als „ein effektives personalpolitisches Instrument zur qualitativen Verbesserung der Alters- und Qualifikationsstruktur (...) (der) Belegschaft, zur Trennung von leistungsgeminderten älteren Arbeitnehmern sowie zum ‚sozialverträglichen' Personalabbau" (Keller 1995: 154). Geringe positive Arbeitsmarkteffekte, zunehmende Finanzierungsprobleme der Alterssicherungssysteme infolge der Alterung der Erwerbsbevölkerung und der hohen Erwerbslosigkeit führen dazu, dass die Regierung diese Regelung Ende 1988 auslaufen lässt. Als Alternative wird der gleitende Übergang in den Ruhestand, die so genannte *„Altersteilzeit"*, ermöglicht, d.h. eine Verringerung der wöchentlichen Arbeitszeit auf mindestens 18 Stunden ab dem 55 bzw. 58 Lebensjahr bei 70 Prozent des Vollzeit-Nettoeinkommens unter Vermeidung späterer Renteneinbussen (vgl. ebd.: 157). In einer Anzahl von Branchen und einer Reihe von Unternehmen existieren mittlerweile Tarifvereinbarungen zur Altersteilzeit, davon betroffen sind 1,8 Millionen Beschäftigte (vgl. Bispink 1997: 458; Bosch 1998: 356). Auch die Erfahrungen mit diesem Modell sind reichlich desillusionierend hinsichtlich der Arbeitsmarkteffekte (vgl. Keller 1995: 159). Vergleicht man sie mit jenen, die mit einer Verkürzung der wöchentlichen Arbeitszeit gesammelt werden, so ergibt sich folgendes Bild:

„Gerade auch die unabhängigen und damit ideologisch einigermaßen unverdächtigen Untersuchungen zeigen, dass die positiven Beschäftigungseffekte der Wochenarbeitszeitverkürzung mit über 50 % des rechnerischen Effektes durchaus beachtlich sind; zudem sind sie größer als die einer Lebensarbeitszeitverkürzung. Zu dem direkten Effekt einer Schaffung zusätzlicher Arbeitsplätze kommt der indirekte, allerdings nur schwer messbare in Form der Sicherung vorhandener Stellen" (ebd.: 141).

Kostenbelastungen halten sich dank der Flexibilisierungsspielräume „in engen Grenzen" ebenso gesamtwirtschaftliche Auswirkungen wie Gefährdung der internationalen Wettbewerbsfähigkeit oder Wachstumseinbußen (ebd.: 141). Seit Mitte der 70er Jahre ist die gestiegene Erwerbslosigkeit auf ein sich verlangsamendes Wirtschaftswachstum und auf eine Zunahme der Erwerbspersonen zurückzuführen, hingegen ist sie in den 80er Jahren auch verstärkt Resultat unternehmerischer Rationalisierung. Daran orientieren sich die Investitionen primär. So soll durch die Anwendung und Verbreitung neuer technischer Verfahren wie Mikroelektronik und Datenverarbeitung der Produktionsfaktor Arbeit ersetzt werden (vgl. Hardes u. a. 1995: 297, 317).

Zu fragen ist nach den staatlichen Initiativen, die die skizzierten Flexibilisierungsbemühungen fördern. Die Eingriffe und Maßnahmen des Staates im Feld von Zeit und Arbeit, die die unternehmerischen Aktivitäten flankierend begleiten, lassen sich unter dem Stichwort *Deregulierung* bündeln. Darunter fällt das *Beschäftigungsförderungsgesetz* (1985), das die Möglichkeit einräumt, bis Ende 2000 *befristete Arbeitsverträge* bis zu einer Dauer von 18 Monaten anstatt von

80

sechs Monaten bei Neueinstellung bzw. Übernahme nach der Ausbildung nach den üblichen Kündigungsschutzbestimmungen abzuschließen. Dieses Gesetz wird über das Jahr 2000 verlängert. Danach ist eine Befristung bis zu zwei Jahren möglich, sofern es sich um eine Neueinstellung handelt. Für ältere ArbeitnehmerInnen, derzeit ab dem 52. Lebensjahr, sind befristete Kettenarbeitsverträge ohne Angabe von Gründen möglich (vgl. Bothfeld, Kaiser 2003: 485). Ferner wird die *Teilzeitarbeit aufgewertet,* indem eine unterschiedliche Behandlung im Vergleich zu Vollerwerbstätigkeit verboten wird; gleichzeitig werden *Flexibilisierungsmöglichkeiten* hinsichtlich Dauer und Lage sowie nach Arbeitsanfall eingeräumt. Nach empirischen Untersuchungen hat das Gesetz (1986) kaum zu einem Beschäftigungszuwachs geführt, dafür jedoch den Arbeitsmarkt durch instabile und prekäre Beschäftigungsverhältnisse zunehmend segmentiert (vgl. Keller 1995: 376 f.). Hingegen weisen jüngere Forschungen auch auf *Brückeneffekte* hin, d. h. rund 40 Prozent der befristet Beschäftigten in Ost- und Westdeutschland wechseln innerhalb eines Jahres in eine unbefristete Stelle (vgl. Bothfeld, Kaiser 2003: 491).

Ein weiteres wichtiges Gesetz im Rahmen staatlicher Deregulierung ist das *Arbeitszeitgesetz (1994),* das die Arbeitszeitordnung von 1938 ablöst und neben Regelungen für die Frauenbeschäftigung (vgl. Kapitel 2.2.) Veränderungen der Dauer und Lage der Arbeitszeit soweit erlaubt, dass der Normalarbeitstag mehr und mehr unterhöhlt wird. Die *Sonn- und Feiertagsbeschäftigung* wird über das bisherige Niveau hinaus erlaubt, „wenn bei einer weitgehenden Ausnutzung der gesetzlich zulässigen wöchentlichen Betriebszeiten und bei längeren Betriebszeiten im Ausland die Konkurrenzfähigkeit unzumutbar beeinträchtigt ist und durch die Genehmigung von Sonn- und Feiertagsarbeit die Beschäftigung gesichert werden kann" (§ 13 Abs. (5) ArbZRG).

Das ab 2001 geltende *Gesetz zur Teilzeitarbeit* sieht für abhängig Beschäftigte generell einen *Rechtsanspruch auf Teilzeit* vor, sofern betriebliche Belange dem nicht entgegenstehen. Anlass für diese Regelung ist die EU-Richtlinie 97/81/EG, die der Gesetzgeber in deutsches Recht umsetzen muss. Der Wechsel bzw. die Rückkehr auf eine Vollzeitstelle ist möglich, denn bei gleicher Eignung haben Teilzeitbeschäftigte Vorrang. Das Gesetz gilt als Zeichen für mehr Flexibilität und Zeitsouveränität, es soll bewirken, ungenutzte Beschäftigungspotentiale zu aktivieren, um so neue Arbeitsplätze zu schaffen und den Trend zur Teilzeitarbeit zu stärken, was auch die vorgeschriebene Ausschreibungspraxis intendiert, wonach alle Stellen für eine Teilzeitbeschäftigung offeriert werden müssen. Jedoch bleibt es dem Arbeitgeber überlassen, ob er eine Teilzeit- oder Vollzeitkraft einstellt. Damit verknüpft sich die Erwartung, nach wie vor existierende Vorbehalte und Diskriminierungen gegenüber dieser Beschäftigungsform abzubauen, etwa bei Aufstiegs- und Weiterbildungsmöglichkeiten (vgl. Nasemann 2000: VI/1). Dabei ist jedoch strittig, ob dieses Gesetz staatlicher Deregulierung oder Reregulierung zuzurechnen ist.

Mit dem *Arbeitnehmerüberlassungsgesetz wird erstmalig 1972 für Leih- bzw. Zeitarbeit eine gesetzliche Grundlage geschaffen*, die sich zum 1. Januar 2004 dahingehend verändert, dass nunmehr eine zeitlich unbegrenzte Überlassung möglich ist (vgl. Bothfeld, Kaiser 2003: 486). Ebenso wie die Befristung ist diese Beschäftigungsform ein Instrument zur Flexibilisierung des Personaleinsatzes, von dem auch positive Beschäftigungseffekte erwartet werden. Die Arbeitskräfte befinden sich in einem triangulären Arbeitsverhältnis, wobei „Arbeitgeber (Verleihunternehmen) und Beschäftigter (Entleihunternehmen) nicht identisch sind" (vgl. Pietrzyk 2003: 113). Zwischen 1993 und 2002 hat sich die Zahl der in Leih- bzw. Zeitarbeit Tätigen von ca. 121 auf 336 Tausend erhöht und mithin fast verdreifacht (vgl. Bothfeld, Kaiser 2003: 489). Die Standards der Arbeitsbedingungen sind im Vergleich zu jenen der regulär Beschäftigten niedriger, etwa hinsichtlich Qualifikation, Belastung und Entgelt (vgl. Pietrzyk 2003: 113 ff.). Verschieden Untersuchungen belegen, dass ca. 30 Prozent der Arbeitskräfte nach Beendigung ihres Einsatzes in ein Normalarbeitsverhältnis übernommen werden (vgl. ebd.: 114), die anderen wechseln die Verleihagentur oder sind wieder erwerbslos (vgl. Bothfeld, Kaiser 2003: 491).

Im internationalen Vergleich, vor allem zu den USA und Großbritannien, haben aber die deutschen Deregulierungsversuche „lediglich ein durchaus begrenztes Ausmaß" (Keller 1995: 380). Das könnte sich durch die Gesetze, Ende 2003 im Gefolge der Agenda 2010 verabschiedet, verändern (vgl. Kapitel 5). Charakteristisch für die bisherige Deregulierung ist weniger der Abbau der Regelungsdichte arbeitsrechtlichen Schutzes, sondern eher die Verlagerung der Regelungskompetenzen von der staatlichen auf die tarifvertragliche und betriebliche bzw. individuelle Ebene (vgl. ebd.: 381).

Die für Anfang der 80er Jahre konstatierte Zeitenwende verdeckt, dass *Arbeitszeitflexibilisierung keineswegs ein neuartiger Ansatz* ist, sondern es bereits verschiedene traditionelle Formen gibt. *Neu ist vielmehr die soziale Dynamik* und der überkommene gesellschaftliche Strukturen und Institutionen *umwälzende Charakter* dieses Programms. Als bereits seit langem praktizierte Formen der Flexibilisierung sind hinsichtlich der *Dauer* Überstunden, Kurzarbeit, Teilzeit- und saisonale Beschäftigung zu nennen. Mit Blick auf die *Lage* ist die gleitende Arbeitszeit typisch, d.h. Anfang und Ende der Arbeitszeit können im Umfang von etwa ein bis zwei Stunden frei gewählt werden. Als besonders wichtiger Ansatz gilt die Schichtarbeit als Zwei- oder Dreischichtbetrieb mit wechselnder

Lage der Arbeitszeit, wobei die kontinuierliche, 24 Stunden umfassende Wechselschicht auch die Nacht- sowie Sonn- und Feiertagsarbeit einbezieht. Sie ist aus unterschiedlichen Gründen unverzichtbar, einmal aus Sicherheitsgründen, etwa bei Polizei und Feuerwehr, zum anderen aus sozialen Gründen, so im Krankenhaus, im Pflegeheim, aber auch im Hotel- und Gaststättengewerbe, sowie schließlich aus technischen Gründen, z.B. bei der Stahlproduktion. Über die bisherigen Anmerkungen hinaus werden im Folgenden herausragende Ansätze zur Flexibilisierung der Arbeitszeit hinsichtlich Dauer und Lage vorgestellt und abschließend individuelle und kollektive Wirkungen diskutiert.

Eine *Flexibilisierung* hinsichtlich der *Dauer der Arbeitszeit* stellt die *Teilzeitbeschäftigung* dar, die sich auch hinsichtlich der *Lage* sehr beweglich vereinbaren lässt. Sie beinhaltet eine Beschäftigung unterhalb der tariflich vereinbarten Arbeitszeit, wobei mit abnehmender Stundenzahl eine eigenständige Existenzsicherung in der Gegenwart wie in der Zukunft, d.h. im Alter, gefährdet ist. Anfang der 60er Jahre entsteht sie als „ein neues Phänomen" (Schmiede, Schudlich 1984: 383) und wird seither statistisch kontinuierlich erfasst (vgl. Eckart 1986: 188). Zu diesem Zeitpunkt bilden sich wegen der erreichten Vollbeschäftigung Engpässe auf dem Arbeitsmarkt, so dass sich Unternehmen gezwungen sehen, durch spezielle Angebote weibliche Erwerbstätige in Beschäftigung zu halten und die nicht erwerbstätigen Frauen, „die stille Reserve", als Arbeitskräfte zu gewinnen. Die unternehmerische Offerte beinhaltet eine Teilzeitbeschäftigung in der Regel am Vormittag, wenn Kinder den Kindergarten bzw. die Schule besuchen, verbunden mit der auch historisch gut begründeten Erwartung (vgl. Kapitel 2.1, 2.2), dass diese Arbeit produktiver als eine Ganztagsarbeit ist (vgl. ebd.: 202). Teilzeitbeschäftigung sei, so die Annahme, mit den Arbeiten im Hause tendenziell vereinbar, und daher sei eine Unterminierung der überkommenen

84

geschlechtsspezifischen Arbeitsteilung nicht zu befürchten. Teilzeitarbeit gilt als Ausnahme von der Regel, als nicht vollwertige Erwerbsarbeit, und „bis in gesetzliche Regelungen hinein (wird sie, I.R.) als Frauenarbeit festgeschrieben" (ebd.: 203). Die Stigmatisierung verhindert, dass die Gewerkschaften mit politisch offensiven Strategien diese Art der Erwerbsarbeit im Interesse der Frauen abzusichern versuchen (vgl. ebd.: 197). Erst Ende der 80er Jahre bzw. Anfang der 90er Jahre entledigen sich die Gewerkschaften des weit verbreiteten Vorurteils „Arbeitszeitprobleme seien Frauenprobleme" (Rudolph 1983: 105). Einer gewerkschaftspolitischen Strategie, so kritische Stimmen, kann es „nicht darum gehen, Teilzeitarbeit und die Variabilisierung von Arbeitseinsatzzeiten generell abzulehnen" (ebd.: 105). Sie würde nämlich die mit der Durchsetzung des Normalarbeitstages „institutionalisierte Lebenslüge der Gesellschaft" weiterhin teilen, wonach diese allein von der Erwerbsarbeit leben könne, ohne auf die wesentlich von Frauen geleistete Familienarbeit angewiesen zu sein (Deutschmann 1990: 94).

Das primäre berufliche Einsatzfeld für Frauen ist bis heute der Dienstleistungssektor, der auch über die meisten Teilzeitbeschäftigten verfügt. Zwischen 1960 und 1975 steigt der Anteil der Teilzeitbeschäftigten von 2,6 auf 8,3 Prozent. Während der Männeranteil nur von 0,6 auf 0,8 Prozent ansteigt, erhöht sich der Anteil der teilzeitbeschäftigten Frauen von 6,4 auf 22 Prozent (vgl. Schmiede, Schudlich 1984: 383). Knapp 25 Jahre später, 1999, arbeiten in Deutschland 4,9 Prozent der Männer in Teilzeit und 37,2 Prozent Frauen. Insgesamt sind in Deutschland 6,3 Millionen Menschen teilzeitbeschäftigt — das sind 19,5 Prozent aller Erwerbstätigen (vgl. Nasemann 2000: V1/1). Auch 2003 sind gut ein Fünftel aller Erwerbstätigen Teilzeitkräfte. Nach wie vor ist Teilzeitarbeit die vorherrschende Form der Erwerbstätigkeit von Frauen, während sie für Männer die Ausnahme darstellt.

Eine *prekäre Form der Teilzeitbeschäftigung* sind die so genannten *Mini-Jobs*, die seit dem *1. April 2003* bei einem Verdienst bis zu 400,- Euro für die Beschäftigten frei von Steuern und Sozialabgaben sind. Diese Form der Beschäftigung ist nicht neu; neu ist nur, dass die Regierung zur Regelung von 1999 zurückkehrt. Die zwischenzeitlich fälligen Abgaben haben nämlich den Trend zum Mini-Job gebremst. Im Herbst 2003 sind die geringfügigen Beschäftigungsverhältnisse um eine Million angestiegen, ohne jedoch die Erwerbslosenstatistik zu entlasten. Als Erklärung bietet sich der seit langem zu beobachtende Trend zum Zweit- oder sogar Drittjob an: Die Zahl hat sich von etwa 500 Tausend 1987 bis 1999 mehr als verdreifacht (vgl. Schmidt 2003: 66 f.). Die frühere Tendenz wird wieder aufleben, sich vermutlich verstärken, nämlich sozialversicherungspflichtige Teilzeitarbeitsplätze in Mini-Jobs mit einem geringeren Entgelt umzuwandeln.

Das Institut zur Erforschung sozialer Chancen (ISO) in Köln führt 1995 im Auftrag des Ministeriums für Arbeit, Gesundheit und Soziales des Landes Nordrhein-Westfalen (MAGS) eine repräsentative Arbeitszeitstudie in Ost- und Westdeutschland mit 4.085 deutschen, abhängig Beschäftigten im Alter von 18 bis 65 Jahren anhand eines standardisierten Fragebogens mit über 100 Fragen durch (vgl. Schilling u. a. 1996: 432 f.). Darin geht es u. a. auch um eine *Arbeitszeitveränderung von Männern und Frauen wegen der Betreuung von Kindern*, was insbesondere in Westdeutschland mit 44 Prozent nach wie vor eine Frauenangelegenheit ist, während nur 17 Prozent der Männer (1993 nur 3 Prozent) deswegen die Arbeitszeit variieren. In Ostdeutschland haben „nur" 22

Prozent der Frauen und zehn Prozent der Männer ihre Arbeitszeit geändert (vgl. ebd.: 438 f.). Zwei Drittel (65 Prozent) der Frauen wechseln in Westdeutschland von einer Voll- auf eine Teilzeitstelle, während dies nur für sechs Prozent der Männer zutrifft. Der Wechsel der Männer bedeutet in der Regel eben nicht Aufgabe der Vollbeschäftigung, vielmehr nehmen sie eine Arbeitsstelle mit Gleitzeit an (15 Prozent), sie verzichten auf Überstunden (acht Prozent), aber leisten auch mehr Überstunden (sechs Prozent) oder werden Schichtarbeiter (fünf Prozent). Von den ostdeutschen Müttern wechseln nur 43 Prozent in eine Teilzeitbeschäftigung. Bei 70 Prozent der westdeutschen und 54 Prozent der ostdeutschen Männer ändert sich die Arbeitszeit nicht, da die Partnerinnen die Kinderbetreuung übernehmen, so zu 74 in Ost- und zu 56 Prozent in Westdeutschland (vgl. ebd: 439).

In diesen Zahlen für West- und Ostdeutschland spiegelt sich nach wie vor die Tatsache wider, dass *die weibliche Erwerbstätigkeit in den beiden deutschen Staaten bis 1990 sehr unterschiedlich ausgeprägt* ist. In der DDR gehen 1990 92 Prozent der 25- bis 60-jährigen Frauen einer Erwerbstätigkeit nach, während es in der Bundesrepublik nur 60 Prozent sind. Auch verheiratete Frauen und Mütter nehmen unterschiedlich an der Erwerbsarbeit teil: 1988 sind in der Bundesrepublik 47 Prozent der Ehefrauen mit einem Kind und 35 Prozent mit drei und mehr Kindern erwerbstätig, hingegen lauten die entsprechenden Zahlen für die DDR 94 bzw. 83 Prozent. Zudem ist 1989 in der Bundesrepublik jede dritte Frau teilzeitbeschäftigt und unter den 35- bis 49-jährigen sogar jede zweite. In der DDR, wo diese Arbeitszeitform eher unerwünscht war, beträgt 1989 der Anteil 27 Prozent (vgl. Geißler 1992: 242 f.). Von einer nachlassenden Erwerbsorientierung der Frauen kann in Ostdeutschland nicht ausgegangen werden. Im Unterschied zum Westen äußern ostdeutsche Frauen verstärkt den

Wunsch, vollzeitig erwerbstätig und vom Ehemann unabhängig zu sein (vgl. Bäcker, Stolz-Willig 1993: 549). Der im internationalen Vergleich hohe Anteil der in Vollzeit beschäftigten Frauen, auch mit familiären Verpflichtungen, war in der DDR politisch im Sinne sozialistischer Gleichheitsvorstellungen gewollt und ökonomisch wegen des chronischen Arbeitskräftemangels erforderlich. Jedoch scheinen sich, mehr als zehn Jahre nach der Wiedervereinigung Veränderungen anzudeuten. In einer Untersuchung über vollerwerbstätige Mütter in Leipzig und Frankfurt am Main zeigt sich bei den ostdeutschen Frauen „ein starker Wunsch nach verkürzten und variablen Arbeitszeiten" (Ludwig, Schlevogt 2002: 136). Noch bilanzieren die Autorinnen vorsichtig: „Es gibt zur Zeit einige Anzeichen, dass die Transformationsprozesse in Ostdeutschland eine (Re)-Etablierung des klassischen Familienmodells (Ernährerehemann, Hausfrau) oder seiner modernisierten Variante (Ernährerehemann, halbtagsbeschäftigte Frau) bewirken könnten" (ebd.: 136).

In dem Maße wie sich Ende der 60er Jahre auch der Öffentliche Dienst für eine Teilzeitbeschäftigung von Frauen öffnet, vor allem auch für qualifizierte Berufsfelder, etwa für das Lehr- und Richteramt, wird offenkundig, dass diese Beschäftigungsart auf allen Qualifikationsebenen bis hinauf zu leitenden Positionen möglich ist. Seither entwickelt sich der Öffentliche Dienst zum Vorreiter der Teilzeitarbeit (vgl. Perina 1994: 21), wobei sich die Voraussetzungen für die Bewilligung, zunächst unmittelbar mit Familienaufgaben (Erziehung der Kinder, Betreuung von Angehörigen) verkoppelt, mehr und mehr auflockern und sich an beide Geschlechter richten. Rund 20 Prozent aller Staatsbediensteten haben bereits 1994 eine Teilzeitbeschäftigung, in den Schulen sind es bereits weit über 30 Prozent (vgl. ebd.: 21).

Aus *unternehmerischer Sicht* gilt *Teilzeitbeschäftigung*, vor allem zunächst im Dienstleistungssektor, auch als *Instrument betrieblicher Rationalisierung*. So zielt Arbeitszeitflexibilisierung im Einzelhandel darauf ab, die Entkopplung von Öffnungs- und Arbeitszeiten zu bewältigen und die aus Kunden- und Kapazitätsschwankungen resultierenden Probleme durch Personaleinsatzkonzepte besser in den Griff zu bekommen. Da im Dienstleistungssektor eine Produktion auf Vorrat ausgeschlossen ist, kann eine schwankende Nachfrage nicht wie im produzierenden Sektor durch Lagerhaltung, allerdings durch just-in-time-Konzepte mehr und mehr obsolet geworden, ausgeglichen werden (vgl. Raehlmann u. a. 1993: 41). Nun wird in beiden Sektoren die Arbeitszeitgestaltung als Rationalisierungsinstrument genutzt. Neben einer flexiblen Dauer kann *durch eine bewegliche Lage und Verteilung der Arbeitszeit bei Voll- wie Teilzeitbeschäftigten* der Arbeitseinsatz so reguliert werden, dass er mit einer schwankenden Auftragslage übereinstimmt. Damit verringern sich Leerzeiten, die Kosten für Lagerhaltung und Überstunden entfallen. Festgehalten wird die geleistete Arbeitszeit auf Zeitkonten (vgl. Seifert 1998: 583), die bereits für 40 Prozent der abhängig Beschäftigten geführt werden (vgl. Munz u. a. 2002: 334 ff.). Eine *kapazitätsorientierte, unregelmäßige Verteilung der tariflichen Regelarbeitszeit*, die in einem bestimmten Zeitraum in etwa erreicht werden muss, ist in nahezu allen Branchen mittlerweile möglich (vgl. Bispink 1996: 415). Tariflich vereinbarte Arbeitszeitkorridore oberhalb und unterhalb der tariflichen regelmäßigen Arbeitszeit gibt es beispielsweise in der chemischen Industrie (vgl. ebd.). Die Ausgleichszeiträume und zulässigen Bandbreiten sind zunehmend ausgeweitet worden, sie „betragen in vielen Wirtschaftszweigen mittlerweile bis zu einem Jahr, in einigen Fällen sogar mehr" (ebd.: 421). Jahresarbeitszeiten sind ein konfliktträchtiges Thema. Strittige Punkte sind die maximale Länge der täglichen und wöchentlichen Arbeitszeit, die Länge des Ausgleichszeitraums, die Ankündigungsfristen für Ar-

beitszeitänderungen und für die Entnahme des Freizeitausgleichs aus Zeitgutha-
ben sowie die Kompensation für entgangene Überstundenzuschläge (vgl. Bosch
1996: 425).

Angesichts der ab 2001 geltenden gesetzlichen Regelung interessiert, inwieweit
die dadurch eingeräumte Möglichkeit einer *Teilzeitarbeit* den *Bedürfnissen der
Beschäftigten* entgegenkommt. Eine Repräsentativbefragung über Erwerbs-
arbeitswünsche und Arbeitszeitpräferenzen, durchgeführt im Sommer 1998 in
allen Mitgliedsstaaten der Europäischen Union (EU) und in Norwegen bei 30
Tausend Personen im Alter von 16 bis 64 Jahren, kann darüber Auskunft geben
(vgl. Bielenski 2000: 228 ff.): Die Befragten zeichnen sich durch ein hohes Maß
an Flexibilität aus, was sich in dem Bedürfnis nach kürzeren Arbeitszeiten, u. a.
auf Teilzeitbasis, artikuliert. Dabei kann unterstellt werden, dass Wünsche nur
bedingt handlungsanleitend sind, falls es denn tatsächlich zu einer Realisie-
rungschance kommt. Angestrebt wird ein Arbeitszeitumfang zwischen einer
klassischen Halbtagstätigkeit und einer Vollzeitstelle. Von den Vollzeitbeschäftigten in Deutschland würden gerne acht Prozent dauerhaft, 11 Prozent vorübergehend und vier Prozent ohne Rücksicht auf die Fristigkeit in Teilzeit arbeiten
(vgl. ebd.: 232). Während 36 Prozent der in Vollzeit tätigen Frauen eine Teilzeitarbeit wünschen, präferieren immerhin 21 Prozent der männlichen Vollzeit-
kräfte eine Reduktion der Arbeitszeit (vgl. ebd.: 232). Da die Umsetzung kaum
aktiv betrieben wird, scheinen die Arbeitszeitwünsche ehe latent zu sein. Vermutlich spielen dabei möglicher Widerstand der Arbeitgeber, erzwungener Verzicht auf die derzeitige Tätigkeit, schlechtere Aufstiegschancen und Arbeitsbedingungen eine wichtige Rolle. Andererseits wünschen sich 20 Prozent der Teilzeitbeschäftigten eine Vollzeitstelle und 40 Prozent der Nicht-Erwerbstätigen
eine Teilzeitarbeit (vgl. ebd.: 233 f.). Das klassische Halbtags-Vormittags-

Modell, zu Beginn in der Teilzeitpraxis vorherrschend, wird durch weitere Modellvarianten relativiert (vgl. Raehlmann u. a. 1993). Sie tragen situativen Erfordernissen und breit gefächerten individuellen Bedürfnissen der Beschäftigten eher Rechnung, so etwa eine Drei- oder Vier-Tage-Woche oder Arbeitszeiten, die in Abhängigkeit von betrieblichen und persönlichen Belangen kurzfristig vereinbart werden können (vgl. Bielenski 2000: 234). Dieses Spektrum an Arbeitszeitwünschen ist eine wesentliche Voraussetzung dafür, die Dauer und Lage betrieblicher und persönlicher Arbeitszeiten anzunähern und mithin Spannungen und Konflikte bei Arbeitszeitvereinbarungen zu reduzieren. Nach Befunden der in der EU durchgeführten Forschung scheint weniger eine weitere generelle Verkürzung der Arbeitszeit geboten, sondern eher ein verstärktes Angebot an Teilzeitarbeit — auch für qualifizierte Tätigkeiten und auch für Männer. Dabei ist die Möglichkeit einzuräumen, von einer Teil- auf eine Vollzeitstelle zu wechseln und umgekehrt, da Arbeitszeitwünsche auch lebensphasenspezifisch geprägt sind, etwa durch die Gründung einer Familie, durch Aktivitäten in der Weiterbildung (vgl. ebd.: 236). Mit diesem Zielkonzept, das auch dem neuen Teilzeitgesetz zugrunde liegt, werden Vorstellungen aufgegriffen, die seit den 80er Jahren unter dem Stichwort „optionale Arbeitszeitgestaltung" diskutiert werden. Das Modell scheint nunmehr bessere Realisierungschancen zu erhalten, zumal in den letzten Jahren nicht nur Jahres-, sondern auch Lebensarbeitszeitmodelle, für die eine diskontinuierliche bzw. unterschiedliche Beschäftigungsdauer im Lebenslauf typisch ist, verstärkt die Flexibilisierungsdiskussion bestimmen.

Außer der Erhöhung der Teilzeitquote wird eine weitere Strategie gegen Erwerbslosigkeit verfolgt: Ein in verschiedenen Ländern der EU erfolgreich erprobter Ansatz besteht darin, *Qualifizierungszeiten im Rahmen von Jobrotationsmodellen* zu ermöglichen. D.h. Qualifizierungsmaßnahmen für Beschäftigte, vor allem für Klein- und Mittelbetriebe problematisch, werden mit dem Einsatz eines Stellvertreters durchgeführt, der aus der Erwerbslosigkeit in eine befristete Beschäftigung und schließlich über die gewonnenen Erfahrungen, Kontakte und Qualifikationen in der Mehrzahl eine feste Anstellung erhält. Seit 1996 werden auch in Deutschland 20 solcher Job Rotation Projekte in Klein- und Mittelbetrieben durchgeführt (vgl. Spitzley 2000: 72). Solche Modelle kommen dem Erfordernis lebenslangen Lernens wegen der insgesamt steigenden Qualifikationsanforderungen entgegen und verbessern die Beschäftigungsfähigkeit von Erwerbslosen.

Der Konjunktureinbruch Anfang der 90er Jahre hat zu weiteren *befristeten Arbeitszeitverkürzungen* geführt mit dem Ziel, *die Beschäftigung zu sichern.* Vorreiter dieser Entwicklung ist die Volkswagen AG, die 1993 einen Tarifvertrag abschließt, der die Arbeitszeit ab 1994 um 20 Prozent auf eine Vier-Tage-Woche absenkt und auch die Einkommen reduziert (vgl. Kapitel 3.1). In der Tarifrunde 1994 sind solche Modelle vermehrt akzeptiert worden. Im Steinkohlebergbau Ruhr (RAG) werden bereits im Frühjahr 1993 an Stelle von Einkommenserhöhungen sechs Freischichten vereinbart und damit 2.500 Arbeitsplätze gesichert, schon im Dezember des gleichen Jahres werden 30 Zusatzfreischichten zur Sicherung von weiteren zehn Tausend Arbeitsplätzen ausgehandelt. In der Metall- und Elektroindustrie ist seit März 1994 durch Betriebsvereinbarungen eine Absenkung der Arbeitszeit auf 30 Stunden bei entsprechender Lohnminderung möglich. In die gleiche Richtung gehen Vereinbarungen in der Eisen- und Stahlindustrie, bei Banken und Versicherungen, in der Druckindustrie, in der papierverarbeitenden Industrie und in Teilen des Großhandels (vgl. Bispink 1996: 418). Im Herbst 2003 wird auch bei Opel in Rüsselsheim die Arbeitszeit für 5.500 Arbeitskräfte in der Fertigung auf 30 Stunden gesenkt, wobei die Hälfte des Arbeitsausfalls von Opel bezahlt wird. Die Führungskräfte verzichten auf zwei Tage Urlaub und entsprechendem Urlaubsgeld. Dieses Abkommen gilt bis Ende 2004 und sichert 1.200 Arbeitsplätze (vgl. Büschemann 2003: 23). Gleichzeitig wird 2003, wie oben aufgezeigt, eine Verlängerung der Arbeitszeit gefordert. Beide Strategien verfolgen das gleiche Ziel, nämlich Lohnkosten zu senken und Arbeitsplätze zu sichern oder neue zu schaffen. Die Politik der Arbeitszeitverkürzung ist nicht ohne Vorbild: Während der Weltwirtschaftskrise wird der us-amerikanische Präsident Herbert Hoover 1932 von den Tarifvertragsparteien aufgefordert, die 30-Stunden-Woche einzuführen, um so mehr Beschäftigung zu schaffen (vgl. Rifkin 2001: 36 f.). Viele Unternehmen machen davon Gebrauch. So führt die Firma Kellog vier Sechs-Stunden-Schichten täglich bei gleichzeitiger Erhöhung der Löhne ein, was nicht nur positive Folgen für den Konsum hat, sondern auch für Produktivität und Unfälle. Nach fünf Jahren kann Kellog dank der gestiegenen Produktivität genau so hohe Löhne zahlen wie zuvor bei einem Acht-Stunden-Tag (vgl. ebd.: 37).

Neben *der Flexibilisierung* der Arbeitszeitdauer ist die *der Lage* möglich. Eine traditionelle Form ist die erwähnte Schichtarbeit als Wechselschichtarbeit, d.h. Früh-, Spät- und Nachtschicht rollieren, oder die reine Nachtarbeit, die durch die Lage von der Normalarbeitszeit als Tagesarbeit abweicht. Gemessen am Normalarbeitszeitstandard (vgl. Kapitel 1.3) steigt das Ausmaß der Arbeitszeitflexibilisierung weiter an — so das Resümee der oben bereits erwähnten Arbeitszeitberichterstattung aus dem ISO in Köln (vgl. Schilling u. a. 1996: 433). Arbeiten 1993 in Westdeutschland 23 Prozent unter Normalarbeitszeitstandards, so sind es 1995 nur noch 17 Prozent der Beschäftigten (vgl. ebd.: 433). Der Anstieg der Arbeitszeitflexibilisierung hängt mit der Zunahme von Sonntags-, Teilzeit-, Gleitzeit- und Überstundenarbeit zusammen. In Ostdeutschland ist wegen der geringen Verbreitung der Teilzeit- und Gleitzeitarbeit die Arbeitszeitflexibilisierung noch nicht so weit fortgeschritten, 75 gegenüber 83 Prozent in Westdeutschland. Nur 14 Prozent der westdeutschen Frauen sind unter Normalarbeitszeitbedingungen beschäftigt, während es in Ostdeutschland 26 Prozent sind. Das Ausmaß der Arbeitszeitflexibilisierung ist bei Beschäftigten aus Paarhaushalten mit Kindern am höchsten: Frauen haben die höchste Teilzeitquote und Männer leisten überdurchschnittlich häufig Überstunden (vgl. ebd.: 433). In *Schicht- und Nachtarbeit* sind 1993 ebenso wie 1995 13 Prozent in Gesamtdeutschland beschäftigt. Bundesweit wird Schichtarbeit mit 15 Prozent eher von Männern als von Frauen (11 Prozent) verrichtet, während bei versetzten Arbeitszeiten es umgekehrt ist; mit 22 Prozent sind Frauen häufiger als Männer (16 Prozent) in dieser Arbeitsform tätig. Davon arbeiten zwei Drittel nicht in Schicht- und Nachtarbeit (vgl. ebd.: 435 f.). Von den Industriebeschäftigten arbeiten 1992 9,1 Prozent nachts und damit liegt die Bundesrepublik in der EU an der Spitze (vgl. Bosch 1996: 424). Schwerpunkt der Nachtarbeit ist jedoch der Dienstleistungsbereich. In den letzten Jahren hat sich die Nachtarbeit „weniger expansiv entwickelt", was wesentlich mit den sich verändernden Zeitstrukturen am Wochenende zusammenhängt, d.h. mit der steigenden Samstags- und Sonntagsarbeit (Seifert 2000: 245). „Im europäischen Vergleich bewegen sich die Anteile der Beschäftigten, die Nacht- und Sonntagsarbeit leisten, im unteren Mittelfeld" (ebd.: 245). Nachtarbeit gilt bei vielen Beschäftigten neben der Wochenendarbeit trotz der Geldzuschläge als unattraktiv. Aktuelle Forschungsergebnisse resümierend konstatiert Hartmut Seifert: „Die Mehrheit der zu diesem Zeitpunkt Tätigen möchte entweder seltener oder gar nicht mehr nachts oder am Wochenende arbeiten" (ebd.: 244).

Während für Sonn- und Feiertage, abgesehen von den oben aufgeführten insgesamt großzügiger gewordenen Ausnahmeregelungen, ein Beschäftigungsverbot gilt, basiert der *arbeitsfreie Samstag* nicht auf einer gesetzlichen, sondern auf tarifvertraglichen Regelungen, die auf die Durchsetzung der 40-Stunden-Woche als Fünf-Tage-Woche zurückgehen. Der Wandel der Zeitstrukturen zeigt sich besonders prägnant bei der wachsenden Wochenendarbeit. Der Samstag scheint sich, wenn 1997 40,6 Prozent der Beschäftigten an diesem Tag erwerbstätig sind, zu einem normalen Arbeitstag zu entwickeln, wobei bereits 25 Prozent auf einen freien Sonntag verzichten müssen (vgl. ebd.: 245). In der erwähnten ISO-Studie von 1995 werden die sozialen Folgen sichtbar: Danach arbeiten bundesweit in 52 Prozent der Paarhaushalte mit zwei erwerbstätigen Personen mindestens eine von beiden regelmäßig samstags und in 27 Prozent solcher Haushalte sogar sonntags (vgl. Schilling u. a. 1996: 436). Das Wochenende gemeinsam verbringen zu können, ist damit schon heute stark eingeschränkt mit vermutlich problematischen Folgen für das soziale Umfeld, die gesellschaftliche Einbindung und den Zusammenhalt. Die Präferenzen der Arbeitgeber richten sich eher auf den Samstag, der ihrer Meinung nach als allgemeiner, regelmäßiger Arbeitstag wieder eingeführt werden sollte (vgl. Keller 1995: 147). Aus ihrer Sicht gilt der Samstag „als bloßer zeitlicher Rahmen für Freizeitaktivitäten", die sich beliebig verlagern lassen, während die sozio-kulturelle Bedeutung des Sonntags weitgehend unstrittig ist (Fürstenberg u. a. (Hrsg.) 1999: 11). Hingegen lässt sich zeigen, dass das Wochenende insgesamt sich zu einer gesellschaftlichen Institution mit herausragender sozio-kultureller Bedeutung entwickelt hat. Darin erweist sich der Samstag als eine durchaus eigenständige Institution der modernen und insbesondere der deutschen Gesellschaft. Aus empirischen Erhebungen ergibt sich „ein *prinzipielles Nein* zur Arbeit am Samstag" bei den Befragten, gleichwohl wird die Ablehnung in neuerer Zeit gegen andere Interessen wie

Beschäftigung und Entgelt notgedrungen aufgerechnet (Herrmann-Stojanov 1999: 322). Der erwerbsarbeitsfreie Samstag scheint tief im Bewusstsein und in der Alltagspraxis der Bevölkerung verankert zu sein. Er gilt „als wesentlicher Bestandteil eines subjektiv empfundenen Zeitwohlstandes" und strukturiert mithin den zeitlichen Ablauf der Gesellschaft (ebd.).

Da von einer noch zunehmenden *Arbeitszeitflexibilisierung* auszugehen ist, können sich die *individuellen und kollektiven Folgen* der Schichtarbeit, bereits ziemlich umfassend erforscht, verallgemeinern (vgl. Raehlmann 1991: 48 ff.). Daher kann ein Blick auf diese Forschungsergebnisse abschließend sehr aufschlussreich sein.

Menschen, die unter Normalarbeitsbedingungen arbeiten, leben in Übereinstimmung mit ihrer biologischen Tagesrhythmik und ihrer sozialen Umwelt (vgl. Knauth 1997: 938 ff.). Die physiologischen, in etwa 24 Stunden umfassenden Tagesrhythmen bedeuten, dass der Körper tagsüber mehr auf Leistung und nachts mehr auf Erholung ausgerichtet ist. Bei Nachtarbeit kommt es zu einer Störung der natürlichen Rhythmik, wobei, wie die Forschung zeigt, auch bei längerer Dauer von einer problemlosen Anpassung des Körpers nicht auszugehen ist. Nachtarbeit führt nicht zwangsläufig zu Erkrankungen, aber sie ist ein Risikofaktor für die Gesundheit, der sich dann als durchschlagend erweisen kann, wenn weitere belastende Bedingungen als intervenierende Faktoren dazu kommen. Die psycho-sozialen Folgen dieser Arbeitszeitform können sich auf die Familie, das eigene Freizeitverhalten und auf die Teilhabe am gesellschaftlichen Leben beziehen. Eine bilanzierende Analyse der Schichtarbeitforschung (vgl. Raehlmann 1991: 53 f.) zeigt, dass der Schichtarbeiter seiner Rolle als (Ehe)Partner und Vater eher unzureichend nachkommt. Dafür sprechen unregelmäßige und unzureichende Kontakte; eine gemeinsame Freizeitgestaltung, Besuch von Freunden und Verwandten, Durchführung gemeinsamer Ausflüge sind schwierig zu planen (vgl. ebd.: 53). Auch Probleme der Partner untereinander können mit der Schichtarbeit zusammenhängen. In der erwerbsarbeitsfreien Zeit werden solche Tätigkeiten bevorzugt, die allein verrichtet werden können, und somit sind die sozialen Kontakte, die über die Familie und einen schichtarbeitenden Kollegen- und Freundeskreis hinausgehen, eingeschränkt. Dieses randständige gesellschaftliche Leben verstärkt sich noch dadurch, dass nur schwer an „förmlichen und organisierten Arten des sozialen und kulturellen Lebens wie Gewerkschaften, Berufsorganisationen, Parteien, Kino-, Theater- und Sportveranstaltungen" teilgenommen werden kann (ebd.: 53). Einen Überblick über mögliche Folgen von Schicht- einschließlich Nachtarbeit bietet die folgende Tabelle (Knauth 1997: 939):

| Probleme | | Früh- schicht | Spät- schicht | Nacht- schicht | Wochenend- arbeit |
|---|---|---|---|---|---|
| Wohlbefin- den | Schlafstörungen | X | | X | |
| | Ermüdung | X | | X | |
| | Appetitstörungen | | | X | |
| | Magen-Darm-Beschwerden | | | X | |
| Gesundheit | Magen-Darm-Erkrankungen | | | X | |
| | Herz-Kreislauf- Erkrankungen | | | X | |
| Sozialleben | Beeinträchtigung des Fami- lienlebens | | X | X | X |
| | - des Kontaktes zu Freunden | | X | X | X |
| | - der Teilnahme am Vereins- leben | | X | X | X |
| | - der Hobbyausübung | | X | X | X |

Arbeiten mehrere Familienmitglieder zu atypischen Zeiten, mit der zunehmenden Frauenerwerbstätigkeit längst gesellschaftliche Realität, so schrumpft das Potential gemeinsam erlebter Zeit noch mehr. Das Schmelzen kollektiver Zeitbudgets kann soziale Isolation und Desintegration befördern. Eine Untersuchung über die Folgen flexibler Arbeitszeit für die inner- und außerbetriebliche Lebenswelt, in der auch nach den (Arbeits)Zeiten der Haushalts- bzw. Familienmitglieder gefragt wird, bilanziert eine Tendenz zu „ver-rückten Zeiten", d.h. „ein Mit-, Neben-, Ohne- und Gegeneinander der Zeiten der Familienmitglieder" (Raehlmann u. a. 1993: 130). Exemplarisch kommt das in der „Flexi-Familie" zum Ausdruck:

„der variabel eingesetzten teilzeitbeschäftigten Mutter von drei Kindern, deren Mann in Zwei-Schicht-Wechselschicht mit häufigen Überstunden am Samstag und auch am Sonntag arbeitet, deren älteste Tochter ebenfalls in Wechselschicht ein Praktikum absolviert und deren zwei jüngere Kinder neben der Schule unterschiedliche Sporttermine wahrnehmen. ‚Hier gibt es also keine festen Zeiten für irgendwas'. (...) So kommentiert der Ehemann das Fehlen jeglicher gemeinsamer Zeit" (ebd.: 130 f.).

Die Ergebnisse der betrieblichen Fallstudien im Einzelhandel lassen sich dahingehend resümieren, dass die Frauen, obwohl erwerbstätig, ihre Zeit an diejenige der Männer anpassen. „Auch wenn vereinzelte Ansätze einer partnerschaftlichen, paritätischen Zeitverteilung erkennbar sind, so dominieren bei den befragten Frauen und Männern die traditionellen geschlechtsspezifischen Zeitvorstellungen. Die Zeit der Frauen ist Zeit für andere, die Zeit der Männer ist Zeit für sich" (ebd.: 141).

# 3 Flexible Gestaltung von Zeit und Arbeit. Aktionsfelder und Praxisbeispiele

## 3.1 Das VW-Modell: „Das atmende Unternehmen"

Als 1994 die Volkswagen AG (VW) in sechs westdeutschen Werken die *28,8-Stunden-Woche mit Einkommensverzicht* einführt, um rationalisierungsbedingte Entlassungen im Umfang von 30 Tausend Arbeitskräften zu vermeiden und damit die Beschäftigung zu sichern, gilt diese Vereinbarung als „eine spektakuläre arbeitspolitische Innovation" (Hildebrandt u. a. 2000: 10). Außergewöhnlich ist dieser tarifpolitische Schritt in mehrfacher Hinsicht.

Zur Erinnerung: Die krisenhafte wirtschaftliche Entwicklung seit Anfang der 90er Jahre und die Umsetzung von lean-production-Konzepten werden von Massenentlassungen begleitet. Zudem hat die langjährige und heftige Auseinandersetzung um die Einführung der 35-Stunden-Woche zu der weit verbreiteten Annahme geführt, eine darüber hinausgehende Arbeitszeitverkürzung sei in absehbarer Zeit kaum durchsetzbar, schon gar nicht bei vollem Lohnausgleich. Gleichwohl wird bereits in den 80er Jahren in Teilen der Wissenschaft, der Politik und der Gewerkschaften, vor allem sind hier Frauen aktiv, die Einführung der 30-Stunden-Woche als Sechs-Stunden-Tag in den Blick genommen (vgl. Raehlmann 1990: 269 ff.). In dieser Vision verknüpfen sich beschäftigungs- mit gesellschaftspolitischen Argumenten: Eine weitere generelle Verkürzung der Arbeitszeit bedeute Beschäftigungszuwächse, zumindest aber -sicherung, und damit verbindet sich die weitere Hoffnung, dass Frauen und Männer dann die Arbeiten „im Haus" gemeinsam erledigen können, zumal die Grundlagen für die geschlechtsspezifische Arbeitsteilung wegen der wachsenden Frauenerwerbstätigkeit dahin schmelzen.

Der zwischen VW und der IG Metall abgeschlossene Tarifvertrag scheint diese arbeitspolitische Utopie, schneller als selbst von Optimisten erwartet, in die gesellschaftliche Realität zu überführen. Bei den Akteuren des Tarifvertrages spielen die umwälzenden gesellschaftspolitischen Visionen jedoch keine Rolle, es geht um eine Beschäftigungssicherung durch Arbeitszeitverkürzung bei Entgelteinbußen (vgl. Jürgens, Reinecke 1998: 219; Hielscher, Hildebrandt 1999: 219 ff., 262). Die Umsetzung des Modells mit seinen inner- wie außerbetrieblichen Wirkungen ist in dem „Soziallabor Deutschlands" in Wolfsburg zu studieren:

„Wolfsburg ist die jüngste Großstadt Deutschlands. Ein Kunstprodukt. Ein Utopia. Ein Mikrokosmos. Gegründet als Fabrik vom Führer ein Jahr vor Kriegsbeginn. Geplant für Arbeiter und die Mobilmachung des Traums vom eigenen Auto: den Volkswagen. Dann Werk für Panzer und Stätte der Zwangsarbeit. Nach dem Krieg der Aufbau: Aus Baracken werden Häuser, aus Italienern Gastarbeiter, aus Äckern Freizeitparks und aus alledem die neue Stadt. Wolfsburg ist Volkswagen und Volkswagen ist Wolfsburg. Die Gewerkschaften sind so stark und die Löhne so hoch wie nirgends sonst im Land. Frühschicht, Spätschicht, Nachtschicht. Das Leben im Wendekreis des Käfers wiegt im Takt des Werks: Stoßzeit mitten in der Nacht, lebenslange Fahrgemeinschaften, Urlaub gemeinsam an der Adria. (...) In der Stadt (...) hängt jeder dritte Arbeitsplatz von der Existenz des Autobauers ab" (Wichmann 1999: III).

In den Diskussionen um die Zukunft der Arbeitsgesellschaft gilt die 28,8-Stunden-Woche bei VW „nach wie vor (als, I.R.) ein richtungsweisendes Modell" (Jürgens, Reinecke 1998: 215). Daher kann nicht verwundern, dass dieses „Soziallabor" *Gegenstand umfangreicher Forschung mit unterschiedlichen Fragestellungen* wird, deren Ergebnisse nun vorliegen. Die von den deutschen Gewerkschaften getragene Hans-Böckler-Stiftung hat mehrere Projekte, zusammengeführt in einen Forschungsverbund, gefördert. Inhaltliche Schwerpunkte sind etwa die Akzeptanz des Tarifvertrages bei den Beschäftigten, die betrieblichen Auswirkungen und solche auf die alltägliche Lebensführung wie die innerfamiliäre Arbeitsteilung, das Wochenende, vor allem auf den Sonnabend, auf die Aufnahme zusätzlicher informeller Arbeit sowie Folgen für das städtische Umfeld (vgl. Hildebrandt u. a. 2000: 11 ff.). Für die folgenden Ausführungen sind, soweit sie sich auf empirische Ergebnisse beziehen, in erster Linie drei Forschungsprojekte relevant. Zunächst handelt es sich um zwei Veröffentlichungen aus einem Vorhaben, gemeinsam von dem Wirtschafts- und Sozialwissenschaftlichen Institut (WSI) in der Hans-Böckler-Stiftung und dem Institut für Soziologie der Universität Erlangen-Nürnberg durchgeführt, dessen empirische Basis sowohl VW als auch die Ruhrkohle AG darstellt, wo ebenfalls die Beschäftigung über eine Arbeitszeitverkürzung gesichert wird (vgl. Kapitel 2.3). Das Projekt beginnt unmittelbar nach den Tarifvereinbarungen bei VW, die empirischen Erhebungen folgen ein Jahr später. Dieser kurze Zeitraum ist bei der Interpretation der Ergebnisse zu berücksichtigen, da Einstellungs- und Verhaltensveränderungen vermutlich erst über einen längeren Zeitraum erfassbar sind. Während in der ersten Studie (vgl. Promberger u. a.: 1996) mit leitfadengestützten Experteninterviews gearbeitet wird, basiert die nachfolgende Forschung (vgl. Promberger u. a.: 1997) im wesentlichen auf einer repräsentativen, schriftlichen Beschäftigtenbefragung von 2.767 Personen bei VW ergänzt durch 59 Interviews. Im zweiten Vorhaben, angesiedelt am Institut für Soziologie der Universität Hannover, bilden im Herbst 1996 36 VW-Arbeiter und deren Lebensgefährtinnen das Zentrum der Erhebung. In den Interviews geht es um die Auswirkungen der Arbeitszeitverkürzung auf das Familienleben, vor allem auf die männlichen Verhaltensmuster (vgl. Jürgens, Reinecke 1998: 71 ff.). Ein drittes Projekt, drei Jahre nach Inkrafttreten des Tarifvertrages, mit einer Laufzeit von 1996 bis 1998, am Wissenschaftszentrum Berlin begonnen, erforscht „die Realentwicklung nach Abschluss des Tarifvertrages, d.h. Rücknahme und Überlagerung der Arbeitszeitverkürzung seit 1995" (Hielscher, Hildebrandt 1999: 7). Das Vorhaben stützt sich auf 43 teilstandardisierte Interviews sowie auf Expertengespräche mit Akteuren aus dem betrieblichen und kommunalen Umfeld (vgl. ebd.: 52 ff.). Projektübergreifende, zusammenfassende und weiterführende Beiträge finden sich in einem Sammelband (vgl. Hildebrandt (Hrsg.): 2000).

Im Folgenden wird zunächst das VW-Modell in seiner Entwicklungsdynamik vorgestellt, dann werden die innerbetrieblichen Auswirkungen für das Unternehmen wie für die Beschäftigten thematisiert und abschließend die Folgen für die außerbetriebliche Lebenswelt behandelt.

Peter Hartz, zuvor als Arbeitsdirektor im Vorstand der saarländischen Stahlindustrie tätig, wechselt 1993 in dieser Funktion zur Volkswagen AG und ist der Initiator des mit der IG Metall geschlossenen Vertrages. Hartz — „ein Mann von ausgeprägtem Sendungsbewusstsein", „eine ständige Provokation für seinen Berufsstand" (Daniels 1999: 57), eine „Art Star des fortschrittlichen Personalmanagements" (Büschemann 1999), so einige Urteile in der Presse — publiziert während der Entwicklung und Umsetzung des Modells seine unternehmenspolitischen Visionen (vgl. Hartz 1994, 1996): Die Volkswagen-Lösung bricht mit

dem Trend zu Massenentlassungen und entwickelt eine Alternative zur Erwerbslosigkeit, sie begründet so eine neue Personalpolitik (vgl. Hartz 1994: 9), die
zentrale Elemente der neuen Produktionskonzepte und des lean-production-
Ansatzes verbindet (vgl. Jäger 1999). Bei der Vereinbarung handelt es sich um
einen Haustarifvertrag, der eher als ein Flächentarifvertrag erlaubt, eine maßge-
schneiderte Lösung für ein Unternehmen zu finden (vgl. Hartz 1994: 23). Die
Beschäftigungssicherung kann, so Protagonist Hartz, nur dann von Dauer sein,
wenn die *Wettbewerbsfähigkeit* sowohl über eine *Produktivitätsoffensive* als
auch über eine stärkere *Kundenorientierung* gestärkt wird (vgl. ebd.: 30 ff.).
Verbesserungen, das sind Produktivitätsreserven, werden üblicherweise von den
Beschäftigten aus Angst vor Arbeitsplatzverlust nicht vorgeschlagen:

„Jedes Rationalisierungsprogramm läuft sich fest, wenn dabei die Mitwirkung des Betroffenen nötig
ist. Niemand rationalisiert sich selbst weg. Soviel Selbstlosigkeit anzunehmen, ist unrealistisch.
Man sollte nicht erwarten, dass Menschen beständig gegen ihren eigenen Vorteil handeln. Das
verlangte aber ein ‚Kontinuierlicher Verbesserungsprozess' (KVP), der wie bei Volkswagen im
Schneeballsystem und als Dauerprogramm hohe Produktivitätszuwächse bringt und ausschließlich
auf den Ideen der daran beteiligten Mitarbeiter beruht. Sie erwarten Beschäftigungsperspektiven –
dann machen sie mit" (ebd.: 31).

Ein weiteres Handlungsfeld sind die kundenorientierten Kosten und die Qualität
von Produkt und Service: „Die Kundenerwartung zu treffen ist ein großer Erfolg. Auch dieser Leistungsbeitrag der Management- und Kommunikationssys-
teme bewirkt ‚mehr Produktivität' und ‚sichere Beschäftigung' zugleich" (ebd.:
32).

In den VW-Arbeitssystemen sind weitere *Zumutbarkeitsdimensionen für die
Beschäftigten* enthalten (vgl. ebd.: 39 f.). In materieller Hinsicht wird eine *de-*

*gressive Einkommenseinbuße* vereinbart, in funktionaler ein *Qualifizierungsprozess* eingeleitet, um die Arbeitskräfte entsprechend den veränderten Anforderungen flexibel einsetzen zu können, in geografischer Hinsicht wird eine *Mobilitätsbereitschaft* verlangt, d.h. der Ort des Arbeitseinsatzes kann sich ändern und schließlich bedeutet soziale Zumutbarkeit, dass die *individuelle Situation bei Entscheidungen berücksichtigt* wird. Die Arbeitskräfte der Zukunft zeichnen sich durch vier Merkmale, das so genannte *M4-Mitarbeiterprofil*, aus: Sie sollen *mulifunktional* sein, d.h. in der Lage, in komplexen Arbeitssystemen verschiedene Funktionen auszuüben, sie sollen *mobil* sein, national wie international einsetzbar, sie sollen *mitgestalten*, sich an Entscheidungsprozessen beteiligen, und insgesamt soll es zu einem *menschlichen* Miteinander kommen, das seinen Ausdruck findet im Wandel der Unternehmenskultur von der „Zweck- zur Sinn-Gemeinschaft". Im Bild von der Gemeinschaft ist der Interessengegensatz zwischen Kapital und Arbeit und mithin der industrielle Konflikt verschwunden, denn aus „Mit-Arbeitern werden Mit-Unternehmer, die die persönliche Verantwortung für ihren Aufgabenbereich übernehmen" (ebd.: 120). Überkommene und nach wie vor aktuelle Ungleichheits- und Abhängigkeitsverhältnisse haben in dieser Vision keinen Platz mehr. Die Arbeit der Zukunft wird eindimensional, ausschließlich positiv gezeichnet, wenn Hartz mit Blick auf aktuelle Managementkonzepte feststellt: „Die Arbeit macht Freude, beinhaltet Freiräume und bietet Möglichkeiten zur Selbstverwirklichung. Der Mitarbeiter weiß, dass sein Arbeitsplatz seiner fachlichen und persönlichen Kompetenz entspricht. Seine Leistung wird anerkannt und entsprechend bezahlt. Darüber hinaus hat er Chancen zur beruflichen und persönlichen Weiterentwicklung" (ebd.: 120).

Das Arbeitszeitmodell gilt für alle, jedoch bedeutet es für die außertariflich Beschäftigten einschließlich der Führungskräfte und Vorstandsmitglieder Einkommens- aber keine Arbeitszeitkürzungen. Es wird im Verlauf der 90er Jahre mehrfach verändert. Die Entwicklungsdynamik ist durch drei bzw. vier markante Phasen gekennzeichnet (vgl. Seifert, Trinczek 2000: 101 ff.):

*Die erste Phase (1994/95): Beschäftigungssicherung als dominantes Ziel* wird mit der Einführung der 28,8-Stunden-Woche erreicht. Sie wird flankiert durch das oben skizzierte personalpolitische Konzept, das betriebsbedingte Kündigungen während der zweijährigen Laufzeit des Tarifvertrages ausschließt. Die Absenkung der jährlichen Bruttoeinkommen um ca. 16 Prozent wird so gestaltet, dass das monatliche Einkommen gleich bleibt, um den regelmäßig anfallenden Verpflichtungen nachkommen zu können. Gleichwohl liegt das jährliche Bruttoeinkommen 1994 „noch etwa 12 % über dem Niveau in der Gesamtwirtschaft, obwohl dort die durchschnittliche tarifliche Arbeitszeit mit knapp 38 Stunden pro Woche wesentlich länger" ist (ebd.: 127). Die Umsetzung des Arbeitszeitmodells erfolgt nicht zentral, sondern in den Abteilungen, mithin gibt es bei VW 140 unterschiedliche Arbeitszeitmodelle hinsichtlich der Lage der Arbeitszeit.

*Die zweite Phase (1995-1998): Flexibilisierung der betrieblichen Arbeitszeitstrukturen* ist der zentrale Baustein der Tarifvereinbarung von 1995. Die bislang getroffenen Vereinbarungen werden verlängert, die 28,8-Stunden-Woche bleibt als Berechnungsgrundlage erhalten, aber der Ausgleich erfolgt über einen längeren Zeitraum, etwa innerhalb eines Monats, eines Jahres, der Lebensarbeitszeit. Arbeitszeiten werden auf einem Arbeitszeitkonto festgehalten und können etwa für den Vorruhestand angespart werden. So wird „bei VW de facto ein *Lebensarbeitszeitmodell* eingeführt, in dessen Rahmen den *tariflich vereinbarten Wochenarbeitszeiten* der Status einer im betrieblichen Arbeitszeit-Alltag mehr oder weniger *fiktiven Berechnungsgrundlage des regelmäßigen Einkommens* zu-kommt" (ebd.: 105). Resultat der Vereinbarung ist die Ausweitung von Sonder-schichten auf den Samstag, von Gleitzeitregelungen im Angestelltenbereich und die Abschaffung des Werkurlaubs im Sommer zugunsten individueller Wahl-freiheit (vgl. Hielscher, Hildebrandt 2000: 133 f.). Mit diesem Modell, das außer einer Flexibilisierung der Lage nun auch die der Dauer vorsieht, nähert sich die Volkswagen AG der Hartz'schen Vision eines „atmenden Unternehmens" an (vgl. Hartz 1996):

„Flexible Personalkapazität und Arbeitszeit bilden den Rahmen für eine atmende Fahrweise, in der Ressourcen nach Kundenauftrag abgerufen werden. Die Entkoppelung von Entgelt und Leistungs-erbringung ist ein wichtiges Element der Zumutbarkeit dieser Fahrweise. Statt des unsicheren ‚work on call' weiß der flexible Mitarbeiter um das sichere Monatseinkommen und den maximalen Ar-beitszeitkorridor im voraus und kann deshalb das Atmen nach Kundenbedarf akzeptieren" (ebd.: 40 f.).

*Die dritte Phase (ab 1999): „Re-Flexibilisierung" des Arbeitszeitarrangements* bedeutet, die vielen Arbeitszeitmodelle zu reduzieren, um desintegrativen Wir-kungen der hoch individualisierten Arbeitszeiten zu begegnen. So können die innerbetrieblichen Informations-, Kommunikations- und Arbeitsablaufstrukturen wieder zeitlich so gestaltet werden, dass Produktivitäts- und Qualitätseinbußen vermieden werden. Außerbetrieblich können Familienzeiten besser abgestimmt, die Wegezeiten mit dem öffentlichen Nahverkehr und mit Fahrgemeinschaften wieder synchronisiert werden. Verlässliche, berechenbare Zeitbudgets werden durch die Einführung eines Dreischichtmodells, d.h. drei Schichten zu jeweils acht Stunden, erreicht, wobei Anfangs- und Endzeiten bei 30-minütiger Flexibi-lität am Ende einer jeden Schicht festliegen: die Frühschicht dauert von 6.30 bis 14.30 Uhr, die Spätschicht von 14.30 bis 22.30 Uhr und die Nachtschicht von

22.30 bis 6.30 Uhr. Um eine Arbeitszeit von 28,8 Stunden zu erreichen, wird in der Regel neun Wochen von Montag bis Freitag gearbeitet, die zehnte Woche ist frei. Trotz der Standardisierung der Schichtzeiten scheint das Unternehmen noch über genügend Flexibilität zu verfügen. „Insgesamt kann daher von einer Reduktion des betrieblichen Flexibilitätspotentials nicht die Rede sein. Es handelt sich vielmehr um eine Art pragmatischer ‚Re-Flexibilisierung' der betrieblichen Arbeitszeiten" (Seifert, Trinczek 2000: 108).

*Die vierte Phase (ab 2001/02):* Im Sommer 2001 tritt Hartz mit einem neuen Arbeitszeitmodell an die Öffentlichkeit. Das Projekt, das eine Produktions-verlagerung ins Ausland aus Kostengründen verhindern soll, lautet „5000 mal 5000". Es ist für Hartz das wichtigste Modell, das er bei VW angestoßen hat (vgl. Müller 2001: 19): Ab Herbst 2002 sollen 5.000 neu eingestellte Arbeits-kräfte, ungelernte Erwerbslose, für DM 5.000,- Monatseinkommen den Minivan, ein neues Modell aus der Golf-Klasse, produzieren, wofür eine eigene GmbH gegründet wird, in der der VW-Haustarifvertrag nicht gilt. Strittige Punkte für die IG Metall wie für den VW-Betriebsrat sind das niedrige Entgelt und die hohe Arbeitszeit, nämlich bis zu 48 Stunden pro Woche. Damit liegt das Entgelt nicht nur unter dem Haustarifvertrag von VW, sondern auch unter dem Tarifvertrag der Metallindustrie von Niedersachsen, zudem überschreitet die Arbeitszeit 35 Stunden, wofür die IG Metall jahrelang gekämpft hat. Die Automobilindustrie befürchtet einen Dumping-Wettbewerb um die niedrigsten Löhne (vgl. Der Spiegel 2001, Nr. 27: 86 f.). — Ende August 2001 einigen sich die Tarifver-tragsparteien, der öffentliche Druck ist enorm, auf folgenden Kompromiss: Das Niveau des Flächentarifvertrags in Niedersachsen wird erreicht. Die wöchentli-che Arbeitszeit beträgt durchschnittlich 35 Stunden, jedoch bis zu 42 Stunden bei Bedarf, die Überstunden, maximal 200, werden auf einem Arbeitszeitkonto

gutgeschrieben. Ferner wird, als durchaus innovatives Element, eine Qualifizie-
rungszeit von drei Stunden wöchentlich vereinbart, die aber nur zur Hälfte bezahlt wird. Die Beschäftigten erhalten monatlich einen Fixlohn von DM 4.500,-
und einen Mindestbonus von DM 500,-. Jede weitere Vergütung ist leistungs-
und ergebnisabhängig. Eine unbefristete Anstellung erfolgt nach einer halbjähri-
gen Probezeit. VW spart mit diesem Modell gegenüber dem Haustarifvertrag
mehr als 20 Prozent an Personalkosten.

Michael Schumann, der die Begleitforschung leitet, bezeichnet in einem ersten
Bericht das Projekt als Erfolg, da ehedem Erwerbslose ein anspruchsvolles Auto
bauen. Sie verfügen, anders als wohl ursprünglich geplant, über einen hohen
Ausbildungsstand und eine entsprechende Motivation ohne jedoch Automobil-
facharbeiter zu sein. Einen Realschulabschluss oder ein Fachabitur haben 83
Prozent (vgl. Gehrmann 2003: 21). „Dieser Typ Arbeiter ist bereit'", so Schumann, „Rationalisierungsprozesse in Eigenregie durchzuführen. (...) diese Arbeiter nehmen es auf sich, gemeinsam mit den Unternehmen die Sicherheit ihrer
Arbeitsplätze zu erarbeiten. Das allerdings möchten sie durch eine betriebliche
Neupositionierung und Aufwertung vergolten bekommen'" (ebd.: 21). Sollte
diesen Ansprüchen nicht entsprochen werden, könnte es zu massiven Konflikten
kommen, denn auch ehemals Erwerbslose lassen nicht alles mit sich machen. Ihr
Selbstverständnis, so Schumann, ist nach wie vor wesentlich durch das Lohnar-
beitsverhältnis geprägt und widerspricht mithin dem Bild vom Arbeitskraftunternehmer.

Nun zu den Auswirkungen des ursprünglichen Modells! *Die Koppelung von
Arbeitszeitverkürzung mit -flexibilisierung* hat zusammen mit weiteren technisch-organisatorischen Rationalisierungsmassnahmen *die Produktivität ein-*

*schließlich der Produktqualität deutlich verbessert.* So hat sich von 1993 bis 1996 die Produktivität im gesamten Autobau um knapp 50 Prozent erhöht. „An einem Fallbeispiel ausgedrückt: 1993 hat ein Arbeiter in Rohbau, Lackiererei und Montage genau 38,7 Autos gefertigt, heute sind es 57" (Holch 1996: 19). In Expertengesprächen mit dem Management werden folgende Einschätzungen geäußert:

„So wurden für 1994 die Produktivitätsgewinne (...) unter Verweis auf die Produktivitätseffekte der Arbeitszeitverkürzung mit 20 v.H. beziffert, für 1995 wurde angesichts der bevorstehenden Modellwechsel gar noch ein höherer Zuwachs von 36 v.H. angepeilt. Andere Interviewpartner (...) vertraten hingegen die Auffassung, als realistisch sei bestenfalls die Hälfte dieser Werte anzusehen, die hohen Zahlen seien eher unter motivationalen Gesichtspunkten zu verstehen" (Promberger u. a. 1996: 82).

Eine spätere Untersuchung kommt zu dem Ergebnis, dass zwischen 1995 und 1997 die Produktivität im Werk Wolfsburg um 30 Prozent steigt und ein weiterer Anstieg von mindestens 25 Prozent geplant ist (vgl. Hielscher, Hildebrandt 1999: 98). Dabei hat sich Mitte der 90er Jahre bereits durch natürliche Fluktuation, Frühverrentung und Aufhebungsverträge die Beschäftigtenzahl um fünf Tausend verringert (vgl. Seifert, Trinczek 2000: 104). Angesichts des immensen Anstiegs der Produktivität ist durchaus fraglich, ob sich auf Dauer das Beschäftigungsniveau halten lässt, was ein Wachstum der Marktanteile voraussetzt (vgl. Promberger u. a. 1996: 83, 92 f.).

Die Kehrseite dieser Entwicklung skizziert der Geschäftsführer des Wolfsburger Betriebsrates so: „Die Intensivierung der Arbeit in der Montage habe schon eine ,sehr schmerzliche Grenze erreicht' (...). Wahrscheinlich hielten die Beschäftigten das nur durch, weil die Arbeitszeit gesunken sei, für Ältere wird es ein immer größeres Problem sein mitzuhalten, und wir haben immer weniger Nischen, wo wir Leistungsgeminderte unterbringen können" (Holch 1996: 19). In einer repräsentativen Befragung der VW-Beschäftigten beklagen 86 Prozent eine *Leistungsverdichtung*, die Folge der Arbeitszeitverkürzung und/oder der gleichzeitig durchgeführten Rationalisierungsmassnahmen sein kann (vgl. Promberger u. a. 1997: 153). Eine *Arbeitsintensivierung* liegt besonders *im Angestellten- und Verwaltungsbereich* vor, denn trotz gekürzter Arbeitszeit bleibt der Arbeitsumfang gleich. In diesem Sinne äußern sich 95 Prozent der Angestellten (vgl. Promberger u. a. 1996: 81, 1997: 154).

Wie sehr sich die Arbeit verdichtet und mithin die Produktivität steigt, zeigt sich im Kontext folgender Aspekte: Zwar wachsen die *Gestaltungsspielräume* — Antworten im Rahmen der Studie werden für fünf Bereiche erbeten, so für die alltägliche Aufgabenbewältigung, die Arbeitszeitgestaltung, den Gesundheitsschutz, die Berufsperspektive sowie für KVP-Maßnahmen und bei Verbesserungsvorschlägen — mit dem Qualifikationsniveau, aber gleichzeitig wird für die letzten Jahre durchgängig „eine deutliche Zunahme von Hetze, Stress und Arbeitsdruck" konstatiert (Hielscher, Hildebrandt 1999: 88). *Das KVP-Instrument* wird primär benutzt für „kostensenkende, leistungs-, produktivitäts- und die Produktqualität steigernde Maßnahmen, während die Arbeitsqualität verbessernde Vorschläge nachrangig behandelt werden" (ebd.: 96). Kommt es dennoch zu einer *Arbeitsverbesserung*, etwa durch ergonomische Maßnahmen, dann wird diese, wie aus der betrieblichen Rationalisierungsforschung empirisch zweifelsfrei belegt, *von einer Arbeitsverdichtung wieder überlagert*, so dass sich bei den Beschäftigten Skepsis und Ernüchterung einstellt, die sich vielfach in der Erkenntnis äußert, sich selbst weg zu rationalisieren (vgl. ebd.: 96 f.).

Die *Arbeitsintensivierung* bedeutet eine *Belastungs-/Beanspruchungszunahme* für die Beschäftigten, die sich manifestiert in der Zeitnot am Band, in der Angst, den Flexibilitäts- und Qualifikationsanforderungen nicht genügen zu können. Für Beschäftigte in der Produktion wird der zusätzlich freie Tag bei der Vier-Tage-Woche überwiegend zur physischen Regeneration genutzt (vgl. ebd.: 118). Überdies hat die *Arbeitsverdichtung kontraproduktive Folgen* für das Unternehmen insgesamt: Der enge Zeitrahmen geht *zu Lasten der Qualität* des Arbeitsprodukts, es *verschlechtert sich das Betriebsklima*, da Zeit für gegenseitige Hilfe nicht mehr zur Verfügung steht und daher das kollegiale Miteinander ebenso wie die Beziehung zum Vorgesetzten negativ tangiert werden (vgl. ebd.: 100 f.; Promberger u. a. 1997: 65, 158). Die *Leistungsverdichtung mindert*, deutlicher bei Angestellten als bei ArbeiterInnen, die *Akzeptanz der Arbeitszeitverkürzung* (vgl. Promberger u. a. 1997: 196). Eine Rückkehr zu längeren Arbeitszeiten wird nicht nur wegen der dann wieder höheren Einkommen präferiert, sondern einige Befragte erhoffen sich davon auch eine sinkende Arbeitsintensität, eine verbesserte innerbetriebliche Kommunikation und Kooperation (vgl. ebd.: 166). Vor diesem Hintergrund und angesichts der Tatsache, dass die Gestaltungsspielräume vom Anforderungs- und Qualifikationsniveau mitbestimmt werden, überdeckt die Hartz'sche Vision vom „Mit-Unternehmer" anstelle eines „Mit-Arbeiters" die betriebliche Realität. Der für unternehmerisches Handeln charakteristische Gestaltungsspielraum ist selbst bei den Angestellten durch die beklagte Arbeitsverdichtung deutlich eingeschränkt und wird in Grenzen verteidigt, indem Arbeiten, wie noch zu zeigen ist, in der Freizeit erledigt werden. Für ArbeiterInnen ist diese Möglichkeit so nicht gegeben, hier verblasst schon wegen des geringen Handlungsspielraums das Bild vom „Mit-Unternehmer" noch mehr, es ist gar nicht erst zu erkennen.

Zu fragen ist nun nach den *Auswirkungen* der noch relativ neuartigen Kombination von Arbeitszeitverkürzung mit -flexibilisierung und Arbeitsintensivierung *auf das außerbetriebliche Leben* im Feld von Zeit und Arbeit. Die diesbezüglichen Forschungsergebnisse beziehen sich, wie bereits angedeutet, auf die erste und zweite Phase des Arbeitszeitmodells, die dritte, 1999 eingeleitete Phase beinhaltet die Rückkehr zum Acht-Stunden-Tag mit einer freien Woche im Abstand von ca. zwei Monaten. Die Annahme erscheint plausibel, dass die in den Jahren zuvor möglicherweise ansatzweise realisierte gesellschaftspolitische Vision, wie eingangs skizziert, wieder versandet bzw. die Weiterentwicklung blockiert wird. Für eine andere denn bislang vorherrschende Verteilung der Arbeiten „im Haus" ist vermutlich eine längere tägliche bzw. wöchentliche Verkürzung der Arbeitszeit zuträglicher als eine Freizeit im Block.

Die *Akzeptanz beschäftigungssichernder Arbeitszeitverkürzung* steht im Zusammenhang damit, inwieweit die *Verkürzung alltagsnah*, also unmittelbar spürbar umgesetzt, dabei überkommene soziale Zeitstrukturen gestützt und nicht untergraben werden. Dabei muss es möglich sein, sie gemäß eigenen Bedürfnissen und Interessen in gewissem Umfang zu gestalten, um Zeitsouveränität zu gewinnen. Ferner hängt die *Akzeptanz von allgemeinen und situativen sozialen Merkmalen ab, etwa Geschlecht, Alter, Familiensituation.* „So sind die weiblichen Beschäftigten bei der VW AG deutlich zufriedener mit der 28,8-Stunden-Woche als ihre männlichen Kollegen" (Promberger u. a. 1997: 57). Bei Frauen steigt die Zufriedenheit mit zunehmender Familienbindung, bei Männern nimmt sie hingegen ab wegen der Einkommenskürzungen. Alleinverdienende Familienväter mit zwei und mehr Kindern sind besonders unzufrieden, da die Entgeltkürzung deren Budget „überdurchschnittlich belastet" (ebd.: 58) und ihre Rolle als Familienernährer bedroht. Die Umsetzung des Arbeitszeitmodells in eine Vier-

Tage-Woche scheint projektübergreifend die größte Akzeptanz zu genießen (vgl. Hielscher, Hildebrandt 1999: 106). Wie bereits angemerkt, sind Änderungen in der Zeitverwendung kaum in einem kürzeren Zeitraum zu erwarten, da es sich häufig um tradierte, durch Sozialisation und Erziehung verinnerlichte, in der Person fest verankerte Zeitmuster handelt. Zudem unterliegt, wie oben aufgezeigt, das Arbeitszeitmodell einer Dynamik, die die Entwicklung neuer, dauerhafter Zeitrhythmen und Nutzungsstrategien kaum erlaubt. Insofern erstaunt nicht, wenn insgesamt „der Einfluss der Umsetzungsmodelle auf die Zeitverwendung doch eher gering" ist (Promberger u. a. 1997:101). Auffällig ist jedoch, dass — obwohl die betrieblichen Zeitstrukturen im Zuge der Durchsetzung eines „atmenden Unternehmens" von den Beschäftigten faktisch kaum beeinflusst werden können — dort, wo die Arbeitszeit täglich verkürzt ist und zudem Gleitzeitregelungen greifen, die Befragten eine erleichterte Koordination zwischen betrieblicher und außerbetrieblicher Lebenswelt, vor allem in Bezug auf die Kinderbetreuung, konstatieren (vgl. Hielscher, Hildebrandt 1999: 123). Die Zeitgewinne entspannen das Alltagsleben: „Insgesamt wurde vielfach von einer Entdichtung der Zeit berichtet, in der die ‚Poren des Alltags' ein klein wenig weiter geöffnet werden. Die gewonnene freie Zeit werde gewissermaßen ‚verflüssigt' und versickerte im Alltag — sie trat den Beschäftigten gar nicht erst als ein zu gestaltendes oder neu auszufüllendes ‚Paket' gegenüber" (ebd. 116).

Erst ein *zusätzlicher freier Tag in der Woche eröffnet*, sofern nicht für die oben erwähnte physische Regeneration erforderlich, *ein Gestaltungspotential*. Er wird als Hausarbeitstag, für Arztbesuche und Behördengänge genutzt und entlastet das Wochenende, er dient aber auch der Muße, ermöglicht Hobbys, Eigenarbeit in Haus und Garten (vgl. ebd.: 120 f.). Insbesondere von den qualifizierten Angestellten wird er für berufliche Tätigkeiten verwendet, sie nehmen wegen der

113

Zeitknappheit im Betrieb Arbeiten mit nach Hause, um sie dort zu erledigen (vgl. ebd.: 117 f.). Der Zuwachs an freier Zeit wird für das Familienleben genutzt, er wird in persönliche Beziehungen investiert, d.h. in Zeit für den/die PartnerIn, die Kinder, für Verwandte und Freunde. Weder für die Qualifizierung noch für ein öffentliches Engagement wird mehr Zeit als zuvor aufgebracht (vgl. Promberger u. a. 1997: 91; Hildebrandt 2000: 307). Die Eigenarbeit in Haus und Garten dient unabhängig vom beruflichen Status der Selbstverwirklichung wie der Einsparung von Geld, sie ist beständiger Teil der Alltagspraxis und scheint kaum, durch Zeitgewinn und/oder Einkommensverlust einen Bedeutungszuwachs zu erfahren (Hielscher, Hildebrandt 1999: 133 f.). Der Aufnahme von Nebentätigkeiten liegt eine vergleichbare Motivationslage zu Grunde (vgl. ebd.: 150).

Bei der Frage nach *Veränderungen der geschlechtsspezifischen Arbeitsteilung* kann eine optimistische Antwort kaum erwartet werden. Das traditionelle Familien- und Partnerschaftsmodell hat sich aufgrund der den Gleichheitsgrundsatz des Grundgesetzes (Artikel 3) verletzenden Unternehmenspolitik lange Zeit behaupten können: „Von 1949 bis 1965 werden z.B. aufgrund einer Betriebsvereinbarung keine verheirateten Frauen im Werk eingestellt. Statt dessen sollten die überdurchschnittlichen ‚Ernährerlöhne' bei VW gewährleisten, dass die Männer ihre Familien allein unterhalten können" (vgl. v. Oertzen 1997, hier zitiert nach: ebd.: 113). Eine traditionelle Orientierung ist auch bei der jungen Generation noch vorherrschend, denn Ansprüche an Selbstverwirklichung sind bei den befragten Jugendlichen kaum zu erkennen. Die jungen Frauen orientieren sich am Modell des Familienernährers und schließen für sich nach der Familiengründung eine Teilzeitbeschäftigung erst in späteren Jahren nicht aus (vgl. ebd.: 113). Vor diesem Hintergrund und angesichts der zwar radikalen, aber für

114

viele nur kurzzeitigen, alltagsnahen Arbeitszeitverkürzung sind „keine nachhaltigen Auswirkungen auf die eingeübten Muster geschlechtsspezifischer und familialer Arbeitsteilung" festzustellen (Promberger u. a. 1997: 117 f.). Zwar ist eine vermehrte Hinwendung der Väter zu ihren Kindern zu konstatieren, aber sie stellt „keine dramatische Veränderung dar und geht auch nicht über das in der Literatur beschriebene ‚Normalmaß' gegenwärtiger familialer Veränderungsprozesse hinaus" (ebd.: 118). Um das Bild zu komplettieren und zu differenzieren, ist abschließend noch auf eine weitere Studie einzugehen, *die sich detaillierter mit Veränderungen familialer Binnenstrukturen im Kontext des VW-Modells befasst.*

Die Forschung konzentriert sich auf die *Beschäftigtengruppe der Schichtarbeiter*, die bereits durch die Wechselschicht sehr flexibel tätig ist, wobei sich diese Tendenz durch die 28,8-Stunden-Woche noch einmal verstärkt. Es handelt sich um ein die familialen Lebenszusammenhänge thematisierendes, qualitativ vorgehendes Forschungsprojekt, in dessen Mittelpunkt Interviews mit 36 VW-Arbeitern mit deren Partnerinnen stehen. Sie leben zusammen mit einem Kind im betreuungsintensiven Alter, d.h. bis zu zehn Jahren. Diese Arbeitszeitform bedeutet erhebliche Restriktionen in der außerbetrieblichen Zeitgestaltung. Das Erkenntnisinteresse richtet sich in erster Linie auf die männlichen Verhaltensmuster. Zwar ist die Schichtarbeit des Mannes von zentraler Bedeutung für die Gestaltung des Familienlebens, gleichwohl haben die Paare sehr unterschiedliche Bewältigungsstrategien und Organisationsformen entwickelt, um Erwerbs- und Familienleben zu vereinbaren. Die Differenzen werden in „einer Typologie familialer Lebensführung von Paaren" erfasst (Jürgens, Reinecke 1998: 85), die als Beleg dafür gilt, „dass eine Pluralisierung der Lebensstile auch innerhalb der Industriearbeiterschaft zunehmend an Bedeutung gewinnt" (ebd.: 93). Die Un-

terschiede zwischen den Paaren sind „sehr ‚feine' (...), aber doch auffällige"
(ebd.: 100). Die ForscherInnen identifizieren vier Typen, worauf sich die Paare
in etwa gleich verteilen. Grundsätzlich handelt es sich um eine Untersuchungs-
gruppe, nämlich Arbeiterfamilien, deren Lebensalltag noch sehr traditionell
geprägt ist: Typisch ist die Dominanz männlicher, von körperlichen Belastungen
und restriktiven Tätigkeitszuschnitten geprägten Erwerbsarbeit, die mit einer
hohen Wertschätzung von Elternschaft und Familienleben einhergeht (vgl. ebd.:
145). Aufgrund der Beschäftigungssicherung findet die 28,8-Stunden-Woche als
verbindliche Vier-Tage-Woche bei allen Paaren Zustimmung. Sie entspannt das
Familienleben, reduziert die Belastung der in Schicht arbeitenden Männer und
erleichtert die Koordination der Lebensbereiche (ebd.: 209). Tiefgreifende Veränderungen in der familialen Lebensführung sind jedoch, wie oben bereits angemerkt, an einen längeren Erfahrungszeitraum mit veränderten Zeitstrukturen
gebunden (vgl. ebd.: 211). Neben diesen allgemeinen Auswirkungen lassen sich
noch typenspezifische Folgen für das Alltagsarrangement feststellen (vgl. ebd.:
85 ff.).

Familien, die sich durch eine *hierarchisch-resignative Lebensführung* (Typus I)
kennzeichnen lassen, praktizieren eine traditionelle Rollenverteilung verbunden
mit einem geschlechtshierarchischen Arbeitsverständnis, d.h. die öffentliche,
berufliche hat Vorrang vor der privaten, familialen Arbeit. Der Zeitgewinn wird
für die Regeneration und nicht für die Familienarbeit genutzt. Die Beziehung zu
den Kindern verbessert sich, dadurch wird die Frau bzw. Mutter in ihrer
Vermittler-Rolle entlastet. Bei der *komplementär-harmonischen Lebensführung*
(Typus II) ist die Arbeit von Mann und Frau zwar traditionell verteilt, aber beide
Arbeiten werden als gleich notwendig anerkannt und als aufeinander bezogen,
also als gleichrangig verstanden. Diese Arbeitsteilung verändert sich durch die

116

Arbeitszeitverkürzung nicht. Die gewonnene Zeit wird in die Freizeit und in Familienaktivitäten investiert. Mit der Dauer der Arbeitszeitverkürzung steigt trotz des Einkommensverzichts die Akzeptanz des Modells. Die Frauen richten ihre Arbeit zunehmend an der Vier-Tage-Woche der Männer aus, um so gemeinsame Zeit zu gewinnen. In Familien mit einer *individualisiert-pragmatischen Lebensführung* (Typus III) wird die Betreuung und Versorgung der Kinder sowie ein Teil der Hausarbeit von den Männern übernommen. In den Lebensentwürfen der Frauen hat die eigene Erwerbstätigkeit einen herausragenden Stellenwert, so dass das Familieneinkommen vergleichsweise hoch ist. Die Arbeitszeitverkürzung wird wegen des Lohnverzichts negativ bewertet, Möglichkeiten des Zuverdienstes werden wahrgenommen. Die Unzufriedenheit wächst jedoch, wenn nicht mehr ausreichend Zeit für Erholung, für gemeinsame Aktivitäten mit der Familie und für die eigene Freizeit zur Verfügung steht. Wegen der Mehrarbeit sind Erfahrungen mit einer verkürzten Arbeitswoche so gering, dass weder der Wert von mehr Zeit erfahren werden kann noch gar Verhaltensänderungen eintreten können. Bei der *kooperativ-reflektierten Lebensführung* (Typus IV) wird ansatzweise eine egalitäre Arbeitsteilung, auch mit Blick auf die Kinder, und ein diskursiver, zukunftsoffener Beziehungsstil gelebt. Die Frauen erfahren auch dann Unterstützung bei der Familienarbeit, wenn sie nicht erwerbstätig sind. Die Vier-Tage-Woche bedeutet einen Zugewinn an Lebensqualität, die Wieder-Verlängerung der Arbeitszeit als Folge der Arbeitszeitflexibilisierung wird als sozialer Rückschritt wahrgenommen.

## 3.2 Informations- und Kommunikationstechnik:

## Neugestaltung von Raum, Zeit und Arbeit

Das gesellschaftlich *umwälzende Potential* der IuK-Technik besteht darin, die tradierten, mit der Industrialisierung durchgesetzten Strukturen von *Raum, Zeit und Arbeit grundlegend zu verändern* und dabei an vorindustrielle Arrangements wieder anzuknüpfen. Ferner gründet das Bahnbrechende dieser neuen Technik auf der Möglichkeit, Computer bzw. Rechner miteinander zu vernetzen, wobei das Internet eine wichtige Rolle spielt. Davon verspricht man sich enorme Produktivitätsfortschritte, die aber wahrscheinlich erst dann voll zum Zuge kommen, wenn sie mit tiefgreifenden organisatorischen und institutionellen Veränderungen einhergehen, was insgesamt viel Zeit beansprucht und Ressourcen bindet. Im Zuge der Umsetzung von lean-production-Konzepten seit den 90er Jahren (vgl. Jäger 1999) mit den Komponenten out sourcing (Verringerung der Fertigungstiefe), global sourcing (weltweite Beschaffung), single sourcing (Beschaffung von nur noch einem Lieferanten), just-in-time (Lieferung zum richtigen Zeitpunkt) werden sich diese Produktivitätsfortschritte vermutlich zunehmend entfalten. Die wirtschaftlichen Vorteile der neuen Technik lassen sich so skizzieren (vgl. Seifert, Welsch 1999: 52): Die IuK-Techniken steigern die Produktivität von Informations- und Wissensarbeit, sie ermöglichen einen umfassenderen Informationszugriff, einen schnelleren Informationsfluss in und zwischen den Organisationen und eine optimale Koordination von Arbeitsabläufen. Diese Aspekte zusammengenommen lassen das folgende Statement als berechtigt erscheinen: „In der Telearbeit konzentrieren sich die Fragen nach der Zukunft der Arbeit" (Dostal 1999: 5).

Unter *Telearbeit* wird die dezentrale, *d.h. räumlich getrennte Leistungserbringung unter Einsatz der IuK-Techniken* verstanden. Das quasi Revolutionäre besteht also darin, dass *Telearbeit* aus dem Betrieb ausgelagert und so der Raum flexibilisiert wird, häufig begleitet von einer Flexibilisierung der Zeit. Dabei lassen sich verschiedene Formen von Telearbeit unterscheiden (vgl. Bremer 1998: 121 ff.):

-   *Teleheimarbeit* bedeutet die Rückverlagerung von Tätigkeiten „ins Haus", sozusagen als Heimarbeit. Ganze Arbeitsprozesse mit unterschiedlichen Qualifikationsprofilen können ausgelagert werden, etwa Dateneingabe, Textverarbeitung, EDV-Programmierung und EDV-orientierte Dienstleistungen.

-   *Alternierende Telearbeit* ist eine Mischform, bei der abwechselnd im Haus und im Betrieb gearbeitet wird.

-   *Mobile Telearbeit* ist eine Arbeitsform mit wechselnden Arbeitsorten vor allem im Bereich Marketing, Vertrieb, Kunden- und Unternehmensberatung, wobei eine Vernetzung durch die neuen Techniken mit den Kooperationspartnern besteht.

-   *Telearbeitszentren* (satellite working center) sind mit Telearbeitsplätzen ausgestattete *selbständige bzw. Einrichtungen eines Unternehmens* in der Nähe der Wohnorte von Arbeitskräften. Bei einer eigenständigen Organisationsform benutzen Freiberufler, Angestellte oder ArbeitnehmerInnen von einem anderen Unternehmen die Einrichtung. In *Satellitenbüros* wird nur ein Teil der Büroräume eines Unternehmens ausgelagert.

Die folgenden Ausführungen konzentrieren sich im wesentlichen auf Forschungsergebnisse aus den 90er Jahren, da Telearbeit durch die skizzierten technischen wie organisatorischen Innovationen nun beschleunigt realisiert wird bzw. werden kann. Die umwälzende Dynamik zeigt sich auch darin, dass Telearbeit seither mit höheren Qualifikationen/Anforderungen und mit vielfältigen Beschäftigungsformen vereinbar ist und mithin anders als in den 80er Jahren zunehmend auch für Männer attraktiv wird. Im Kontext der beruflichen wie der außerberuflichen Lebenswelt werden zentrale Aspekte der Arbeitsbedingungen erörtert. Zu berücksichtigen sind empirische Studien, deren Ergebnisse auf mündlichen und/oder schriftlichen Befragungen sowie Dokumentenanalysen basieren, sie sind bei der Rezeption näher zu charakterisieren. Resümierende Publikationen, die u. a. den Bezug zu Forschungsresultaten aus den 80er Jahren herstellen, finden ebenfalls Beachtung.

Angaben über den *Umfang* bzw. das *zukünftige Potential von Telearbeitsplätzen* differieren erheblich. Insofern ergibt sich *ein eher verwirrendes Bild*. Gemäß den Erkenntnissen der beschäftigungsorientierten Innovationsforschung erklärt sich dieses konfuse Szenario dadurch, dass sich „stimmige und eindeutige Beschäftigungsbilanzen (...) nicht aufstellen" lassen (Dostal 1999: 33). Begründet wird diese Annahme so: „Technik wirkt immer gemeinsam mit anderen Einflüssen, beispielsweise mit veränderten Organisationsstrukturen, mit neuen Kostenrelationen, mit verschobener Akzeptanz und/oder anderen Bedarfslagen. Eine Isolation der Wirkungen von Technik und einzelnen Techniken ist praktisch nicht möglich" (ebd.: 33). Gleichwohl werden nachfolgend einige Entwicklungstrends nachgezeichnet, die jedoch im Kontext vorgestellter Argumente mit Vorsicht zu rezipieren sind.

Während 1995 von 150 Tausend Telearbeitsplätzen insgesamt in Deutschland ausgegangen wird (vgl. Büssing, Aumann 1996: 226) — was einem Anteil von

0,4 Prozent der Erwerbstätigen entspricht —, nimmt der damalige Zukunftsminister Jürgen Rüttgers (CDU) für das gleiche Jahr nur 30 Tausend Teleheimarbeitsplätze an (vgl. Handelsblatt 13.7.1995, zitiert nach: Schneider 1998: 332), unterstellt eine Expertengruppe für 1996 im Bereich der Teleheimarbeit und alternierenden Telearbeit sogar nur zehn Tausend Arbeitsplätze (Reichwald u. a. 1997). Diese Zahlen unterscheiden sich deutlich von den Forschungsergebnissen des Frauenhoferinstituts für Arbeitswirtschaft und Organisation, das 1997 auf der Grundlage von Hochrechnungen und der Annahme einer mittleren Verbreitung von Telearbeit von folgenden Zahlen ausgeht: 500 Tausend mobile, 350 Tausend alternierende, 22 Tausend häusliche und 3.500 kollektive (Satelliten- und Nachbarschaftsbüros) Telearbeitsplätze. Überdies bieten weitere 135 Tausend Unternehmen und Behörden Telearbeit an und etwa 225 Tausend planen deren Einführung. Bei maximaler Verbreitung der Telearbeit wird eine Beschäftigtenzahl von 2,16 Millionen angenommen (vgl. Freudenreich u. a. 1997: 130, hier zitiert nach: Schneider 1998: 333). Die Hochrechnungen dürfen mit den tatsächlich vorhandenen Telearbeitsplätzen nicht verwechselt werden. Gegenüber der optimistischen Prognose ist der Blick auf die ebenfalls durchgeführten Fallstudien ernüchternd: Bei Grossunternehmen wie der HYPO-Bank, München, arbeiten 30 Beschäftigte in alternierender Telearbeit, bei Allianz-Leben, Stuttgart, 25, bei der Siemens-Nixdorf-Informationssysteme AG, München, 20 und bei der DIGITAL, Frankfurt, 120 in mobiler Telearbeit (vgl. ebd.: 332). „Dieses selektive Bild der Verbreitung von Telearbeit dürfte der Wirklichkeit weitaus näher kommen als die ermittelte mittlere Variante" (ebd.: 333). Telearbeit gilt nach wie vor nicht als „neue Waffe gegen die Arbeitslosigkeit" (Holch 1996: V 1/1), denn sie „wiegt zumindest bislang die Arbeitsplatzverluste (...) nicht auf" (Welsch 1998: 71). Nüchterner, möglicherweise aber realitätsnäher lautet das folgende Urteil:

121

„Informationstechnik und Multimedia sind (...) weder Jobkiller noch Jobknüller. Sie werden rein quantitativ auf die Beschäftigung kaum wirken. Ihre Besonderheit wird darin liegen, dass sie — bei kaum verändertem Arbeitsvolumen — eher qualitative Veränderungen bewirken, also die überkommenen traditionellen Arbeitsformen obsolet machen und neue begünstigen" (Dostal 1999: 35).

*Das Potential von Telearbeit wird bislang kaum umgesetzt, die Verbreitung ist also gering und zudem schwer nachweisbar* (vgl. ebd.: 78).

Fragt man nach *der Verteilung der Geschlechter* in der Telearbeit, so ist diese nicht exakt zu bestimmen. Generell ist von folgender Tendenz auszugehen (vgl. ebd.: 148): In den 80er Jahren und Anfang der 90er Jahre richten sich viele Initiativen an Frauen, die in Teleheimarbeit bzw. in alternierender Telearbeit umgesetzt werden mit relativ niedrigem Anforderungsniveau, z.B. einfache Bürotätigkeiten verbunden mit der Botschaft, dadurch eine bessere Vereinbarkeit von Beruf und Familie herstellen zu können. Insofern ist es nicht überraschend, wenn Telearbeit bislang als typisch für Frauen gilt (vgl. Weißbach u. a. 1997: 23), dabei wird unterstellt, nur Frauen hätten daran Interesse, und sie sei nur mit einem niedrigen Qualifikationsniveau vereinbar (vgl. Hornberger, Weisheit 1999: 133). In dem Maße wie Telearbeit auch für Arbeitskräfte attraktiv wird, die ein höheres bzw. hohes Qualifikations- und ein vielfältiges, anspruchsvolles Tätigkeitsprofil aufweisen, und sich die Formen der Telearbeit weiter differenzieren — so bietet alternierende Telearbeit Möglichkeiten für Aufgabenfelder wie Management, Programmierung, Forschung und Entwicklung, Sachbearbeitung (vgl. Büssing, Broome 1999: 112; Jäckel, Rövekamp 2001: 173) —, manifestiert sich vermutlich auch in der Telearbeit zunehmend die überkommene geschlechtsspezifische Spaltung des Arbeitsmarktes. Das oben erwähnte Gutachten kommt im Rahmen einer Befragung von Betriebs- und Personalräten (302 Fragebögen, d.h. eine Rücklaufquote von 30 Prozent) zu dem Ergebnis, dass Telearbeit in der zweiten Hälfte der 90er Jahre zu einer *Domäne der Männer* geworden ist, denn immerhin stellen sie 59 Prozent der Telebeschäftigten, wobei zu 64 Prozent der Tätigkeitsbereich Organisation/EDV genannt wird (vgl. Freudenreich u. a. 1997: 23; hier zitiert nach: Schneider 1998: 333 f.). Die Dominanz der Männer unter den Telebeschäftigten wird auch durch ein Bruttoeinkommen von über DM 6.000,- unterstrichen, die Beschäftigten verfügen über eine entsprechend hohe schulische Allgemeinbildung — mehr als die Hälfte hat Abitur und ein Drittel die mittlere Reife — sowie über zusätzliche, teilweise hohe berufliche Qualifikationen (vgl. ebd.: 49). Einen Trend zu höheren beruflichen Positionen konstatieren auch weitere Erhebungen (vgl. Büssing, Aumann 1996: 230). Ein Forschungsprojekt über *freiberufliche Telearbeit* in der Medienbranche, an dem sich 220 Personen beteiligen, bestätigt ebenfalls den hohen Ausbildungsstand der Befragten, zwei Drittel haben einen Hochschul- bzw. Fachhochschulabschluss, und sie sind zu 52 Prozent weiblich (vgl. Ertel, Kaurić 2000: 599). Es mehren sich die Anzeichen dafür, dass Frauen, aus welchen Gründen auch immer, diese Form der Erwerbstätigkeit wählen. Unter den neuen Selbstständigen (Alleinunternehmertum) insgesamt sind Frauen immerhin zu 60 und Männer nur zu 46 Prozent vertreten (vgl. Deckstein 1999: 25).

Während die Flexibilisierung des Raums, wie aufgezeigt, ein konstitutives Merkmal von Telearbeit ist, verbindet sich eine Flexibilisierung der Zeit nicht zwingend mit dieser Arbeitsform. Gleichwohl kann *in der Praxis von einer weit verbreiteten Arbeitszeitflexibilisierung hinsichtlich Dauer, Lage und Verteilung* ausgegangen werden. Eine solche Flexibilisierung kann weitreichende Folgen für die soziale Sicherheit und die Belastung/Beanspruchung der Arbeitskräfte bedeuten. Damit werden im Anschluss an Qualifikationen/Anforderungen weitere wichtige Aspekte der Arbeitsbedingungen thematisiert.

Die *soziale Sicherheit* ist am ehesten noch bei einer unbefristeten Vollerwerbstätigkeit gegeben, bei einer Teilzeitbeschäftigung ist sie entsprechend reduziert und erlaubt in der Regel weder derzeit noch zukünftig eine eigenständige Existenzsicherung. Zunehmend prekär ist eine geringfügige Beschäftigung, eine Selbständigkeit bei geringem Auftragsvolumen und entsprechendem Einkommen sowie eine Erwerbstätigkeit auf Werkvertragsbasis. Die Beschäftigungsverhältnisse bei Telearbeit weisen dieses Spektrum auf und bedeuten mithin eine Arbeitszeitflexibilisierung hinsichtlich der Dauer. Eine Auswertung von 68 Betriebsvereinbarungen zur Telearbeit bilanziert, dass derzeit in der Regel die ArbeitnehmerInnen „innerhalb eines Normalarbeitsverhältnisses auf Telearbeit umsteigen und ihr Arbeitnehmerstatus nicht angetastet wird" (Kamp 2000: 626). Das kann sich längerfristig natürlich ändern und bedeuten, dass im Frühstadium der Telearbeit Arbeitskonflikte vermieden werden sollen. Anders stellt sich die Situation in der erwähnten Medienbranche dar. Bei den selbstständigen und mobilen Formen von Telearbeit, wo Experten das größte Wachstumspotential vermuten (vgl. Dostal 1999: 143), ist die soziale Sicherheit erheblich tangiert, wenn folgende Merkmale zutreffen: „Unberechenbarkeit der Marktlage (schwindender Arbeitsanfall), Unsicherheit und Gratifikationsprobleme (unzureichende Bezahlung)" (Ertel, Kaurić 2000: 600). Eine soziale Absicherung für so genannte „kleine Selbstständige", wozu auch TelearbeiterInnen zählen, erscheint daher unerlässlich (vgl. Dostal 1999: 170 f.).

Eine Flexibilisierung von Raum und Zeit kann sich für die Arbeitskräfte als ambivalent erweisen, sowohl als *Herausforderung*, d.h. durch Zeitsouveränität können sie unterschiedlichen Bedürfnissen und Interessen in verschiedenen Lebensbereichen optimaler nachkommen und verbinden, aber auch als *Belastung/Beanspruchung*, falls die Ausbalancierung wegen divergierender Anforderungen erschwert oder gar unmöglich wird. Telearbeit fordert bzw. fördert die Fähigkeit zu Selbstorganisation und -management, Selbstdisziplin und Eigenkontrolle sowie -motivation mit Blick auf die berufliche wie außerberufliche Lebenswelt. Diese Merkmale einer menschengerechten Arbeitsgestaltung werden noch um ein weiteres, wichtiges ergänzt, wenn die Tätigkeit selbst als komplex, abwechslungsreich und mithin als herausfordernd erlebt wird, da sie auch Lernmöglichkeiten und berufliche Weiterentwicklung eröffnet. So stellt die bereits erwähnte Studie über Betriebsvereinbarungen fest:

„Eines der wichtigsten Themen (...) ist die Regelung der Arbeitszeiten. Den Telebeschäftigten wird viel Freiheit gegeben bei der Verteilung der Arbeitszeit auf die betriebliche und häusliche Arbeitsstätte und bei der Bestimmung über den Arbeitseinsatz am Telearbeitsplatz. Nur in wenigen Fällen werden den Beschäftigten regelmäßige Präsenz- oder Erreichbarkeitszeiten am häuslichen Telearbeitsplatz abverlangt. Hier deutet sich allerdings ein Unterschied zwischen Unternehmen an, die Telearbeit einführen, und solchen, die sie bereits länger praktizieren. Letztere drängen auf stärkere Erreichbarkeit" (Kamp 2000: 627).

Ein Zuwachs an Zeitautonomie, so das Ergebnis einschlägiger Forschungen, wird durchgängig erlebt, was nicht unbedingt bedeutet, dass es zu einem Mehr an Zeit kommt, entscheidend ist vielmehr, dass man Zeit zu dem Zeitpunkt hat, wo man sie für bestimmte Aktivitäten benötigt (vgl. Büssing, Broome 1999: 119; Jäckel, Rövekamp 2001: 161).

Diese positiven Tendenzen für die Beschäftigten, die Vorstellungen einer menschengerechten Arbeitsgestaltung entgegenkommen, werden unterminiert, sofern die Rahmenbedingungen einem solchen Trend abträglich sind. Dabei handelt es sich um *Anforderungen aus der beruflichen und außerberuflichen Lebenswelt, die die Zeitautonomie deutlich beschneiden können.* Infolgedessen wird der Handlungsspielraum, der vor allem bei den auch in der Telearbeit zunehmend anspruchsvollen Tätigkeiten, etwa durch Möglichkeiten zur Planung, Entscheidung und Kontrolle von Zielen und Mitteln, vermehrt gegeben ist, wieder eingeschränkt, ja sogar vernichtet, wenn die zeitlichen Vorgaben zu eng sind (vgl. Volpert 1990: 29). Die erwähnte Studie über Freelancer in der Medienbranche beurteilt die Kehrseite so: *Die erlebten Qualitätsmerkmale der Arbeiten werden reduziert durch hohen Zeit- und Leistungsdruck bei enger Terminsetzung und einem unregelmäßigen Arbeitsanfall* (vgl. Ertel, Kaurić 2000: 600). Eine frühere Studie, die 27 Erwerbstätige in Teleheimarbeit erfasst, worunter auch freiberuflich Tätige sind, konstatiert: „Im Zwang, Termine anzunehmen, um als Freiberufler ‚den Kunden' nicht zu verlieren, liegt wohl eine wichtige Einschränkung der Zeitsouveränität" (Garhammer 1994: 219). Unabhängig vom Qualifikationsprofil der Tätigkeiten kommen andere Studien zu einem ähnlichen Ergebnis: Die den Arbeitskräften zugemutete flexible Anpassung an eine schwankende Auftragslage bei kurzfristiger Terminierung untergräbt eine autonome Arbeitszeitgestaltung — bisweilen auch zur „Vertrauensarbeitszeit" (vgl. Geramanis 2003: 347 ff.) erklärt und verklärt — und entpuppt sich als *Scheinsouveränität* (vgl. Büssing, Broome 1999: 107 f.). Angesichts der nach wie vor gegebenen Dominanz geschlechtsspezifischer Arbeitsteilung können für Arbeitnehmerinnen Anforderungen aus dem privaten Umfeld, die an feste Zeiten gebunden sind, etwa die Versorgung von Kindern, die Zeitautonomie ebenfalls bzw. zusätzlich negativ berühren. Andererseits wird aus mehreren Studien berichtet, dass sich häusliche Erwerbsarbeit und Familienarbeit ziemlich problemlos vereinbaren lassen (vgl. Garhammer 1994: 221; Hornberger, Weisheit 1999: 130 f.; Jäckel, Rövekamp 2001: 143), denn die Erwerbsarbeit wird gegenläufig zu der des Mannes verrichtet, dann, wenn Kinder anderweitig versorgt werden oder am Mittag bzw. abends, wenn sie schlafen. Anpassungen erfolgen von der beruflichen wie von der familiären Seite (vgl. Büssing, Broome 1999: 110).

Die *Scheinsouveränität*, Ergebnis beruflicher und familiärer — häufig widersprüchlicher — Anforderungen und Zwänge, zeitigt unterschiedliche Folgen. Ein Bewältigungsmuster, das die Beschäftigten wählen, ist die *Verlängerung der Arbeitszeit*, es wird an Sonn- und Feiertagen sowie nachts gearbeitet (vgl. Büssing, Aumann 1996: 140; Hornberger, Weisheit 1999: 129). Das kann negative Auswirkungen auf die Gesundheit haben, zumal dann, wenn sie mit einer *Arbeitsintensivierung* einhergeht. So wird in der Studie über Freelancer berichtet, dass 96 Prozent der Befragten gelegentlich an Sonn- und Feiertagen, über die Hälfte (58 Prozent) arbeitet gelegentlich bzw. häufig auch Nächte durch ohne ausreichenden Schlaf. Ein wichtiges Untersuchungsergebnis ist, dass diejenigen Freelancer, „die 48 Stunden pro Woche arbeiten — und dies unter ständigem Leistungsdruck — mit 64 Prozent die höchste *Erholungsunfähigkeit* zeigen" (Ertel, Kaurić 2000: 600). Auch die Trierer Studie, an der 277 Voll- und Teilzeitbeschäftigte, d.h. alternierende TelearbeiterInnen aus 70 Unternehmen in Deutschland beteiligt sind, konstatiert einen solchen Trend:

„Etwa 29 % derjenigen, die zeitliche Vorgaben (Abgabetermine) zu erfüllen haben, arbeiten sehr bzw. eher häufig nach 20 Uhr. Dieser Anteil sinkt auf 15,8 %, wenn die Befragten keine Termine berücksichtigen müssen. Immerhin müssen mehr als 20 % der Telebeschäftigten, die sich an zeitlichen Terminen orientieren, auch häufig sonntags arbeiten. Möglicherweise resultiert dieses (zusätzliche) Arbeiten am Wochenende aus relativ knapp besetzten zeitlichen Vorgaben der jeweiligen Vorgesetzten" (Jäckel, Rövekamp 2001: 153).

*Die Kombination von überlangen Arbeitszeiten und Arbeitsverdichtung erweist sich als risikoreich für die Gesundheit.* Ebenso riskant ist Arbeit bei (leichter) Krankheit. Immerhin 53 Prozent der in der Trierer Studie Befragten sind auch dann noch beruflich tätig (vgl. ebd.: 179).

Die *raum-zeitliche Integration* von Beruf- und Privatleben wird, wie aufgezeigt, nicht durchgängig als positiv, sondern auch als *beanspruchend* erlebt. Außer der Scheinsouveränität bei der Zeitgestaltung wird die *mangelnde Trennschärfe zwischen beiden Lebensbereichen* beklagt, die die Umstellung erschwert (vgl. ebd.: 138, 167; Büssing, Broome 1999: 122). Dabei handelt es sich keineswegs um eine neuartige Beanspruchung, da schon bei der traditionellen Entkoppelung der Lebenssphären der Perspektivenwechsel nicht problemlos erfolgt (vgl. Raehlmann u. a. 1993: 123 ff.): Wegen der geschlechtsspezifischen Arbeitsteilung bleibt vor allem für Frauen diese Umorientierung auf den Beruf bzw. die Familie spannungsvoll, während Männer sich wohl direkter umstellen können. Auch noch in anderer Hinsicht wird die raum-zeitliche Integration als ambivalent erlebt. Der autonomen Arbeits(zeit)gestaltung, von der betrieblicherseits ein Zugewinn an Motivation, Arbeitszufriedenheit und schließlich an Arbeitsproduktivität bei den Beschäftigten erwartet wird, steht die *Herauslösung bzw. Schwächung betrieblicher Einbindung und Kooperation* gegenüber. Damit einher geht eine mangelnde Kommunikation und ein geringer Erfahrungsaustausch, der die *Arbeitskräfte isoliert* und von diesen als *Beanspruchung erlebt* wird. Daher können sich negative Folgen für die unternehmerische Zielverwirklichung ergeben (vgl. Dostal 1999: 131; Jäckel, Rövekamp 2001: 182 f.). Die sozialen

Probleme, resultierend aus der Tatsache, dass Kooperation als konstitutives Moment von Arbeit (vgl. Kapitel 1.2) unterminiert wird, spielen trotz vielfach gegenteiliger Beteuerungen (vgl. Konradt, Schmood 1999: 56) nach wie vor eine erhebliche Rolle. Sie behindern allem Anschein nach nicht nur die Ausweitung von Teleheimarbeit, sondern können zusammen mit ergonomischen Problemen die Entwicklung stoppen oder sogar umkehren — wie Fakten aus den USA belegen. Dieses Land weist 1995 bereits 7,6 Millionen in der Telearbeit auf, das sind sechs Prozent der Erwerbstätigen (vgl. Dostal 1999: 77). Andere Schätzungen gehen sogar von 11 Prozent aus (vgl. Garhammer 1997: 233). Bis 1999 hat sich die Zahl der Telebeschäftigten in den USA auf über 21 Millionen erhöht (vgl. Jäckel, Rövekamp 2001: 71)

Kontrovers wird auch die Frage diskutiert, ob Telearbeit die *geschlechtsspezifische Arbeitsteilung zementiert oder auflockert*. Ältere und neuere empirische Belege gibt es für die zuerst genannte These. Resümierend wird festgehalten:

„Die Vorstellung, Telearbeit bewirke eine innerfamiliäre Neuverteilung häuslicher Arbeit, hat bislang keine praktische Bedeutung. Im Gegenteil, Telcheimarbeit scheint familiäre Rollenteilung durch ständige Verfügbarkeit weniger aufzuheben als zu verfestigen; ‚Teleheimarbeiterinnen sind mehr noch als bei außerhäuslicher Berufstätigkeit völlig für Haushalt und Kindererziehung verantwortlich' (Goldmann, Richter 1987: 21)" (Büssing, Aumann 1996: 140 f.).

Fast 15 Jahre später ist der Tenor der Trierer Studie gleichlautend:

„Ein Vergleich von Männern und Frauen macht aber deutlich, dass die ‚klassische Arbeitsteilung' im privaten Umfeld häufig fortbesteht. Doppelbelastung durch Beruf und Familie artikulieren in erster Linie weibliche Telebeschäftigte. Sie sind es auch, die alternierende Telearbeit mehrheitlich im Rahmen einer Teilzeitbeschäftigung ausüben" (vgl. Jäckel, Rövekamp 2001: 185).

Die Auflockerung der Geschlechterrollen ist wohl eher eine Chance als schon Realität: „Telearbeit macht es damit den Männern schwerer, sich in die gewohnten Rollen zurückzuziehen und verringert die Distanz der Männer zur Haus- und Familienarbeit. Bedeutung und zeitweilige Mühe dieser Arbeiten werden ihnen so bewusster" (Katz, Dull 1990: 312). Dass Bewusstsein und Handeln übereinstimmen, kann nach wie vor eher als Ausnahme gelten. Die Situation eines Telearbeiters, der sich um familiäre Belange kümmert, damit auch seine Frau erwerbstätig sein kann, wird im Kontext eines Projekts, das u. a. die alltägliche Lebensführung von TeleheimarbeiterInnen erfasst, so skizziert:

„An Heimarbeitstagen nimmt (...) (Herr Reder) sich morgens häufig Zeit, um seiner Tochter Geschichten vorzulesen und ausführlich gemeinsam zu frühstücken. Die Tochter darf ohne Probleme jederzeit in das Arbeitszimmer kommen; dies empfindet er als ‚dazugehörend' und ‚Vorteil' der Teleheimarbeit. Die Tochter hat einen eigenen ‚Arbeits'-Platz im Arbeitszimmer, an dem sie manchmal alleine spielt, während Reder arbeitet" (Kleemann, Voß 1999: 161).

Angesichts der beschriebenen Chancen und Risiken von Teleheimarbeit wird für abhängig Beschäftigte die Zukunftsperspektive eher in kollektiven Telearbeitsformen wie Telezentren in Wohnortnähe gesehen. Sie bieten bei flexibler Arbeitszeitgestaltung Möglichkeiten der besseren Vereinbarkeit von beruflicher und privater Lebenswelt, sie verringern die Gefahr der Vereinsamung sowie der betrieblichen Desintegration und gewährleisten einen Arbeits- und Gesundheitsschutz entsprechend den anderenorts üblichen Standards (vgl. Büssing, Broome 1999: 120 f.). Eine weitere Option eröffnet die alternierende Telearbeit (vgl. Jäckel, Rövekamp 2001: 195 ff.).

### 3.3 Erwerbs- und Familienarbeit: Möglichkeiten für beide Geschlechter

Seit dem 1. Januar 2001 wird durch Gesetz nicht nur die Teilzeitarbeit (vgl. Kapitel 2.3), sondern auch die Zeit für Kindererziehung verstärkt gefördert. Der bisherige Erziehungsurlaub heißt jetzt *Elternzeit*. Erstmalig können Väter und Mütter bei unveränderter Dauer von drei Jahren, die bis zum achten Lebensjahr des Kindes aufteilbar sind, gleichzeitig Elternzeit nehmen. Beide haben in dieser Zeit einen Rechtsanspruch auf Teilzeitarbeit in Betrieben mit mehr als 15 Beschäftigten. Die zulässige wöchentliche Erwerbsarbeitszeit ist für beide Eltern von 19 auf jeweils 30 Stunden angehoben worden. Damit lässt sich die Höhe des bisherigen Familieneinkommens besser sichern. Alternativ zum monatlichen Erziehungsgeld von DM 600,- für einen Zeitraum von 24 Monaten erhalten Eltern, die sich für eine verkürzte Bezugsdauer von 12 Monaten entscheiden, monatlich bis zu DM 900,-. Diese Zahlungen sind an Einkommensgrenzen, teilweise höher als bisher, gebunden. Der Bezug von Arbeitslosengeld schließt Erziehungsgeld nicht mehr aus (vgl. Büser 2001: 24). Die Familienministerin Christine Bergmann (SPD, 1998 - 2002) will mit der Elternzeit vor allem Väter ansprechen und sie motivieren, sich stärker in der Erziehung zu engagieren, denn bislang nehmen kaum Väter Erziehungsurlaub und auch bei der Teilzeitbeschäftigung ist, wie aufgezeigt (vgl. Kapitel 2.3), ihr Anteil nach wie vor marginal. Die Regelungen basieren auf einem *neuen Männer- und Väterleitbild*, das in die gesellschaftliche Realität umgesetzt und verbreitet werden soll (vgl. Bergmann 2000: 665 ff.). Ob beide Reformen zusammen zu einem *neuen Normalarbeitsverhältnis* führen, bleibt abzuwarten. Bisherige Erfahrungen lassen bestenfalls einen gebremsten Optimismus als realistische Annahme erscheinen.

Zu fragen ist, auf welchen *gesellschaftlichen Sachverhalten und Entwicklungen dieser politische Gestaltungswille gründet.* Der Handlungsbedarf wird offenkundig, wenn man sich folgende Problemskizze mit vielen schon hinreichend bekannten sozialen Tatsachen vergegenwärtigt: Nicht zuletzt aufgrund der wachsenden (Aus)Bildungsbeteiligung wird die *Frauenerwerbstätigkeit* auch *zukünftig weiter ansteigen.* Außer wirtschaftlichen Gründen, in einer repräsentativen Untersuchung von etwa einem Drittel aller erwerbstätigen Frauen genannt, spielen für jede zweite Frau aber „eher intrinsische Motive (Freude am Beruf, nicht ausgefüllt sein durch Hausarbeit, Selbstverständlichkeit der Berufstätigkeit u. a.)" eine entscheidende Rolle (Engelbrech u. a. 1997: 155). Frauen unterbrechen ihre Erwerbstätigkeit wegen der Betreuung und Erziehung von Kindern kürzer und seltener als früher (vgl. Lauterbach 1994). Sie wechseln, um Erwerbs- mit Familienarbeit vereinbaren zu können, von einer Voll- auf eine Teilzeitbeschäftigung und nehmen dafür bislang eine Reihe von Nachteilen in Kauf, so beim Entgelt, bei der sozialen Sicherung, bei betrieblichen Weiterbildungs- und Aufstiegschancen, eine Wiederkehr auf eine Vollzeitstelle gestaltet sich häufig schwierig: „Ihre vielfältige und flexible Lebensplanung macht sie zu den idealen Arbeitskräften mit flexibilisierten und deregulierten Arbeitsverhältnissen — mit besserer Entlohnung, besserer sozialer Absicherung und besserer beruflicher Perspektive versieht sie diese prekäre Integration in das Erwerbssystem jedoch nicht" (Holst, Maier 1998: 516). Durch ein unzureichendes öffentliches Angebot zur Kinderbetreuung vor allem in Westdeutschland, in Kinderkrippen werden drei Prozent, -gärten 17 Prozent und -horten unter vier Prozent des Nachwuchses versorgt, sowie nur wenige Angebote einer Ganztagsschule, vielfach ist die Halbtagsschule noch nicht einmal sicher gestellt, wird die Vereinbarkeit beider Lebensbereiche zusätzlich erschwert (vgl. Gottschall 2002: 93 f.). Sie wird zum Dilemma, da sich Väter zwar mehr an der Kinderbetreuung, vornehmlich an den

132

erfreulichen Seiten wie Spiel, gemeinsame Spaziergänge, kulturelle und sportliche Aktivitäten beteiligen, aber für die sonstige Familienarbeit wie Hausarbeit, Betreuung von Alten, Pflege von Kranken sind nach wie vor die Frauen zuständig, auch wenn sie sich bei höherem Familieneinkommen über den Kauf von Dienstleistungen und/oder durch soziale Netzwerke entlasten können, was jedoch vielfach mit Verpflichtungen einhergeht, etwa in Gestalt gegenseitiger Unterstützung. Die Geburtenrate ist im internationalen Vergleich extrem niedrig, derzeit liegt sie bei durchschnittlich 1,3 Kindern, im Osten gar nur bei 1,1 Kindern pro Frau (vgl. Münz 2001: 4 f.). Vor allem die hochqualifizierten Frauen sind häufig kinderlos. Ihnen soll die Vereinbarkeit erleichtert werden. Die Neuregelung der Mini-Jobs (vgl. Kapitel 2.3) soll die Nachfrage nach personenbezogenen Dienstleistungen im Bereich von Hausarbeit und Betreuung stimulieren. Die Arbeitsteilung zwischen den Frauen, bislang weitgehend als Schwarzarbeit praktiziert, soll legalisiert werden. Privathaushalte werden bei der Schaffung von Mini-Jobs begünstigt, da die Pauschalabgaben geringer sind — 12 anstatt 25 Prozent — und eine Steuerentlastung gewährt wird. Die Stellen gelten als „prekäre, flexible und schlecht bezahlte Arbeitsplätze für gering qualifizierte Frauen" (Dingeldey, Reuter 2003: 663; vgl. Schur 2002: 277 ff.).

*Jede dritte bzw. in Großstädten jede zweite Ehe wird geschieden.* Nach wie vor entscheiden sich *aber 80 Prozent der Erwachsenen für eine Familiengründung,* es gibt einen positiven Zusammenhang zwischen der Anzahl der Kinder und der Einkommenshöhe (vgl. Nave-Herz 1998: 306). Ehescheidungen sind ein Indikator für die hohe psychische Bedeutung der Paarbeziehung. Diese wird zwar aufgekündigt, aber die Eltern-Kind-Beziehung bleibt erhalten, wobei es häufig zu intensiveren Kontakten zwischen Großeltern und Enkelkindern kommt. Eine historisch neuartige Erscheinung ist die *wachsende Zahl der Vier-Generationen-*

*Familie.* Die seit der Auflösung des „ganzen Hauses" im Zuge der Durchsetzung einer kapitalistischen Wirtschaftsgesellschaft vielfach behauptete These über den „Zerfall der Familie" entspricht weder in der Vergangenheit noch in der Gegenwart der sozialen Realität: „Zwar ist Kennzeichen der heutigen Mehr-Generationen-Familie ihre Multilokalität, gemessen an den psychischen Zuschreibungen an die Familie und an den materiellen und immateriellen Transferleistungen zwischen Familienmitgliedern kann jedoch nicht von einer Auflösung oder Aufkündigung der Solidargemeinschaft gesprochen werden" (ebd.: 306).

Das wachsende Interesse von Frauen, berufliche und familiale Lebenspraxis in Übereinstimmung zu bringen, findet sich bei Männern durchaus auch: Mitte der 90er Jahr äußern in einer Untersuchung 75 Prozent der befragten erwerbstätigen Männer und Frauen mit Teilzeitwunsch, dass für sie eine glückliche Ehe und Partnerschaft „besonders wichtig" sei, „ebenfalls wichtig bzw. sehr wichtig" sei aber auch beruflicher Erfolg (Schulze Buschoff 1994: 46 f.; zitiert nach: Fürstenberg 2000: 93). Lässt man die vielfach konstatierte Diskrepanz zwischen Bewusstsein und Handeln einmal außer acht, so kann zumindest auf der Dimension von Wertorientierungen und Einstellungen von einer Übereinstimmung zwischen Frauen und Männern ausgegangen werden. Diese Stimmigkeit ist vermutlich nicht nur auf die Gruppe der Beschäftigten mit Teilzeitwunsch beschränkt. Der Einstellungswandel hat aber bei Männern bislang kaum einen Niederschlag im privaten wie beruflichen Alltagshandeln gefunden, was ihnen nicht ausschließlich allein angelastet werden kann, sondern auch mit defizitären gesellschaftlichen und betrieblichen Rahmenbedingungen zusammenhängt. Quantitative *Wohlstandszuwächse* in den letzten Jahrzehnten sind wesentlich *durch die Integration von Frauen in das Erwerbssystem* erbracht worden, sie finden ihren Niederschlag in einem höheren Haushaltseinkommen. Die Doppelbelastung, vielfach als ein von Frauen allein zu bewältigendes Problem dargestellt,

„hat auch zu Einbussen von Lebensqualität geführt, insbesondere bei den betroffenen Kindern. Die zeitweise und wahlweise Entlastung der Ehepartner von beruflicher Erwerbstätigkeit kann nicht nur entlastend wirken, sondern auch das Bewusstsein für die Qualität notwendiger Tätigkeiten außerhalb des Erwerbslebens fördern. Wichtig ist stets die Erleichterung des Übergangs in alternative Tätigkeitsfelder, wodurch sich die Phasen der Berufstätigkeit besser in die allgemeine Lebensplanung einfügen, und ein Tätigkeitswechsel nicht als irreparabler Bruch erlebt wird" (ebd.: 118).

Dies ist der gesellschaftliche Hintergrund der skizzierten gesetzlichen Initiativen zur Teilzeitarbeit und Elternzeit, wobei die neuen Regelungen zur Teilzeit auch explizit der Beschäftigungsförderung zugute kommen sollen.

Bereits in den 80er Jahren werden jenseits des Sechs-Stunden-Tages *Arbeitszeitkonzepte* entwickelt, die einer *Vereinbarkeit von Erwerbs- und Familienarbeit zuträglich* sind (vgl. Kapitel 2.3). Darüber und über Modelle, die finanzielle Einbußen einer Elternzeit bzw. eines Erziehungsurlaubs in Grenzen halten, ist im Folgenden zunächst zu berichten. Die finanzielle Kompensation stellt sich deshalb als vordringlich dar, da Frauen selbst bei gleicher oder gleichwertiger Arbeit in Deutschland nur etwa 70 Prozent der Männerentgelte erhalten (vgl. Jochmann-Döll 1990). Da Frauen schon wegen der häufig im Vergleich zu Männern niedrigeren beruflichen Position zum Haushaltseinkommen weniger beitragen, erscheint es dann durchaus „rational", wenn Paare bei der Geburt von Kindern sich dahingehend verständigen, dass die Frau ihre Erwerbsarbeit reduziert bzw. Erziehungsurlaub/Elternzeit nimmt.

Arbeitszeitmodelle, die oben formulierten Ansprüchen genügen, versuchen, lebensphasenspezifische und situationsbedingte Interessenlagen von Frauen und Männern zu berücksichtigen. Verallgemeinerungsfähige, standardisierte Arbeitszeiten sind heute weitgehend weder im Interesse der Beschäftigten und solcher Personen, die eine Erwerbsarbeit suchen, noch im Interesse von Arbeitgebern. Insofern wird es kaum zu *einer Restandardisierung von Zeitmustern* kommen, was aber keineswegs bedeutet, dass die Arbeitszeitpräferenzen von Arbeitgebern und Beschäftigten übereinstimmen, sie bleiben weiterhin Gegenstand von konfliktträchtigen Aushandlungsprozessen. Bei einer solchen Situation wird für das *Modell einer optionalen Arbeitszeit* plädiert, d.h. einer „Individualisierung der Arbeitszeit in kollektiven rationalen Formen, die nicht den betrieblichen Zeitbedürfnissen, sondern den eigensinnigen und unveränderlichen Präferenzen" der Beschäftigten entspricht (Wiesenthal 1986: 127). Dieses Konzept eröffnet die Möglichkeit, zur Überwindung geschlechtsspezifischer Arbeitsteilung beizutragen: „In der Tendenz würde das nichtlineare und mehrphasige Muster weiblicher Biografien verallgemeinert und zum Normalfall erklärt. Die dadurch stimulierte Mobilität würde Frauen und Männern entgegengesetzte Wege weisen: Frauen den Weg in die Erwerbsarbeit, Männern den Weg aus der Erwerbsarbeit" (ebd.: 129). Befürworterinnen des Sechs-Stunden-Tages plädieren in Ergänzung dazu für einen *Elternurlaub* mit *Arbeitsplatzgarantie* für die Dauer von drei Jahren einschließlich *Lohnersatzleistungen* (vgl. Schmidt 1988: 78 ff.). Renate Schmidt (SPD) und Claudia Pinl (Die Grünen) sprechen sich für einen *verbindlichen Väterurlaub* aus, eine Position, die von der jeweiligen Parteimehrheit nicht geteilt wird (vgl. ebd.: 78 ff.; Pinl 1988: 89). Ähnliche Überlegungen stellt die Gewerkschafterin Ingrid Kurz-Scherf an, wobei sie eine „weichere" Lösung anstrebt, gegenüber dem Muss favorisiert sie das Kann (vgl. Kurz-Scherf 1987: 300 ff.). In der Vision von Pinl ist für Väter und Mütter mit Kindern unter drei

Jahren eine gesetzliche Arbeitszeitbeschränkung von fünf Stunden täglich mit vollem Lohnausgleich vorgesehen (vgl. Pinl 1988: 201). Dabei wären folgende Konsequenzen denkbar:

„Arbeitgeber müssen jederzeit damit rechnen, dass Männer zwischen 18 und 68 Jahren Vater werden und damit für drei Jahre dem Betrieb nur noch eingeschränkt zur Verfügung stehen. Bei Frauen ist dieses personalplanerische Risiko kalkulierbar: Jenseits des vierzigsten Lebensjahres bekommen nur noch die wenigsten von ihnen Kinder. Das aus früheren Zeiten bekannte Diskriminierungsmuster, wonach Frauen wegen ihrer Gebärfähigkeit benachteiligt waren, Männer wegen ihrer allgemeinen lebenslangen Orientierung auf Beruf und Karriere bevorzugt werden, besteht nicht mehr" (ebd.: 201).

Diese kurze Rückblick auf die Diskussion der 80er Jahre zeigt, dass in den neuen gesetzlichen Bestimmungen zentrale Argumente der damaligen Debatte einen Niederschlag gefunden haben. Dabei wird, was liberalem Selbstverständnis entspricht, auf Freiwilligkeit gesetzt. Weitgehend ungeklärt ist jedoch bis heute die Frage *finanzieller Kompensation während der Elternzeit*. Sie ist zentral, da nur bei einer akzeptablen Lösung erwartet werden kann, dass vermehrt Männer von der Möglichkeit Gebrauch machen, Elternzeit zu nehmen. So erhalten in Schweden Mann und Frau im Erziehungsurlaub 75 Prozent des letzten Gehalts mit dem Ergebnis, dass 1999 36,2 Prozent (1974 2,8 Prozent) der Väter Erziehungsurlaub nehmen (vgl. Der Spiegel 2001, Nr. 10: 90; Jönsson 2002: 176 ff.). Eine gewisse Entspannung ergibt sich durch die Möglichkeit einer Teilzeitbeschäftigung von bis zu 30 Stunden pro Woche. Ausgleichszahlungen sind zwar notwendig, aber vermutlich nicht ausreichend, um Männer zur Aufnahme von Elternzeit bzw. (zeitweiser) Teilzeitarbeit zu bewegen. Die folgenden Überlegungen spielen in der politischen Diskussion immer wieder eine Rolle, wobei die Vorschläge über Höhe und Dauer der Transferleistungen durchaus variieren. In

Anlehnung an den Deutschen Arbeitskreis für Familienhilfe wird beispielsweise ein „Erziehungsgehalt" in gerade für untere Einkommensgruppen — etwa typische Frauenberufe wie Verkäuferin, Friseuse — attraktiven Höhe vorgeschlagen; so DM 1.300,- monatlich (Basis 1996) je Kind bis zum 12. Lebensjahr (vgl. Kirner 1997: 51). Die CDU favorisiert ein einkommensunabhängiges Erziehungsgeld in Höhe von 600,- Euro monatlich während der ersten drei Lebensjahre eines Kindes und von 300,- Euro für die Zeit von drei bis 17 Jahren. Obwohl diese Beträge auch bei Erwerbstätigkeit gezahlt werden sollen, begünstigen sie in den vorgenannten Gruppen den langfristigen Ausstieg aus dem Arbeitsmarkt (vgl. Schratzenstaller 2002: 131). Die Pläne kommentiert Ellen Kirner im Kontext einer Ringvorlesung über „Beschäftigungsperspektiven 2000" so:

„Ich persönlich bin übrigens auch der Ansicht, dass Eltern genug Zeit für Kinder haben sollten — nur kann ich mich mit Vorschlägen, — wie dem, ein ‚Erziehungsgehalt' zu zahlen — die darauf hinauslaufen, die geschlechtsspezifische Arbeitsteilung zu zementieren, nicht identifizieren. Denn bei den gegebenen gesellschaftlichen Rahmenbedingungen hat für das Verhalten der Mütter der Wunsch oder die Pflicht, Zeit für die Kinder zu haben, eine stärkere Bedeutung als für das der Väter, und dies schafft zweifellos für die Gruppe der berufstätigen oder -willigen Frauen schlechte Voraussetzungen für die Bemühungen um eine günstige Position auf dem Arbeitsmarkt. Nichtsdestoweniger steht das Ziel, ‚Zeit für Kinder' nicht per se im Gegensatz zu den Interessen der Frauen, sondern erst dann, wenn es verbunden ist mit konservativen familienpolitischen Normen, die den Müttern die Verantwortung für die Kinder allein zuweisen und damit die gewünschte Teilhabe an anderen Lebensbereichen erschweren oder verwehren" (Kirner 1997: 51 f.).

Als Alternative schlägt sie in Anlehnung an die erwähnte Praxis in Schweden, an spätere Gesetzentwürfe der Fraktion Bündnis 90/Die Grünen (1990), an Vorschlägen aus dem Deutschen Gewerkschaftsbund Bündnis (DGB) vor, einen *Elternurlaub bzw. eine Teilzeitarbeit für Eltern durch Lohnersatzleistungen zu finanzieren* (vgl. auch Geissler, Pfau-Effinger 1999: 88). Die Einkommenslücke, die gegenüber dem Verdienst bei normaler Arbeitszeit entsteht, wird kompensiert auch mit Blick auf die Renten-, Kranken- und Arbeitslosenversicherung. Das naheliegende Problem der Finanzierung derartiger Ersatzleistungen findet einen ersten, auch politisch breit diskutierten Lösungsvorschlag, demzufolge die Kosten für das Ehegattensplitting sowie für die Kranken- und Hinterbliebenenversicherung von Hausfrauen, im wesentlichen von der Allgemeinheit getragen, eingeschränkt, d.h., wie vielfach gefordert, beitragsgerechter gestaltet und teilweise, etwa auf die Phase der Kindererziehung, beschränkt werden (vgl. Kirner 1997: 68 ff.).

1995 leben von den insgesamt etwa vier Prozent teilzeitarbeitenden Männern nur 26 Prozent mit einer Partnerin und mit Kindern im Haushalt zusammen (vgl. Bauer 1999: 104 ff.), und ebenfalls 1995 nehmen nur 1,7 Prozent aller Väter einen Teil des Erziehungsurlaubs in Anspruch (vgl. Peinelt-Jordan 1999: 112 ff.). Daher erscheint es sinnvoll, *die Ergebnisse der wenigen Studien, die sich auf diese Gruppen von „atypisch" erwerbstätigen Männern beziehen,* im Folgenden vorzustellen und zu diskutieren. Diese Rezeption erlaubt, begründete Annahmen darüber zu formulieren, ob sich diese Zeitverwendungsmuster zukünftig bei Männern verstärken und wie sie sich dann in der familialen Arbeitsteilung vermutlich niederschlagen werden. Der *bevorzugte Blick auf die so genannten „neuen Männer bzw. Väter"* macht auch deshalb Sinn, weil Forschungen über die geschlechtsspezifische Arbeitsteilung immer wieder bei kleinen, nicht unwichtigen Veränderungen die gleichen Sachverhalte zu Tage fördern (vgl. Kapitel 3.1), was auch über die Jahrhundertwende hinaus gilt (vgl. Ludwig, Schlevogt 2002: 133 ff.).

„Die Ergebnisse empirischer Untersuchungen zur innerfamilialen Arbeitsteilung sind jedoch seit gut zwanzig Jahren im Kern unverändert: Sie zeigen übereinstimmend eine stabile Dominanz traditioneller Muster. Zwar tragen beinahe alle deutschen Männer, ob verheiratet oder nicht, ob mit Kindern oder ohne, in irgendeiner Weise zur Reproduktionsarbeit bei, allerdings in weitaus geringerem Maße als die Frauen. Dies gilt auch dann, wenn beide Partner erwerbstätig sind" (Mischau u. a. 1998: 334).

*Diskutiert* werden insgesamt *sieben Studien* aus den *80er und 90er Jahren*. Die *erste* Forschung thematisiert eine „Eingeschränkte Erwerbsarbeit bei Männern und Frauen" (vgl. Bielenski, Strümpel 1988) auf der Basis von primär- und sekundäranalytischen Auswertungen. Das Zentrum der empirischen Erhebung bildet eine Längsschnittanalyse zur Entwicklung und Realisierung von Arbeitszeitwünschen zwischen 1980 und 1985. 1980 werden 3.890 Personen befragt, die zwischen 18 und 60 Jahren alt und nicht in einer Schul- und Berufsausbildung sind. Fünf Jahre später findet eine erneute Befragung als schriftlich-postalische Erhebung mit telefonischer Nachfassaktion statt. Von den ursprünglich befragten Personen können 1985 noch 1.987 (= 51 Prozent) erneut interviewt werden. Die Analyse konzentriert sich auf die Gruppe der 32- bis 55-Jährigen, die in beiden Untersuchungsjahren für diese Jahrgänge repräsentativ zur Verfügung stehen. Eine weitere Analyse richtet sich auf individuelle Längsschnittdaten (Panel-Aspekt), um Veränderungen im Zeitablauf zu erschließen (vgl. ebd.: 9 f.). Eine *zweite Untersuchung* konzentriert sich auf „Teilzeitarbeitende Männer und Hausmänner" (vgl. Strümpel u. a. 1988). Sie verbindet qualitative und quantitative Methoden, um die jeweiligen Vorteile beider methodischer Zugänge zu nutzen und die entsprechenden Nachteile zu vermeiden. Repräsentativumfragen können zu zuverlässigen Aussagen über eine große Population kommen, die einzelne Person bleibt jedoch ausgeblendet. Dieser Ausgrenzung kann mit qualitativ angelegten Interviews begegnet werden. Die im Verlauf von 1985 befragten Hausmänner gehen zu diesem Zeitpunkt höchstens einer Nebenerwerbstätigkeit im Umfang von bis zu 14 Wochenstunden nach, die teilzeitbeschäftigten Männer arbeiten zwischen 15 und 34 Stunden. Hausmänner haben zuvor mindestens ein Jahr auf Teilzeit- oder Vollzeitbasis, Teilzeitmänner in Vollzeit gearbeitet. Soweit möglich werden auch die Partnerinnen befragt. Im Abstand von einem Jahr werden zwei Befragungswellen durchgeführt, wobei die Anzahl der Befragten vom ersten zum zweiten Interview zum Teil erheblich schwankt, in der zweiten mündlichen Befragung werden aber noch etwa 50 Prozent erfasst (vgl. ebd.: 203). Die *dritte* 1986/87 durchgeführte Studie behandelt Erfahrungen von Eltern, „die zu gleichen Zeitanteilen erwerbstätig sind und sich Haushaltsarbeiten und die Pflege und Beschäftigung mit den Kindern teilen" (Busch u. a. 1988: 32). Im Zentrum der qualitativen Erhebung stehen mehrstündige, halbstandardisierte Interviews mit 15 Paaren, ohne dass die Ergebnisse Repräsentativität beanspruchen können. Eine *vierte* 1989 als Expertise angelegte Forschung über die „Teilzeitbeschäftigung von Männern" versucht, ebenfalls herauszufinden, „ob diese einen Beitrag zu einer egalitären Aufgabenverteilung zwischen Mann und Frau leisten kann bzw. derzeit leistet" (Schilling, Groß 1992: Vorwort). Grundlage der Analyse ist das Datenmaterial einer 1989 durchgeführten Repräsentativumfrage zu Arbeitszeiten und Arbeitszeitwünschen der abhängig Beschäftigten in der Bundesrepublik Deutschland (vgl. ebd.: 105). Eine *fünfte* Untersuchung widmet sich u. a. jenen Vätern, die Erziehungsurlaub in Anspruch genommen haben. Es handelt sich ebenfalls um eine qualitative Erhebung, die sich auf Berlin beschränkt und zehn männliche Erziehungsurlauber erfasst (vgl. Peinelt-Jordan 1996: 209 ff.). Um *Widerstände gegen die Teilzeitbeschäftigung* von Männern differenziert zu erfassen, wird auch die Studie über *„Zeitpioniere"* rezipiert, für die die Vereinbarkeitsproblematik zwischen beruflichem und privatem Leben im Kontext aktiver Elternschaft jedoch nicht das leitende Erkenntnisinteresse bildet. Hier geht es in erster Linie darum, einen neuen Lebensstil aufzuspüren, bei dem das Verhältnis von Zeit und Geld neu gewichtet wird (vgl. Hörning u. a. 1990). In einer *siebten* neuen Studie über die Vereinbarkeit von Beruf und Familie bei männlichen Führungskräften mittlerer Ebene im Kontext der neuen, in den 90er Jahren durchgesetzten Organisations- und Managementkonzepten mit verstärkten Anforderungen hinsichtlich Qualifikation und Zeit werden ebenfalls betriebliche Widerstände gegen eine (vorübergehende) Einschränkung der Erwerbsarbeit durch Erziehungsurlaub und Teilzeit thematisiert (vgl. Notz 2001). Nun zu den Ergebnissen im Einzelnen!

Für die *teilzeitarbeitenden* jüngeren, zwischen 30 und 40 Jahre alten *Männer*, mit einer (teilzeit)erwerbstätigen Partnerin/Frau und Kind(ern) in einem Haushalt zusammenlebend, sind eine *hohe schulische* und *berufliche Qualifikation* sowie ein *höheres Einkommen* typisch. Nur die Gruppe der Hausmänner ist formal geringer qualifiziert (vgl. Strümpel u. a. 1988: 47). In der kleinen Studie über Männer im Erziehungsurlaub sind jedoch alle Bildungsgrade und sehr unterschiedliche Berufe vertreten (vgl. Peinelt-Jordan 1996: 213). Zudem handelt es sich, wie die Forschungen übereinstimmend zeigen, überwiegend um *Männer, die ihrem Beruf ein ausgeprägtes Interesse und Engagement entgegenbringen.* Die *Partnerinnen sind ebenfalls hoch qualifiziert.* Sie sind sogar bei den Hausmännern in der Mehrzahl besser qualifiziert, sie verfügen mithin auch über bessere Arbeitsmarkt- und Verdienstchancen (vgl. Strümpel u. a. 1988: 48). Generell haben die Gefährtinnen teilzeitbeschäftigter Männer und Hausmänner einen krisensicheren Arbeitsplatz als Angestellte oder Beamtin im Öffentlichen Dienst (vgl. ebd.: 51; vgl. Busch u. a. 1988: 61). Aber auch die teilzeitbeschäftigten Männer sind vornehmlich im Öffentlichen Dienst und im tertiären Sektor tätig (vgl. Strümpel u. a. 1988: 55; vgl. Groß, Schilling 1992: 113).

Die Gründe, *die Motive für eine eingeschränkte Erwerbsarbeit* sind durchaus unterschiedlich: Die Erziehungsurlaub nehmenden Männer möchten, dass die Partnerin die berufliche Fortbildung nicht abbricht, sondern erfolgreich abschließt (drei Fälle), beide Partner wollen sich die Kinderbetreuung teilen (vier Fälle), die Partnerin hat eine sichere Stelle, die sie behalten möchte, der Partner nutzt den Erziehungsurlaub u. a. auch, um eine berufliche Veränderung vorzubereiten (zwei Fälle) (vgl. Peinelt-Jordan 1996: 214 f.). „Eine wichtige Rolle spielte bei den meisten Vätern auch der Wunsch, ihre Kinder nicht fremdbetreuen zu lassen" (ebd.: 215). Der Anstoß, die Erwerbsarbeitszeit der Männer zu reduzieren, geht sowohl von den Frauen als auch von den Männern selbst aus. „In den meisten Fällen war der Wunsch der Partnerin, berufstätig zu sein und die familialen Anforderungen zu teilen, ausschlaggebend" (Busch u. a. 1988: 117). Auch die meisten Hausmänner und Teilzeitbeschäftigten nennen „als hauptsächlichen Beweggrund für ihre Entscheidung (...), aktiv an der Kindererziehung teilhaben und der Partnerin eine Berufstätigkeit ermöglichen zu wollen" (Strümpel u. a. 1988: 69). Das *unkonventionelle Erwerbsverhalten des Mannes* ist insgesamt Ausdruck einer *unkonventionellen Lebensorientierung und -gestaltung.* Sie findet ihren prägnanten Ausdruck in der veränderten Auffassung von der Rolle des Mannes als (Ehe)Partner und Vater (vgl. ebd.: 71). Im Kontrast zu diesen Ergebnissen stellt eine weitere Studie jedoch fest, dass bei den freiwillig bzw. unfreiwillig teilzeitbeschäftigten Männern, anders als bei den Frauen, „familiäre Verpflichtungen ein nachrangiges Motiv" bilden (Groß, Schilling 1992: 126). Auch bei den vollzeitbeschäftigten Männern mit Teilzeitwunsch lässt sich diese Tendenz feststellen:

„Sechs Zehntel (60%) der teilzeitinteressierten vollzeitbeschäftigten Männer, aber nur vier Zehntel (39%) der teilzeitinteressierten vollzeitbeschäftigten Frauen nennen die *Erhöhung des privaten*

*Zeitwohlstandes* („mehr Zeit für sich haben') als den ausschlaggebenden Grund für ihr Teilzeitinteresse (...). Dagegen gibt nur ein Zehntel (10%) der teilzeitinteressierten vollzeitbeschäftigten Männer, aber ein gutes Drittel (35%) der teilzeitinteressierten vollzeitbeschäftigten Frauen die Bewältigung familiärer Lasten als Grund für ihr Teilzeitinteresse an" (ebd.: 130 f.).

Die einige Jahre später durchgeführte repräsentative Studie für Gesamtdeutschland zeigt, dass im Westen nur sechs Prozent der Männer — gegenüber 65 Prozent der Frauen — auf eine Teilzeitstelle aus familiären Verpflichtungen wechseln (vgl. Kapitel 2.3).

Alle Studien konstatieren *Vorbehalte, die Kollegen, Bekannte, Freunde und Verwandte* gegenüber der unkonventionellen Lebensführung der Männer bzw. der Paare äußern. Ebenso wichtig, wenn nicht wichtiger erscheinen jedoch *jene Einwände, Vorurteile und Widerstände, die Vorgesetzte* artikulieren und praktizieren, um das untypische Erwerbsverhalten der Männer zu erschweren bzw. zu verhindern. Während Frauen vergleichsweise problemlos eine Reduktion der Erwerbsarbeit wegen familialer Verpflichtungen zugestanden wird, sie manchmal sogar dazu gedrängt werden, sehen sich Männer bei einem gleichen Anliegen mit erheblichen *betrieblichen Restriktionen* konfrontiert, obwohl es sich um *eine Gruppe hochmotivierter Arbeitskräfte* handelt. Die *Durchsetzbarkeit des Teilzeitwunsches* wird von der *innerbetrieblichen Verhandlungsposition* des Beschäftigten mitbestimmt, die wiederum von dem Qualifikationsprofil, dem betrieblichen Status und der Dauer der Beschäftigung beeinflusst wird. Ferner hängt sie davon ab, ob eine Teilzeitbeschäftigung den betrieblichen Interessen entgegenkommt, etwa wenn sie als Vorreiter eines angestrebten Zeitmodells gilt (vgl. Hörning u. a. 1990: 60 ff.). Schließlich muss der *Teilzeitwunsch als legitim anerkannt* werden: „Dazu zählen z.B. ehrenamtliche Tätigkeiten in Politik und

Sport, eine Existenzgründung, ein lukrativer Nebenjob. Erstaunen bis hin zu Missbilligung lösen hingegen männliche Teilzeitwünsche für die Betreuung von Kindern oder für die Familienarbeit aus" (Notz 2001: 174). Arbeitskräfte, die *trotz Widerständen* ihren *Teilzeitwunsch realisieren*, müssen mit *klassischen Benachteiligungen*, wie sonst für Frauen typisch, rechnen. Auch die Reintegration der Erziehungsurlauber verläuft nicht immer problemlos, sie werden aus dem Betrieb weggegrault, sie verlassen das Unternehmen aus eigenem Entschluss (vgl. Peinelt-Jordan 1996: 216). „Das Beispiel des Öffentlichen Dienstes beweist, dass rechtliche Regelungen die Position der Teilzeitinteressierten verbessern können. Nicht zufällig sind die dort Beschäftigten unter den teilzeitbeschäftigten Männern überrepräsentiert" (Strümpel u. a. 1988: 94). Durch den Teilzeitwunsch von Männern wird der betriebliche Herrschafts- und Kontrollanspruch, der sich vor allem für Beschäftigte in höheren Positionen in einer zeitlich uneingeschränkten Verfügbarkeit manifestiert, d.h. Überstunden gelten als „normal", tendenziell untergraben. Den Beschäftigten wird Illoyalität gegenüber dem Arbeitgeber vorgeworfen. Gemäß diesem Verständnis haben Führungskräfte eben „keine Arbeitszeiten, sondern eine Aufgabe" (Notz 2001: 109 ff.). *Auch die betriebliche Interessenvertretung reagiert ambivalent,* aktive Unterstützung wird so gut wie nicht gewährt, passive Duldung und eine ablehnende Haltung sind typische Reaktionsmuster, die auch noch die überkommene Position der Gewerkschaften zur Teilzeitarbeit bzw. zu flexibler Arbeitszeit widerspiegeln (vgl. Bielenski, Strümpel 1988: 103; Strümpel u. a. 1988: 79).

Konkret werden *von Seiten der Arbeitgeber folgende Einwände geäußert*, die einer empirischen Überprüfung jedoch kaum Stand halten: die Teilbarkeit des Arbeitsplatzes wird für unmöglich gehalten (vgl. Groß, Schilling 1992: 133), da etwa Kundenorientierung und Führungsaufgabe ein volles zeitliches Engagement verlangen (vgl. Notz 2001: 118 f.), Teilzeitarbeitsplätze gibt es bislang nicht (vgl. Groß, Schilling 1992: 133; Busch u. a. 1988: 118), der reibungslose Ablauf des Arbeitsprozesses wird gestört und das berufliche Engagement geht zurück (vgl. Busch u. a. 1988: 118), es wird befürchtet, dass die Nachfrage nach Teilzeitbeschäftigung steigt (vgl. ebd.: 118). Abschließend ist noch daran zu erinnern, dass Teilzeitbeschäftigte generell einer weiteren Arbeitsintensivierung ausgesetzt sind und sich durchaus Probleme in der innerbetrieblichen Kooperation und Kommunikation ergeben können (vgl. Hörning u. a. 1990: 70 ff.).

Zu fragen ist nun, wie sich im Kontext der Reduktion von Erwerbsarbeit die *Beteiligung an der Haus- und Beziehungsarbeit der Männer verändert*. Von einer annähernden Gleichverteilung dieser Arbeiten zwischen Mann und Frau kann nach vorliegenden Forschungsergebnissen nicht ausgegangen werden, selbst dann nicht, wenn der Partner die Rolle eines Hausmannes übernimmt

„Während sich die Teilzeitarbeit eher in einer egalitär-partnerschaftlichen Rollenaufteilung auswirkt, beeinträchtigt die Hausmann-Rolle, auf Dauer ausgeübt, das Engagement der Männer im Haushalt. Die geschlechtstypische Aufteilung der Haushalttätigkeiten besteht in allen Konstellationen eingeschränkter männlicher Erwerbstätigkeit mehr oder minder stark fort" (Strümpel u. a. 1988: 130).

Allein bei der Kinderversorgung lockern sich, wie bereits in Kapitel 3.1 gesehen, die überkommenen Rollenvorstellungen auf. Teilzeitarbeit beider Partner bietet die besten Möglichkeiten für eine gleichgewichtige Teilhabe der Eltern an der Kindererziehung. Bei allen anderen Konstellationen steigt der Anteil der Frauen überproportional, ja sogar Hausmänner reduzieren ihr Engagement im Zeitverlauf (vgl. ebd.: 147 f.). Andere Studien kommen zu einem vergleichbaren Ergebnis: „Die Gleichverteilung familiärer Anforderungen bleibt oft eher Norm als Realität" (Busch u. a. 1988: 127). Die Frauen sind die Hauptverantwortlichen für die Organisation des Haushalts, Männer übernehmen eher die Rolle eines Assistenten. Bei der Kinderbetreuung ist die Verantwortung jedoch ausgewogener verteilt (vgl. ebd.: 127; Schilling, Groß 1992: 121 ff.).

*Bilanz:* Gemessen am Leitbild einer partnerschaftlichen Aufteilung von Erwerbs- und Familienarbeit besteht nach wie vor *erheblicher Veränderungs-, also Handlungsbedarf.* Zwar bieten die eingangs erwähnten *neuen Gesetze einen richtungsweisenden Rahmen.* Der damit eingeleitete Rechtsfortschritt wird aber nicht quasi automatisch eine veränderte Praxis herbeiführen. Er leistet vermutlich zuvörderst einen Beitrag zur Bewusstseinsveränderung bei allen in diesem Feld tätigen Akteuren, er bietet Rechtssicherheit, er kann die Lage der Arbeitskräfte mittelfristig verbessern, korrigierend wirken und einer neuen Normalität von Beschäftigungsverhältnissen zum Durchbruch verhelfen. Der Wunsch nach Teilzeitarbeit ist nach wie vor aktuell, es herrscht insbesondere ein Mangel an qualifizierten und subsistenzsichernden Teilzeitarbeitsplätzen (vgl. Schilling u. a. 1996: 441; Bielenski 2000: 236). Zwar ist Zeit ein wichtiger Faktor für eine Gleichverteilung aller Arbeiten zwischen den Geschlechtern. Über mehr Zeit verfügen zu können, bedeutet für Männer aber keineswegs, sich auch entsprechend an den häuslichen Arbeiten zu beteiligen:

„(...) aus der Gruppe des männlichen Teilzeitpotentials", so ein ernüchterndes Fazit, ist „kaum eine Veränderung der geschlechtsspezifischen Arbeitsteilung zu erwarten. Diese Gruppe ist mit dem Wunsch nach einer Teilzeitbeschäftigung wesentlich an der Erhöhung des privaten Zeitwohlstandes interessiert und demgegenüber kaum oder gar nicht an einer egalitären Verteilung beruflicher und familiärer Lasten zwischen Mann und Frau" (Schilling, Groß 1992: 132).

Alle Anzeichen sprechen dafür, dass sich die *geschlechtsspezifische Arbeitstei-lung weiterhin hartnäckig behauptet und weitere Auflockerungen,* bislang nur bei der Kinderbetreuung, schon als *optimistische Prognose* gelten können (vgl. Mischau u. a. 1998: 351). Neben gesellschaftlichen Veränderungen, etwa tief-greifender Wandel von Einstellungen mit egalitärem Handeln, was auch entspre-chende Sozialisationseffekte in der nachwachsenden Generation begünstigen kann, ist aber auch, worauf die vorstehenden Ausführungen hindeuten, *eine Änderung unternehmerischer Personalpolitik dringend gefordert.* Alle Untersu-chungen fördern erhebliche Widerstände und Barrieren zutage, wenn es um die Gruppe teilzeitinteressierter und -arbeitender Männer einschließlich der Erzie-hungsurlauber bzw. zukünftig der Elternzeit nehmenden Arbeitnehmer geht (vgl. Peinelt-Jordan 1999: 112 ff.; Notz 2001: 116 ff.). Daher ist die von der ehemali-gen Familienministerin Bergmann im Gefolge der Gesetzesänderungen eingelei-tete Aktion „Mehr Spielraum für Väter", an der sich auch rund ein Dutzend Unternehmen beteiligen — darunter die Telekom, VW, die Commerzbank, der Nahrungsmittelhersteller Kraft, BMW, die B. Braun Melsingen A.G. sowie IBM Deutschland ein zukunftsweisendes Signal. „Auf betrieblichen ‚Vatertagen' sollen männliche Beschäftigte ermuntert werden, eine Erziehungspause einzule-gen oder auf Teilzeit zu gehen" (Gesterkamp 2001: VI/25).

Diese *Work-Family-Balance-Initiativen* sind Teil einer Politik des *Work-Life-Balance,* die eine zukunftsweisende Personalpolitik begründen soll (vgl. Kapitel 1.3). Sie werden von Unternehmen in jüngster Zeit zwar vermehrt propagiert, aber kaum als übergreifendes, individuelle und soziale Aspekte integrierendes Konzept praktiziert (vgl. Management of training 10/2001). Ein adäquater An-satz würde etwa im Kontext einer Arbeitszeitflexibilisierung im Berufsverlauf die Bereiche Gesundheit, Weiterbildung, Karriere mit familialen Anforderungen vermitteln müssen. Immerhin wird mit der Gründung der *Beruf und Familie GmbH in der Hertie-Stiftung* eine familienbewusste Personalarbeit unterstützt, die mit überschaubaren finanziellen Mitteln zur Unternehmenskultur beiträgt, aber auch Kosteneinsparungen bewirken kann (vgl. Becker 2003: 32 ff.).

Andererseits ergibt eine Befragung des Instituts der deutschen Wirtschaft (IW), durchgeführt im Auftrag der Bundesregierung und der Arbeitgeber- und Wirtschaftsverbände, bei 878 Firmen im Sommer 2003, dass nur knapp die Hälfte der Befragten familienfreundliche Maßnahmen für relevant halten (vgl. Läsker 2003: 6). Einen Betriebskindergarten bieten 1,9, eine -krippe 1,8 Prozent der befragten Unternehmen an, wobei 1,4 Prozent Belegplätze in öffentlichen Kindergärten haben. Schließlich unterstützen ein Prozent der Betriebe die Eltern mit einem Tagesmutterservice (vgl. ebd.).

# 4 Modelle zukünftiger Entwicklung von Zeit und Arbeit

## 4.1 Orio Giarini, Patrick M. Liedtke: Wie wir arbeiten werden. Der neue Bericht an den Club of Rome (1998)

Die beiden Autoren Giarini und Liedtke, praktisch wie theoretisch tätige Wirtschaftswissenschaftler, sind Mitglieder des Club of Rome, einem 1968 gegründeten internationalen Zusammenschluss von ExpertInnen aus Wirtschaft, Politik und Wissenschaft, der sich zum Ziel gesetzt hat, gemäß dem Leitbild der Schaffung weltweiter sozialer Gerechtigkeit, Gewährleistung der Menschenrechte und der Harmonie zwischen Mensch und Umwelt die Ursachen und Zusammenhänge der Menschheitsprobleme zu erforschen und auf politische Entscheidungsträger einzuwirken. Die Berichte, die große internationale Resonanz finden, haben zumindest das allgemeine Denken und zuweilen auch die politischen Handlungsstrategien von Akteuren beeinflusst. Das gilt etwa für den ersten Bericht von Denis Meadows u. a.: „Die Grenzen des Wachstums" (1972), der wesentlich zum Bewusstwerden der Umweltproblematik beigetragen hat, oder auch für denjenigen von Günter Friedrichs und Adam Schaff (Hrsg.): „Auf Gedeih und Verderb" (1982), der sich mit den Auswirkungen IuK-Technik befasst.

Der im Folgenden zu diskutierende Bericht, der die Zukunft der Arbeit und das Beschäftigungsdilemma thematisiert, will keine „neue Utopie" präsentieren, sondern versteht sich als „ein erster Anstoß für eine Flut neuer Ideen", so die Mitglieder des Exekutivkomitees des Club of Rome in ihrem Geleitwort (Giarini, Liedtke 1998: 16). Dabei müssen Theorie und Praxis immer wieder neu zusammenfinden, um im Kontext gesellschaftlicher Veränderungen angemessene Antworten zu entwickeln (vgl. ebd.: 20). Dieses praktische Erkenntnisinteresse der Autoren findet seinen Niederschlag in Analysen und Empfehlungen, die argumentativ breit und tief angelegt sind und eine umfassende, internationale, also globale Perspektive verfolgen.

Die Rezeption der Studie wird schrittweise entfaltet: Zunächst wird die Beschäftigungskrise in den entwickelten Industrieländern skizziert, wichtige gesellschaftliche Veränderungen und Trends benannt und die Schwierigkeiten der VertreterInnen des europäischen Sozialmodells, darauf mit adäquaten Lösungsansätzen zu reagieren, beschrieben. Danach wird die Revision überkommener theoretischer Grundlagen und Begriffe im Feld von Arbeit und eher indirekt von Zeit vorgestellt. Die gesellschaftlichen Analysen und theoretischen Reflexionen bilden das Fundament für die praktischen Empfehlungen zur Überwindung gegenwärtiger krisenhafter Entwicklungen. Diese Vorschläge sind abschließend zu präsentieren. Die Ausführungen nehmen nur sehr sporadisch Bezug auf die Situation in Entwicklungsländern (vgl. ebd.: 182 ff.) und in den Volkswirtschaften im Übergang von der sozialistischen Plan- zur Marktwirtschaft (vgl. ebd.: 189 ff.). Wiederholungen von sozialen Tatbeständen und Argumenten, bereits in vorausgegangenen Kapiteln und Abschnitten erwähnt, lassen sich nicht ganz vermeiden. So lässt sich der Gedankengang der Autoren plausibel entfalten und hoffentlich auch nachvollziehen. Das gilt auch für die nachfolgenden Konzepte in Kapitel 4!

Als Folge der beiden Ölkrisen von 1973 und 1979 verdreifachen sich die Erwerbslosenzahlen in den westlichen Industrieländern, wobei Zeiten eines starken
Wirtschaftswachstums zwar eine gewisse Erleichterung bringen, aber dennoch
die Erwerbslosenquote nie mehr den Stand von Ende der 60er bzw. Anfang der
70er Jahre erreicht (vgl. ebd.: 123).

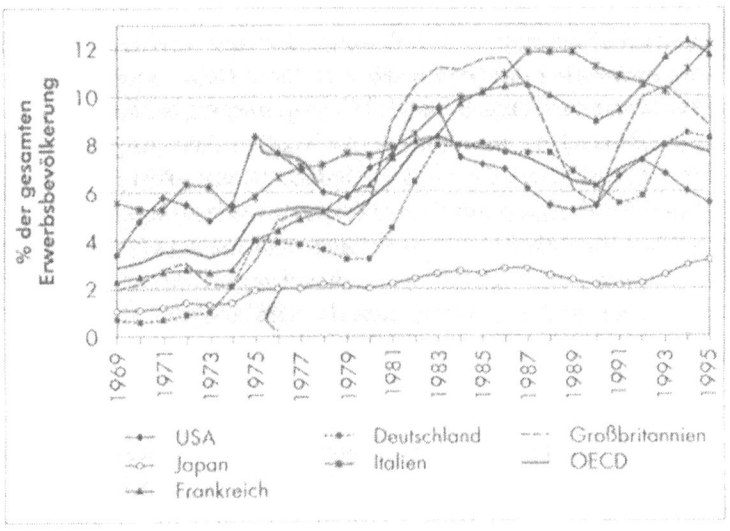

Arbeitslosenquoten von 1969 bis 1995.
Quelle: OECD (1997)

Die Erwerbsbevölkerung nimmt in den meisten Staaten weiter zu, so dass —
eingedenk der Ausführungen in Kapitel 2.3 — eine grundlegende Wende auf
dem Arbeitsmarkt nicht erwartet werden kann. Gleichzeitig steigt die Lebenserwartung, was die Sozialversicherungssysteme zunehmend belastet und vermutlich eine fortlaufende Anhebung der Altersgrenze notwendig macht (vgl. ebd.:
103). Wegen dieser Konstellation auf dem Arbeitsmarkt wird es immer dringlicher, die Erwerbstätigen aller Altersgruppen weiterzubilden, zumal sich die

qualifikatorischen Anforderungen mit dem Strukturwandel rapide nach oben verändern (vgl.: 103 ff.). Auch weitere Arbeitszeitverkürzungen, Ausbau der Teilzeitarbeit und flexibler Arbeitszeit werden das Beschäftigungsproblem bestenfalls mildern, aber wohl kaum lösen, denn die Langzeiterwerbslosen können den wachsenden Anforderungen kaum genügen. Die sozialen Sicherungssysteme geraten zusätzlich wegen der hohen Erwerbslosigkeit an ihre finanziellen Grenzen, was dazu führt, staatliche Leistungen abzubauen, ja den Wohlfahrtsstaat grundlegend zu verändern. Den Anstoß dazu liefert auch eine weitere, durchaus strittige Argumentation der Autoren, derzufolge öffentliche Leistungen „die Initiative und die Bereitschaft zu arbeiten" untergraben, sie haben „gefährliche Auswirkungen auf die Arbeitsmoral" (ebd.: 127; vgl. auch ebd.: 131 ff.). Soll aber jedes Gesellschaftsmitglied einer Erwerbstätigkeit nachgehen, das dazu in der Lage ist, so wird „ein Niveau der Bezahlung erreicht (...), das in Wahrheit einen wachsenden Teil der Bevölkerung dazu verdammt, unter der Armutsgrenze zu existieren — Amerikas ‚arbeitende Arme' (working poor) können als ein negatives Paradebeispiel gelten" (ebd.: 127).

Diese Analyse gegenwärtiger Situation soll den Weg öffnen „für eine positivere und aktive Sozial- und Beschäftigungspolitik" (ebd.: 128). Nicht nur in Europa, auch in den USA und in den meisten übrigen Ländern der Welt steht mithin das tradierte Sozialmodell auf dem Prüfstand, und neue Lösungen, jenseits klassischer „linker" oder „rechter" Politik, sind gefordert (vgl. ebd.: 131). Die gesellschaftlichen Rahmenbedingungen für eine solche politische Wende sind nicht mehr die der Industrie-, sondern die der Dienstleistungsgesellschaft. Wie bereits aus Kapitel 1 bekannt, erhält im Zuge der Durchsetzung der Industriegesellschaft „bezahlte Arbeit (...) gesellschaftlichen und wirtschaftlichen Vorrang, andere Arten von Tätigkeiten/Arbeiten werden als nicht produktiv erachtet. Dienstleistungen, selbst wenn sie entlohnt sind, gelten als sekundär" (ebd.: 42). Die beiden Sektoren Land- und Forstwirtschaft sowie das warenproduzierende Gewerbe haben im Zuge des gesellschaftlichen Wandels nicht nur einen Bedeutungsverlust, auch hinsichtlich der Beschäftigung, durchgemacht, sondern der dritte, der Dienstleistungssektor hat zu einer „wachsenden Vorherrschaft der Dienstleistungen innerhalb der anderen beiden Sektoren" geführt (ebd.: 38). Wir befinden uns danach in einer „Dienstleistungsgesellschaft":

„Intrasektorale Dienste des Sekundärsektors sind Schätzungen zufolge von weniger als 15% der Gesamtwirtschaft im Jahr 1950 auf 30% im Jahr 1990 angestiegen und stellen mehr als die Hälfte aller Arbeitsplätze in der Industrie. Addiert man diese Zahlen zum traditionell geschätzten Anteil des Dienstleistungssektors hinzu, dann bietet er etwa 80% der Arbeitsplätze in der modernen Wirtschaft. Nur ein schrumpfender Teil der bezahlten Arbeit, gegenwärtig 20% in den weit entwickelten industrialisierten Ländern, steht noch in Zusammenhang mit Güterherstellung im engeren Sinne. Die Dienstleistungen beherrschen alle Produktionssektoren der Wirtschaft, die zunehmend abhängig sind von Forschung und Entwicklung, Qualitätskontrolle, Wartung, Finanzierung, Versicherung, Werbung und Distribution, Kundendienst, Recycling usw., um die bestmöglichen Resultate zu erzielen" (ebd.: 38 f.).

Rationalisierung bei Dienstleistungen bedeutet u. a., dass die Konsumenten einen Teil der Arbeit unbezahlt übernehmen, etwa die Selbstbedienung im Kaufhaus und im Restaurant, bei der Bank und an der Tankstelle. Konsumenten werden so zum Prosumenten. Es wächst der Umfang unbezahlter, in Selbst- oder Eigenproduktion geleisteter Arbeit. Der Arbeitsplatz der Zukunft wird, wie schon ausführlich unter Kapitel 3.1 dargestellt, von den IuK-Techniken bestimmt (vgl. ebd.: 166 ff.), dabei wird voraussichtlich Telearbeit „die vorherrschende Arbeitsform" sein (ebd.: 170).

154

Die theoretischen Grundlagen der Gestaltungsempfehlungen für eine neue Sozial- und Beschäftigungspolitik in der Dienstleistungsgesellschaft sind nun zu explizieren. Damit schließen die Autoren größtenteils an die Ausführungen in Kapitel 1.2 an. Dass mit der Entwicklung zur Industriegesellschaft sich die Vorstellung durchsetzt und fast bis heute behauptet, Arbeit sei in erster Linie bezahlte Arbeit und andere Arbeit, gesellschaftlich zwar notwendig, aber ohne monetäre Gegenleistung, sei demgegenüber bedeutungsloser, lediglich ein „Ausdruck des guten Willens" (ebd.: 96), kein Thema für Diskussionen oder gar Verhandlungen — diese Auffassung ist bereits vorstehend deutlich geworden. Sie wird besonders offenkundig bei der Arbeit von Frauen: „Schätzungen zufolge bleiben etwa zwei Drittel der Zeit, die Frauen wirtschaftlichen Tätigkeiten widmen, ob nun vergütet (...) oder nicht (...), im System der volkswirtschaftlichen Gesamtrechnung unsichtbar" (ebd.: 115). Damit trägt unentgeltliche Arbeit nicht zum wirtschaftlichen Wohlstand und menschlichen Wohlergehen bei. Dass dieses Bewertungssystem höchst fragwürdig ist, wird zunehmend bewusst und eine Diskussion des Wohlstandsbegriffs überfällig, will man in der Tradition von Adam Smith den „Wohlstand der Nationen" tatsächlich mehren. Wachsende Probleme der Umwelt, die Zeitnot vollzeiterwerbstätiger Eltern und das damit einhergehende Problem, über ausreichend Zeit für die Kinder und die Partnerschaft zu verfügen (vgl. Kapitel 3.3), sind ein deutlicher Hinweis darauf, dass das Wirtschaftswachstum nicht immer und vermutlich immer weniger einen „realen Zuwachs an Wohlstand und Wohlergehen" bringt (ebd.: 139; vgl. auch ebd.: 258). Es gibt sogar manchmal Situationen, „in denen ein Nettozuwachs des Bruttoinlandsproduktes einen realen Nettorückgang an Wohlstand bewirkt" (ebd.: 139). Wohlstand lässt sich zukünftig nur erzeugen, wenn „nichtbezahlte Tätigkeiten und Eigenleistungen immer entscheidender für die Erreichung dieses Ziels" eingesetzt werden (ebd.: 207). Dieses Plädoyer ist, wie sich noch zeigen wird, Grundlage für eine neue Politik. Zuvor sind die Schlüsselbegriffe neu zu bestimmen.

Die Autoren favorisieren einen umfassenden Arbeitsbegriff, der mit produktiver Tätigkeit identisch ist. Sie entwickeln folgende Unterscheidung:

- Beschäftigung, d.h. entlohnte Arbeit — auch Erwerbsarbeit genannt — ist *monetisierte Arbeit.*

- Davon zu unterscheiden ist die *nicht monetisierte Arbeit,* also eine unentgeltliche Tätigkeit.

Diese beiden Arbeiten gehören zusammen. Das Gemeinsame erschließt sich über die folgende Erläuterung: „‚Monetarisiert' bezieht sich auf Systeme, in denen eine Form des Austauschs entweder mit Geld (monetisiert) oder nicht (nicht monetisiert) stattfindet, jedoch mit einem implizierten Bezugsrahmen" (ebd.: 37). Davon zu unterscheiden ist eine *nicht monetarisierte Tätigkeit.* Sie bezieht sich auf Systeme, „in denen keinerlei Austausch stattfindet: im wesentlichen Systeme der Eigenproduktion" (ebd.: 37). Dazu zählen beispielsweise Selbststudium, selbst erledigte Reparaturen oder Selbstbehandlung bei Krankheiten (vgl. ebd.: 151).

Die Vorschläge für eine neue Politik der Vollbeschäftigung werden geleitet von der im Einklang mit Ergebnissen der Sozialisationsforschung stehenden Auffassung, derzufolge Arbeit von wesentlicher Bedeutung für Identität, Status und gesellschaftliche Integration der Menschen ist, wobei, gemäß den Ausführungen von Jahoda (vgl. Kapitel 1.2), der Erwerbsarbeit dabei ein herausragender Stellenwert zukommt (vgl. ebd.: 209 ff.). Arbeit als produktive Tätigkeit soll, angesichts des Älterwerdens von Gesellschaften, geleistet werden über eine Lebensspanne zwischen 18 und 78 Jahren. In der jungen Erwachsenenphase, also ab dem 18. Lebensjahr, verbindet sich Bildung und Ausbildung mit einer Teilzeitbeschäftigung, und im späteren Erwachsenenalter, ab dem 60. Lebensjahr, scheidet man über eine Teilzeitbeschäftigung mit Teilrente gleitend aus, um sich anderen Tätigkeiten zuzuwenden. So können jüngere Arbeitskräfte auf das Erfahrungswissen der Älteren zurückgreifen (vgl. ebd.: 221 ff.). — Ein weiterer, vielfach diskutierter Baustein dieser reformierten Sozial- und Beschäftigungspolitik ist ein Umbau der Sozialversicherungssysteme, wo die Gewährung von geldlichen Leistungen, ein — auch früheres — Beschäftigungsverhältnis voraussetzt bzw. es sich um mitversicherte Familienmitglieder handelt. Eine Aufwertung nicht-bezahlter Tätigkeiten gelingt vermutlich nur insoweit, wie eine Mindestabsicherung gegeben ist. Das staatlich garantierte Grundeinkommen vereinfacht und fasst die bisherigen Steuer- und Sozialversicherungssysteme zusammen. Die Idee ist, dass das gesamte Einkommen, egal aus welchen Quellen, besteuert wird, und jede(r) BürgerIn Sozialbeiträge zahlt. Die bisherige, vor allem auch deutsche Praxis von Steuerabschreibungen und die Freistellung der Beamten und Selbstständigen von Sozialbeiträgen wird damit beendet. Dieses Modell kann mit dem Ansatz der „negativen Einkommensteuer" verkoppelt werden, demzufolge — anders als bei der derzeitigen Arbeitslosen- oder Sozialhilfe — genügend finanzielle Anreize gegeben sind, um eine Beschäftigung aufzunehmen (vgl. Kapitel 4.3.3). Eine solche Umstellung, so Giarini und Liedtke, würde „die Armutsfalle vermeiden, nach der viele Niedrigverdiener zur Zeit Einkünfte aus Sozialleistungen verlieren, indem sie ihr Einkommen erhöhen, und ebenso die Arbeitslosigkeitsfalle, die es für viele Menschen unrentabel macht, wieder eine Arbeit anzunehmen" (ebd.: 177).

Im Zentrum des Vorschlags steht ein *Mehrschichtenmodell der Arbeit* (vgl. ebd.: 231 ff.). Da sich auch in einer postindustriellen Gesellschaft ein wesentlicher Teil wirtschaftlicher Tätigkeit um den Austausch von Geld organisiert, sollte jedes Mitglied ein Minimum an bezahlter Arbeit leisten können. Dabei handelt es sich um *die erste Schicht produktiver Tätigkeit*. Staatliche Initiativen ermöglichen diese Grundbeschäftigung in einem Umfang von ca. 20 Stunden pro Woche mit einem Mindesteinkommen für Menschen zwischen 18 und 78 Jahren. Auch wenn die Tätigkeit in dieser Schicht häufig nicht den individuellen Wünschen entspricht, ist sie eine Voraussetzung, um ein existenzsicherndes Grundeinkommen zu beziehen. Die Bezahlung erfolgt nach dem Leistungs- und nicht nach dem Senioritätsprinzip, um ältere Arbeitskräfte nicht durch jüngere zu verdrängen. Für diese Tätigkeit wird wenig bezahlt, sie eignet sich für gering qualifizierte Arbeitskräfte, genannt werden Ältere, Jugendliche in der Ausbildung und Frauen/Männer mit kleinen Kindern. Für viele in der ersten Schicht Beschäftigte bedeutet dies einen unterqualifizierten Einsatz, der für Jugendliche, etwa Studierende, noch einen gesellschaftlichen Erfahrungswert besitzen mag, für Ältere kaum Arbeitszufriedenheit aufkommen lässt und für Eltern eine entwicklungshemmende Tätigkeit bedeutet, die Chancen eines späteren Tätigseins in der zweiten Schicht blockieren kann. Die Frage bleibt, ob nicht monetisierte und nicht monetarisierte Tätigkeiten, also Tätigkeiten in Eigenproduktion und Eigenleistung, u. a. auch Erziehung und Pflege, nicht nur, „ernsthaft erfasst und bewertet" (ebd.: 241), sondern auch zum Bezug des staatlich garantierten Grundeinkommens berechtigen sollten, zumal diese Tätigkeiten zu einem erheblichen Anteil in Erwerbsarbeit transformiert werden können, ja dieser Prozess hat längst begonnen und beschleunigt sich. Die Autoren bleiben hinter dem bereits gesellschaftlich erreichten Diskussionsstand zurück, der immerhin offiziell von der Gleichwertigkeit solcher Tätigkeiten mit der Erwerbsarbeit ausgeht, was sich

158

auch darin zeigt, dass in Deutschland eine gewisse finanzielle Kompensation, z.B. Erziehungs- und Pflegegeld vorgesehen ist. Das ist auch deshalb problematisch, weil sie eingestehen müssen, dass Tätigkeiten in der ersten Schicht nicht immer den individuellen Vorlieben entsprechen, denn es sind einfache Arbeiten. Das könnte jedoch bei der Familienarbeit eher gegeben sein, die teilweise durchaus komplex, also anspruchsvoll ist. Fragwürdig ist auch die Differenzierung von Arbeitsformen entlang dem Tauschprinzip, denn die Unterscheidung zwischen nicht monetisierten und nicht monetarisierten Tätigkeiten wird zuweilen unscharf, etwa wenn Pflege nicht im Krankenhaus, sondern als Eigenleistung erbracht wird, wenn Kinder nicht in öffentlichen Einrichtungen, sondern von ihren Großeltern betreut werden (vgl. ebd.: 240 f.). Solche Eigenleistungen sollen letztlich gestärkt werden, um sozialstaatliche Leistungen reduzieren zu können. Demgegenüber erscheint ein Kriterium tragfähiger, das Arbeit von anderen Tätigkeiten, etwa Hobbys, nach dem Prinzip gesellschaftlicher Notwendigkeit und Nützlichkeit unterscheidet. Darüber müsste jedoch immer wieder ein gesellschaftlicher Konsens hergestellt werden; mit anderen Worten: Was heißt gesellschaftlich notwendig und nützlich generell bzw. in einer bestimmten sozialen Situation?

In der *zweiten Schicht produktiver Tätigkeit* sind staatliche Initiativen darauf beschränkt, gesetzliche Rahmenbedingungen für eine effiziente und dynamische Wirtschaft zu schaffen. Sozialstaatliche Aktivitäten erscheinen demgegenüber, wie bereits eben angedeutet, von nachgeordneter Bedeutung, sie sind abzubauen. Bestenfalls finden sie noch einen Niederschlag in der ersten Schicht produktiver Tätigkeit. Dabei ist das Entgelt vermutlich geringer als heute, ob die Anforderungen aber auch geringer sind, muss bezweifelt werden. Wegen der begrenzten Arbeitszeit und der kargen Kompensation werden viele Menschen das Bedürfnis haben, in der zweiten Schicht tätig zu werden, möglicherweise sogar in einem Umfang, so dass die Arbeit in der ersten Schicht sich erübrigt. Die zweite Schicht wirtschaftlicher Tätigkeit entspricht „sehr stark unserem gegenwärtigen System der Berufslaufbahn, aber auf eine sehr flexible Weise" (ebd.: 243). Es bleibt dem Einzelnen überlassen, wieviel er arbeiten möchte, d.h. angestrebt wird eine optionale Arbeitszeit über die Lebensspanne, die — so die Autoren — sogar 80 und 100 Wochenstunden umfassen kann — eine, was die bisherigen Ausführungen belegen (vgl. Kapitel 2, 3.3), nicht unproblematische Dauer der Arbeitszeit mit Blick auf Beschäftigungsmöglichkeiten anderer Gesellschaftsmitglieder, aber auch auf die eigene Gesundheit, auf Verpflichtungen im sozialen Umfeld, etwa in der Familie. Eine Arbeitswoche von 40 oder 45 Stunden soll mithin ausgehöhlt werden, um — die Hoffnung der Autoren — Arbeitsmoral und Produktivität der Beschäftigten zu erhöhen. Mögliche problematische Folgen solcher langen Arbeitszeiten, die sich, wie aufgezeigt, durchaus als kontraproduktiv erweisen können, sind für sie kein Thema (vgl. ebd.: 244). Die zweite Schicht der Arbeit, in der wie bisher sich an Ausbildung und Tätigkeit orientierende Einkommen erzielt werden können, bietet die Möglichkeit, für den Ruhestand Betriebsrenten aufzubauen und privates Kapital zu bilden. Diese beiden Säulen sollen das staatlich organisierte Rentensystem, also das garantierte Grundeinkommen, ergänzen bzw. auch ersetzen (vgl. ebd.: 242 ff.). In der zweiten Schicht produktiver Tätigkeit finden sich also jene Frauen und Männer wieder, die auch jetzt schon GewinnerInnen des Strukturwandels sind. Die VerliererInnen des gesellschaftlichen Umbruchs konzentrieren sich hingegen in der ersten Schicht, wo sie zukünftig auch in der Mehrzahl anzutreffen sind.

Eine *dritte Schicht produktiver Tätigkeit* umfasst freiwillige, unbezahlte, also nicht monetisierte Arbeit. Sie ist insofern eine Ergänzung, „als die tätige Person zum Wohlstand der Gesellschaft oder eines Teils der Gesellschaft beiträgt, ohne dass sie irgendeine monetäre Entschädigung dafür erhält" (ebd.: 244). Zu diesen, üblicherweise als Ehrenamt bezeichneten Tätigkeiten zählen Arbeiten in den Bereichen Gesundheit, Soziales, Kultur und Politik. Zu den nicht monetisierten Tätigkeiten zählen aber auch Erziehung und Pflege, die jedoch größtenteils nicht auf Freiwilligkeit basieren, sondern eine moralische Verpflichtung gegenüber eigenen Kindern und Eltern darstellen.

## 4.2 André Gorz: Arbeit zwischen Misere und Utopie (2000)

Gorz, mit seinen Eltern — sein Vater ist Jude — 1938 im Alter von 14 Jahren aus Wien vertrieben, lebt seither in Frankreich und ist Weggefährte des Philosophen Jean-Paul Sartre. Als Sozialwissenschaftler und Philosoph gehört er zu den großen unabhängigen Denkern Frankreichs in der Tradition kritischer, von Karl Marx inspirierter Gesellschaftstheorie. Seit über 20 Jahren ist die Misere der Arbeitsgesellschaft und die Suche nach Auswegen sein Thema, das er in mehreren Publikationen bearbeitet, die ihm international große Resonanz bescheren (vgl. Gorz 1980, 1983). Die zu diskutierende Studie ist die bislang letzte Arbeit zu diesem Thema.

Gorz läßt sich von der Intention leiten, aus der Analyse gegenwärtiger Gesellschaft eine Alternative zu entwickeln, die letztlich den Abschied von der „Lohngesellschaft" bedeutet (vgl. Gorz 2000: 39). Er beabsichtigt, „die offenstehenden ‚Wege aus dem Kapitalismus' auf ein Maximum zu erweitern" (ebd.: 111) mit den Mitteln „‚revolutionärer Reformen'" (ebd.: 110). Der Autor präsentiert kein

„ausgearbeitetes Modell", vielmehr geht es ihm darum, „unsere Blickrichtung so zu verändern, dass wir lernen, in der untergehenden und sich verändernden Welt die Keimzellen anderer möglicher Welten zu erkennen" (ebd.: 40). Das heißt konkret: Es ist ihm wichtig, zu zeigen, „dass die Möglichkeit eines Jenseits der kapitalistischen Gesellschaft in deren Entwicklung selbst enthalten ist" (ebd.: 112).

Im Folgenden wird zunächst die *Krise der „Lohngesellschaft"* in den markantesten Punkten skizziert. Die Analyse gipfelt in der Feststellung, wonach es eine Illusion sei, auf eine Wiederherstellung der Vollbeschäftigung zu hoffen. Die gesellschaftliche Funktion eines solchen Trugbildes bestehe darin, eine „Abkehr vom Politischen, Ressentiment, Suche nach Sündenböcken, protofaschistische Ideologien und Gewalttätigkeit" zu erzeugen (ebd.: 83). In weiteren Schritten werden *die Neuformulierung zentraler Begriffe wie Arbeit und Zeit* durch Gorz vorgestellt sowie seine gesellschaftstheoretischen Perspektiven rezipiert. Auf dieser erneuerten theoretischen Grundlage sind abschließend zentrale Bausteine zukünftiger Gesellschaft, also *„Jenseits der Lohngesellschaft"*, zu präsentieren.

Gorz nimmt, um die derzeitige gesellschaftliche Entwicklung als krisenhaft diagnostizieren zu können, Bezug auf das Stichwort *Globalisierung*. Die Anfänge der mit diesem Begriff bezeichneten Prozesse, in den 90er Jahren vor allem durch die Anwendung der IuK-Technik unübersehbar geworden, liegen für ihn bereits in den 60er Jahren, als sich auf der Ebene der Gesellschaft wie der Unternehmen eine „Krise der Regierbarkeit" zunehmend beobachten lässt (ebd.: 18). Spätestens seit den 70er Jahren sind die Voraussetzungen für einen weiteren Ausbau des Sozialstaats nicht mehr gegeben, da eine keynesianisch inspirierte Wirtschaftspolitik mit dem Gebot der Vollbeschäftigung an ihre Grenzen stößt.

Wachsende Staatsverschuldung, geringes Wirtschaftswachstum und steigende Geldentwertung erzwingen eine Umkehr staatlichen Handelns:

„„Der Konkurrenzimperativ' und das Bemühen um die Wiederherstellung der ‚Regierbarkeit' weisen in dieselbe Richtung: Das Kapital musste sich demnach von seiner Abhängigkeit vom Staat lösen und die sozialstaatlichen Zwänge lockern, der Staat sich in den Dienst der ‚Konkurrenzfähigkeit' der Unternehmen stellen und die Überlegenheit der ‚Marktgesetze' anerkennen" (ebd.: 22).

Sozialstaatliche Leistungen und Regelungen werden zurückgenommen, reduziert und umgebaut, so dass sie im Ergebnis zum Teil oder ganz privatisiert werden. Gegen die Wechselfälle des Lebens muss der Bürger, die Bürgerin sich mehr und mehr privat absichern. „Das Modell des Fordismus-Taylorismus" (ebd.: 48) mit seinen Merkmalen straffe Hierarchie, starre Arbeitsteilung, Herstellung von standardisierten Massenprodukten erweist sich als unzeitgemäß, da nicht mehr konkurrenzfähig, denn die Moden wechseln schnell, die Wünsche der Verbraucher sind höchst verschieden und von kurzer Dauer. Ende der 80er/Anfang der 90er Jahre erhoffen die Unternehmen, die „Krise der Regierbarkeit" durch die Einführung von lean-production-Konzepten zu überwinden, also ihre Konkurrenzfähigkeit u. a. über die Flexibilisierung wichtiger Aktionsparameter wieder zu gewinnen. Ergebnis dieser Umstrukturierungen auf der staatlichen wie unternehmerischen Ebene ist *eine Prekarisierung der Beschäftigung als neues Normalarbeitsverhältnis* (vgl. ebd.: 76 ff.). *Die Phase der Vollbeschäftigung ist unwiederbringlich dahin,* auch der wirtschaftliche Aufstieg ehemaliger Entwicklungsländer wie China und Indien wird daran kaum etwas ändern: „Die Rückkehr zur annähernden Vollbeschäftigung", von Millionen von neuen verwestlichten Konsumenten erhofft, „ist eine Fata Morgana. Die Industrialisierung nach westlichem Vorbild und das fordistische Wachstum werden sich in der gesamten übrigen Welt nicht wiederholen" (ebd.: 36).

Gorz geht es *nicht* darum, die *Globalisierung rückgängig zu machen*, das wäre wohl auch kaum möglich, *sondern sie zu gestalten*: Es „gilt auf globaler Ebene, mit globalen Mitteln für eine andere Globalisierung zu kämpfen" (ebd.: 26). Politisch zu gestalten ist dieser Prozess aber nur dann, wenn es gelingt, „die Herrschaft des Kapitals über die Politik" zu begrenzen, „also den Ansprüchen der Wirtschaft an die Gesellschaft unüberwindbare Grenzen zu setzen" (ebd.: 33). Die Gesellschaften müssen „ihre politische Selbstgestaltungsfähigkeit gemeinsam zurückerobern" (ebd.: 33), um eine Globalisierung in Gang zu setzen, „die von einer den ganzen Erdball einbeziehenden Vision und Solidarität und einem weltumspannenden Zivilisationsentwurf getragen wird" (ebd.: 26). Damit verändert sich die Richtung und der Charakter bisheriger Globalisierung. Die Instrumente für eine Umsteuerung sind durchaus vorhanden, was jedoch bislang fehlt, ist „ein allgemeiner, gemeinsamer politischer Wille" (ebd.: 26; vgl. auch 35).

Die Analyse gegenwärtiger Gesellschaft verbunden mit dem Ziel, daraus Zukunftsperspektiven zu entwickeln, erfordert eine *Neufassung zentraler Begriffe wie Arbeit und Zeit*. Das bisherige Verständnis, im wesentlichen geprägt von der kapitalistischen Industriegesellschaft, ist obsolet, da Gorz die *Zukunft als „Multiaktivitätsgesellschaft"* skizziert (ebd.: 102 ff.). Wie bereits mehrfach ausgeführt, lässt sich auch für ihn Arbeit nicht länger allein mit Erwerbsarbeit identifizieren (vgl. ebd.: 9 ff.). Diese Arbeit, in den gesamtgesellschaftlichen Warenaustausch eingefügt, entlohnt in der Regel durch Zertifikate, also durch institutionell bestätigte Kompetenzen gesellschaftlich anerkannt, ist durch den Kapitalismus massenhaft abgebaut worden (vgl. ebd.: 11). Mehr noch, dieses Arbeitsverständnis hat dazu geführt, weder die Arbeit der Gebärenden, der erziehenden Mutter, noch die Arbeit des Bildhauers oder des Dichters gesellschaftlich anzuerkennen (vgl. ebd.: 10). Die zukünftige Gesellschaft wird die Arbeit von diesen sozialen Zwängen, etwa der „Macht des Kapitals über die Arbeit und den Vorrang der Rentabilitätskritierien", befreien und *„Freiräume für eine Fülle von selbstorganisierten Netzwerken der Selbsthilfe und Selbsttätigkeit"* eröffnen (ebd.: 13). Erst von der *„Multiaktivitätsgesellschaft"* verspricht sich Gorz jenen gesellschaftlichen Zusammenhalt und jene soziale Integration, die die „Lohngesellschaft" zwar stets behauptet, aber faktisch nie realisiert hat. So werden auch jene fünf strukturierenden Funktionen, die Jahoda mit der Erwerbsarbeit verbindet (vgl. Kapitel 1.2), als bloße Idealisierung zurückgewiesen, ja sogar als Ideologie diskreditiert, obwohl neuere empirische Untersuchungen über Erwerbslosigkeit zwar differenziertere Ergebnisse im Vergleich zu den 30er Jahren zu Tage fördern — etwa Erwerbslosigkeit auch als Chance zu beruflicher und privater Neuorientierung — , gleichwohl finden die Resultate der früheren Forschung auch immer wieder ihre Bestätigung, nämlich soziale Desintegration und Anomie (vgl. Kronauer u. a. 1993). Vermutlich weit weniger strittig, ja eher eine Herausforderung für die Forschung, ist jedoch die Feststellung, dass die neuen Formen prekärer Beschäftigung die Erwerbstätigen nicht mehr in ein Kollektiv integrieren, sie „strukturieren die täglichen, wöchentlichen und jährlichen Zeitabläufe nicht mehr und können auch nicht mehr die Basis sein, auf die jede und jeder ihr Lebensprojekt aufbauen" (ebd.: 82).

*Die „Multiaktivitätsgesellschaft" wird auch ein anderes Verständnis von Zeit ausbilden. Zeitknappheit als Kennzeichen der „Lohngesellschaft" wird der Vergangenheit angehören, an deren Stelle tritt Zeitsouveränität, eine „Gesellschaft der wiederangeeigneten Zeit"* (ebd.: 92, vgl. auch 106), *eine „Zeitsouveräni-tätsgesellschaft"* (ebd.: 108). Diese muss erstritten werden und darin manifestiert sich zugleich „der Kampf um die Macht selbst: um ihre gesellschaftliche Verteilung und um die Richtung, in der sich die Gesellschaft entwickelt. Im Kampf um das Recht auf Zeit ragt der kulturelle Konflikt unweigerlich in den politischen Konflikt hinein" (ebd.: 104).

Wegbereiter dieser gesellschaftlichen Zukunftsvision sind der Staat, die Gewerkschaftsbewegung und die Generation X, also jene bereits oben erwähnten „Zeitpioniere" (vgl. ebd.: 86; Kapitel 3.3). Sie ordnen ihre Lebenszeit nicht mehr widerspruchslos dem Diktat der Berufswelt unter, sondern wollen diese — zumindest teilweise — autonom gestalten. Ob sich damit, wie Gorz behauptet, auch der Bezug zur Erwerbsarbeit lockert, etwa zu den Inhalten der Tätigkeit, zu beruflicher Weiterentwicklung, erweist sich im Lichte empirischer Forschungsergebnisse durchaus als strittig (vgl. ebd.: 84 ff.). Im Gegenteil: Die „Zeitpioniere" reduzieren zwar ihre Erwerbsarbeitszeit, aber keineswegs ihr berufliches Engagement.

Die Vision einer anderen Gesellschaft erhält — zumindest ansatzweise — konkrete Gestalt durch „einen Komplex von Politiken", der folgende Elemente beinhaltet:

„1. allen ein ausreichendes Einkommen zu garantieren;

2. die Umverteilung der Arbeit mit individueller und kollektiver Zeitsouveränität zu verbinden; und

3. die Entfaltung neuer Formen von Gesellschaftlichkeit, neuer Kooperations- und Tauschverfahren zu fördern, die jenseits der Lohnarbeit soziale Bindungen und sozialen Zusammenhalt schaffen" (ebd.: 112 f.).

Zu 1.: Gorz plädiert im Unterschied zu allen anderen in diesem Kapitel diskutierten Konzepten für *„ein bedingungslos garantiertes Grundeinkommen für
alle"* (ebd.: 113) *als Voraussetzung für eine „Multiaktivitätsgesellschaft".* Dadurch können sich die BürgerInnen den Zwängen des Arbeitsmarktes entziehen,
und sie werden, so die Annahme, in die Lage versetzt, „verstärkt Möglichkeiten
zur Selbstverantwortung" zu nutzen und gewinnen „ein größeres Gestaltungs-
vermögen ihres Lebens und ihrer Lebensbedingungen" (ebd.: 116). Um diese
Funktion aber zu erfüllen, muss das Einkommen *ausreichend* und nicht bloß
minimal sein (vgl. ebd.: 126). Mag auch das utopische Moment dieser Forderung
seit den Protestbewegungen Mitte der 90er Jahre, wo nicht nur in Frankreich,
sondern auch in den Nachbarländern für ein Mindesteinkommen von ca. DM
1.500,- gestritten wird, mehr und mehr verblassen, so stellt sich doch unmittelbar
die Frage nach der Finanzierung eines solchen Grundeinkommens. Sie weist
Gorz zurück, denn der Ursprung einer solchen Frage verweise noch all zu sehr
auf die krisenhafte Gegenwart, die es ja zu bewältigen gilt:

„Die Rückläufigkeit der Lohnarbeit, des Arbeits- und Dienstleistungsmarktes und die Entfaltung
von nicht-monetären Tauschbeziehungen und von Selbstversorgung sind dagegen die Perspektive,
die sich uns öffnet und die wir einnehmen müssen. Selbstversorgung könnte, nach Frithjoff Bergmann, leicht 70% der Bedürfnisse und Wünsche in je zwei Arbeitstagen pro Woche befriedigen"
(ebd.: 116).


Es stellt sich im Kontext des Themenfeldes *„Zeit und Arbeit"* nun die Frage,
warum Gorz für ein bedingungsloses, ausreichendes Grundeinkommen so vehement eintritt. Er entwickelt seine Argumentation größtenteils in Auseinandersetzung mit jenen Positionen, die in diesem Kapitel diskutiert werden (vgl. ebd.:
113 ff.). Daher ist es sinnvoll, seinen Begründungszusammenhang näher zu

beleuchten. Gorz lehnt die Einrichtung eines Niedriglohnsektors für Geringqualifizierte (vgl. Kapitel 4.1, 4.3.1, 4.3.3, 4.4) ab, da eine solche Tätigkeit mühsam und erniedrigend sei. Ebenso weist er einen „Bürgerlohn" als Gegenleistung für „Bürgerarbeit" (vgl. Kapitel 4.3.1) zurück, da diese Tätigkeit von denjenigen, die aus dem Arbeitsmarkt ausgeschlossen sind bzw. nie eintreten konnten, nicht freiwillig verrichtet würde, sondern unfreiwillig, um in den Genuss des „Bürgerlohns" zu kommen. Damit würde sich „Bürgerarbeit" wieder der Lohnarbeit annähern, die ja bedeutungsloser werden soll. Schließlich hält Gorz es auch für unakzeptabel, für den Erhalt eines Grundeinkommens Erziehungs- und Betreuungstätigkeiten nachweisen zu müssen (vgl. meine Kritik in Kapitel 4.1). So würde der private Charakter dieser Arbeit und mithin deren Spontaneität und Selbstlosigkeit verloren gehen, sie würde ebenfalls in den Sog der zu überwindenden Lohnarbeit geraten und für BürgerInnen ohne Erwerbschancen die einzige Erwerbsmöglichkeit eröffnen. Schon heute lässt sich in einigen Ländern wie in den USA, Großbritannien und Frankreich beobachten, dass alleinerziehende Mütter mit großer Regelmäßigkeit dann ein weiteres Kind gebären, wenn, etwa nach drei Jahren, die staatlichen Transferleistungen entfallen.

Zu 2.: Ein ausreichendes, garantiertes Grundeinkommen ist auch eine Lösung dafür, dass, wie heute noch üblich, diskontinuierliche Beschäftigung nicht länger mit einer prekären, unsicheren Lebenslage einhergeht. Die Entkoppelung bedeutet vielmehr, diskontinuierliche Erwerbsarbeit für den einzelnen wie für die Gesellschaft positiv zu besetzen, da verschiedene Tätigkeiten möglich werden und gleichzeitig möglichst viele Gesellschaftsmitglieder am System der Erwerbsarbeit partizipieren können: „Alle Arten von erlittener Diskontinuität der Erwerbsarbeit und von erlittener Flexibilität des Personalstands und der Arbeitszeiten müssen in selbstgewählte und selbstbestimmte Möglichkeiten von Diskontinuität und Flexibilität umgewandelt werden" (ebd.: 139). Worauf gründet der Gorz'sche Optimismus, demzufolge die Menschen gänzlich ohne monetäre Anreize in einem individuell wie gesellschaftlich nützlichen Sinne tätig werden? Seine Antwort: Arbeit gehört zu den menschlichen Grundbedürfnissen, sie ist „ein unerlässliches, ‚soziales Band', eine Tugend und die Hauptquelle der Anerkennung durch andere und der Selbstachtung" (ebd.: 141). Konfrontiert man diese Aussage mit jenen aus einschlägigen wissenschaftlichen Disziplinen, mit modernen Theorien der Arbeitsmotivation und der davon geleiteten empirischen Forschung, welche eher den Arbeitsinhalt und weniger das Arbeitsentgelt als entscheidenden Motivationsfaktor betonen, so verbietet es sich, die Gorz'sche Auffassung umstandslos als utopisch zurückzuweisen. Vielmehr ist hier eine differenzierte Auseinandersetzung geboten, etwa indem situative Faktoren bei der Erklärung berücksichtigt werden.

Zu 3.: Die *Überwindung der Lohngesellschaft* bedeutet, *gesellschaftlichen (Aus)Tausch nicht länger — zumindest in erster Linie — über Geld zu regeln, sondern über den Faktor Zeit*. Das Leben in der Stadt, in der Region wird sich grundlegend verändern, wenn Kooperationsringe, „also ein Netzwerk der Gegenseitigkeit" (ebd.: 150), neue Beziehungen, neue Tausch- und Kooperationsformen entwickeln, wo geleistete Arbeit für einen anderen nicht mit Geld, sondern mit Zeit vergütet wird, die wiederum für Dienste im eigenen Interesse von anderen beansprucht werden muss. Solche Kooperationsringe beabsichtigen eine „lebenslange(n) Integration der Menschen in das zivilgesellschaftliche Beziehungsnetz" (ebd.: 156) und haben, was internationale Erfahrungen belegen, das Experimentierstadium längst hinter sich gelassen (vgl. Heinze, Offe 1990).

Gorz ist sich des zum Status quo radikal-alternativen Charakters seines Gesellschaftsentwurfs bewusst und entgegnet in einem Nachwort seinen Kritikern, die seinen Ansatz vermutlich als Utopie verwerfen: Der Utopie kommt die Aufgabe zu, „uns zum Zustand der Dinge jenen Abstand zu geben, der es uns möglich macht, unser Handeln im Lichte dessen, was wir tun könnten oder sollten, zu beurteilen. Hingegen weiß ich ganz sicher, dass uns zur Wiedergutmachung unserer Versäumnisse keine weiteren zwanzig Jahre bleiben" (ebd.: 161).

## 4.3 Die Zukunftskommissionen

### 4.3.1 *Kommission für Zukunftsfragen der Freistaaten Bayern und Sachsen: Erwerbstätigkeit und Arbeitslosigkeit in Deutschland (1998)*

Die Kommission, 1995 eingesetzt, hat einen drei Teile umfassenden, umfangreichen Bericht (1.813 Seiten) über die Entwicklung der Erwerbslosigkeit, die Ursachen derselben und Maßnahmen zur Verbesserung der Beschäftigungssituation vorgelegt. Im Folgenden wird auf eine Kurzfassung, die Leitsätze, Zusammenfassung und Schlussfolgerungen des Berichts enthält, Bezug genommen (vgl. Kommission für Zukunftsfragen der Freistaaten Bayern und Sachsen (Hrsg.) 1998).

Der Vorsitzende der Kommission ist Meinhard Miegel, ein langjähriger Weggefährte von Kurt H. Biedenkopf, damaliger Ministerpräsident des Freistaates Sachsen. Weitere Mitglieder rekrutieren sich aus der Wissenschaft und Praxis, wobei sie in unterschiedlichen Wissenschaftsdisziplinen beheimatet sind. Die Kommission zeichnet sich durch dieses interdisziplinäre Profil positiv aus.[2]

Der Bericht hat in der Wissenschaft wie Politik zum Teil heftigen Widerspruch ausgelöst, etwa am umfangreichsten in der unter Kapitel 4.3.2 zu diskutierenden Streitschrift. Daher können die folgenden Ausführugen sich zunächst im Wesentlichen auf die Darlegung zentraler Problempunkte beschränken, was eine kritische Rezeption aber nicht völlig ausschließt. Es wird der Gliederung mit den Abschnitten: Entwicklung, Ursachen und Maßnahmen gefolgt.

In ihrer Einführung stellt die Kommission klar, dass es ihr nicht nur um die Erhöhung des Beschäftigungsstandes geht und mithin um eine materielle Anhebung des Lebensstandards, sondern zugleich um eine immaterielle Verbesserung für „möglichst breite Bevölkerungsschichten" (ebd.: 15). In den zehn Punkte umfassenden Leitsätzen „Zur Entwicklung von Erwerbstätigkeit und Arbeitslosigkeit in Deutschland" (ebd.: 21 ff.) wird zunächst auf die steigende Erwerbslosigkeit seit den 70er Jahren verwiesen, die mit zwei Entwicklungen erklärt wird. Zum einen sinkt wegen umfangreicher Rationalisierungsmassnahmen verbunden mit entsprechenden Produktivitätsfortschritten und einer voranschreitenden internationalen Arbeitsteilung das Beschäftigungsvolumen, zum anderen steigt die Erwerbsbeteiligung, vor allem jüngerer und qualifizierter Frauen. Der Anteil dauerhafter Vollzeitbeschäftigung, also das männliche Normalarbeitszeitverhältnis, sinkt zugunsten tendenziell prekärer Beschäftigung mit wachsender Tendenz. Die hohe Erwerbsbeteiligung der Frauen, „Ausdruck eines soziokultu-

---

[2] Mitglieder sind: Prof. Dr. Meinhard Miegel (Vorsitzender), Prof. Dr. Ulrich Beck, Dipl.-Kfm. Roland Berger, Prof. Dr. Ulrich Blum, Johannes Gross, Prof. Dr. Herbert Henzler, Dr. Georg Obermeier, Prof. Dr. Heinrich Oberreuter, Dr. Etta Schiller

rellen Umbruchs" (ebd.: 39), ist auch ein Grund für die höhere Erwerbslosigkeit in Ostdeutschland (vgl. Kapitel 2.3). „Wäre in West- und Ostdeutschland die Erwerbsbeteiligung von Frauen gleich, gäbe es bei den Arbeitslosenanteilen keine Unterschiede mehr" (ebd.: 24). Diese zukünftig noch weiter ansteigende Frauenbeschäftigung hat „zu einem Verdrängungswettbewerb auf dem Arbeitsmarkt geführt" (ebd.: 24, vgl. ebd.: 60). Daher sind überdurchschnittlich erwerbslos nicht bzw. wenig Qualifizierte, gesundheitlich Beeinträchtigte und ausländische sowie ältere Erwerbspersonen. Das sind die so genannten klassischen Problemgruppen des Arbeitsmarktes, zu denen üblicherweise auch Frauen gezählt werden, die aber in der Argumentation der Kommission nun wohl eindeutig auf der Gewinnerseite stehen. Weitere Entwicklungen, die die Beschäftigungssituation negativ tangieren, sind der Rückgang des Anteils der Selbstständigen und mithelfender Familienangehöriger, der im wesentlichen dem „Ende des Agrarzeitalters" (ebd.: 42) geschuldet ist, sowie die Tatsache, dass ein Anstieg der Beschäftigung im Öffentlichen Dienst, vor allem forciert in den 70er Jahren im Zuge des Ausbaus sozialstaatlicher Leistungen, nicht mehr auf Grund der Finanzlage öffentlicher Haushalte erwartet werden kann, vielmehr ist mit einer Reduktion zu rechnen. Hohe Erwerbslosigkeit, Zunahme prekärer Beschäftigung bedeuten, worauf Miegel und Biedenkopf schon seit langem verweisen, dass „soziale Sicherheit nicht länger fast ausschließlich auf Erwerbsarbeit aufbauen (darf, I.R.). Erwerbsarbeit ist kein ausreichend tragfähiges Fundament mehr" (ebd.: 48 f.).

Die „Ursachen steigender Erwerbslosigkeit in Deutschland" (ebd.: 61 ff.) werden zunächst in 12 Punkten angesprochen. Erwerbslosigkeit hat viele Ursachen. Wiederholt wird zusammen mit dem Argument steigender Zuwanderung der Tatbestand anhaltend wachsender Frauenerwerbstätigkeit. Dafür werden weitere Gründe genannt: Frauen sichern mit ihrem Einkommen das stagnierende bzw. schrumpfende Haushaltseinkommen, sie erhöhen den Lebensstandard; die Individualisierung führt dazu, dass Nicht-Erwerbstätige durch die Familie abnehmend gesichert sind, und daher Erwerbstätigkeit größere Selbstständigkeit und Unabhängigkeit bietet. *Zur Entlastung des Arbeitsmarktes* wird es nur kommen, wenn *Tätigkeiten jenseits der Erwerbsarbeit* diese Bedürfnisse ausreichend befriedigen. Gleichzeitig wird neben Jugendlichen „vielen Frauen" unterstellt, „geneigter als viele Männer (zu sein, I.R.), Nicht-Normal-Arbeitsverhältnisse einzugehen", um so eine Vereinbarkeit mit Familienaufgaben herzustellen (ebd.: 70). Dass es sich hierbei auch um gesellschaftlich produzierte Zwänge und nicht nur um Neigungen handelt, ist zumindest anzumerken! Im krassen Widerspruch zu den Ergebnissen empirisch orientierter, sozialwissenschaftlicher (Frauen)Forschung (vgl. Kapitel 2.3, 3.3) steht aber die Behauptung, Teilzeitbeschäftigte, also in der Regel Frauen, hätten im Vergleich zu vollzeitarbeitenden Männern eine geringere Arbeitsmotivation mit negativen Folgen für Wettbewerbsfähigkeit, Beschäftigungsmöglichkeiten und Existenzgründungen, „da diese im allgemeinen größeres berufliches Engagement erfordern" (ebd.: 71). Die Annahme, Erwerbsarbeit habe für viele Frauen nur eine relative Bedeutung, hat weitreichende Folgen. Tätigkeiten außerhalb von Erwerbstätigkeit sollen erschlossen, von Frauen dann hoffentlich nachgefragt werden, infolgedessen sinkt deren Erwerbsorientierung und der Arbeitsmarkt wird entlastet. Davon werden weitere positive Wirkungen erwartet. Es kann „die Kreativität der Erwerbsbevölkerung erhöht und so die Voraussetzungen für wirtschaftliche und gesellschaftliche Innovationen verbessert werden" (ebd.: 71).

*Ferner erwachsen Beschäftigungsprobleme aus unzulänglicher beruflicher und räumlicher Mobilität sowie zeitlicher Flexibilität.* Zudem sind die *Erwartungen* hinsichtlich der *Arbeitsinhalte* und *Arbeitsentgelte hoch,* was gleichzeitig bedeutet, einfache, körperlich sowie zeitlich belastende Arbeit vielfach nicht zu akzeptieren und von Ausländern verrichten zu lassen. *Existenzgründungen* werden durch *hohe Sicherheitsbedürfnisse, unzureichende gesellschaftliche Rahmenbedingungen* sowie im internationalen Vergleich durch zu hohe Abgaben *beeinträchtigt.* Für die Problemgruppen des Arbeitsmarktes werden Auffangarbeitsplätze in zu geringem Umfang bereit gestellt und angenommen, insbesondere erschweren „sozio-kulturell bedingte Widerstände" (ebd.: 65) den Auf- und Ausbau niedrig produktiver und niedrig bezahlter Tätigkeiten. „Während Mitte der neunziger Jahre in den USA jeder zweite Beschäftigte im weiten Bereich personennaher Dienste dem Niedriglohnsektor angehörte, war es in Deutschland nur jeder vierte" (ebd.: 33). Schließlich werden von der Kommission als weitere verursachende Faktoren vor allem die hohen Personalzusatzkosten, das geringe Wirtschaftswachstum angesichts enormer Produktivitätsfortschritte und der drastische Abbau von Arbeitsplätzen in der Industrie, bei den Streitkräften und im Staatsapparat in Ostdeutschland im Zuge der Wiedervereinigung genannt.

Der abschließende dritte Teil behandelt *„Maßnahmen zur Verbesserung der Beschäftigungslage",* die wiederum in 16 Leitsätzen zusammengefasst werden (vgl. ebd.: 109 ff.). Die Strategie wirtschaftlicher und gesellschaftlicher Erneuerung, die die Kommission empfiehlt, beinhaltet eine *„Bedeutungsminderung von Erwerbsarbeit"* (ebd.: 110). Aus dem komplexen Maßnahmenbündel werden drei Ansatzpunkte beleuchtet, die gemäß formulierter Zielvorstellung von zentraler Bedeutung sind.

*Die Förderung von Selbstständigkeit* durch Existenzgründungen ist nicht bloß eine rein wirtschaftliche Notwendigkeit. Damit verbindet sich zugleich die Absicht, einem anderen gesellschaftlichen Leitbild zum Durchbruch zu verhelfen, nämlich der Mensch der Zukunft „als Unternehmer seiner Arbeitskraft und Daseinsvorsorge" (ebd.: 118; vgl. Kapitel 1.5). Dazu bedarf es der gezielten Förderung einer Leistungselite in den Bildungs- und Ausbildungssystemen (vgl. ebd.: 118 ff.). Diese entlassen bislang keine schöpferischen, also unternehmerisch handelnde Menschen, sondern „möglichst perfekte(n) Kopisten vorgegebener Blaupausen" (ebd.: 119). Auf diese Weise wird den vermeintlich so Ausgebildeten Subjektivität mithin Autonomie, Reflexionsvermögen und Kreativität abgesprochen, sie erscheinen nicht als zumindest relativ eigenständig Handelnde, sondern werden als von außen gesteuerte, bloß reagierende Figuren diskreditiert. Damit wird zugleich das Bildungs- und Ausbildungssystem pauschal abgewertet und nicht als durchaus reformbedürftig wahrgenommen.

Eine weitere Maßnahme im Sinne der Zielvorstellung ist, *Arbeitsentgelte zu differenzieren und zu senken*, Lohnsteigerungen sollen zukünftig unterhalb der Produktivitätsfortschritte vereinbart werden (vgl. ebd.: 132). In diesem Kontext spielt die Einrichtung eines Niedriglohnsektors eine bedeutende Rolle. In *den einfachen, personenbezogenen Dienstleistungen* wird von der Kommission ein *erhebliches Beschäftigungspotential* vermutet, das nur dann nachgefragt wird, wenn die Entgelte entsprechend gering sind. „Angesiedelt sind diese Tätigkeiten im wesentlichen im häuslichen Bereich, wo vor allem Bedarf in der Alten- und Kinderbetreuung besteht, im Freizeitbereich sowie in Randbereichen der Hotellerie, Gastronomie und des Einzelhandels" (ebd.: 136). Ob es sich bei diesem Tätigkeitsspektrum mehrheitlich um einfache Arbeiten handelt, ist zumindest zu bezweifeln. Sie sollen jenem Teil der Bevölkerung offen stehen, der überdurchschnittlich von Erwerbslosigkeit betroffen ist (vgl. ebd.: 136). Niedriglöhne, die über Transfereinkommen aufgestockt werden können, setzen, um ihre Durchsetzungsfähigkeit zu erhöhen, voraus, dass gleichzeitig „das Sozialhilfeniveau für Erwerbsfähige gesenkt wird" (ebd.: 141). Die Praxis einer Niedriglohnstrategie erhöht einerseits die Beschäftigung, andererseits geht sie mit vermehrter „materieller und immaterieller Ungleichheit" einher (ebd.: 142). Die Erscheinungsformen von Armut werden sich verändern, es entstehen voraussichtlich Armenviertel, der Gesundheitszustand und die Lebenserwartung dieser Gruppen sinken, die Kriminalität steigt, wie die Situation in den USA eindrucksvoll zeigt! Zwar, so die Kommission, darf die gesellschaftliche Stabilität nicht gefährdet werden, aber die skizzierte Anpassungsstrategie mit ihren sozialen Verwerfungen erscheint als unvermeidlich, als alternativlos — zumindest solange, wie „die Strategie der Erneuerung hin zur unternehmerischen Wissensgesellschaft noch nicht hinreichend wirksam geworden ist" (ebd.: 143). Die Destabilisierung gesellschaftlicher Verhältnisse wird so bewusst in Kauf genommen. Über diese Schritte hinaus ist die Stückelung von Erwerbsarbeit ein Weg, um mehr Menschen zu einem Arbeitsplatz zu verhelfen. Dass ist jedoch nur dann der Fall, wenn die damit einhergehenden Einkommensverluste nicht eine zusätzliche Nachfrage nach Erwerbsarbeit auslösen (vgl. Kapitel 2.3).

Die bisherigen Maßnahmen sollen ergänzt werden durch „die Erschließung nicht-marktgängiger, aber gemeinwohlorientierter Arbeit: Bürgerarbeit" (ebd.: 147). Damit wird ein Arbeitsverständnis der Kommission sichtbar, das Arbeit nicht länger ausschließlich mit Erwerbsarbeit identifiziert. *Bürgerarbeit soll den Bedeutungsverlust von Erwerbsarbeit und die Krise des Sozialstaats mildern* sowie „einer möglichen *Erosion der Demokratie" vorbeugen* (ebd.: 147). Sie ist kooperativ, projektbezogen sowie zeitlich begrenzt, sie wird von Gemeindeausschüssen ausgewählt und von den Beteiligten „unter der Leitung unternehmerisch befähigter Persönlichkeiten selbst organisiert" (ebd.: 147). Solche *Projekte*

176

stehen zwar *allen Erwerbsfähigen offen, ein Anspruch auf Beteiligung existiert nicht, die Auswahl erfolgt nach Qualifikation und Bedarf.* Es stellt sich die Frage, ob so organisierte Bürgerarbeit das Defizit an Erwerbsarbeitsplätzen quantitativ wie qualitativ kompensieren kann. Beteiligte erhalten, sofern existentiell darauf angewiesen, ein Bürgergeld, das sich an der Sozial- und Arbeitslosenhilfe orientiert. Hier ist eine gewisse Nähe zu den Überlegungen der Autoren des Club of Rome gegeben (vgl. Kapitel 4.1). Bürgerarbeit hat zunächst „experimentellen Charakter" (ebd.: 148) mit dem Ziel, die derzeitige „Fixierung der Gesellschaft auf Erwerbsarbeit" zu relativieren und andere Optionen zu eröffnen (ebd.: 149). Bürgerarbeit will Erwerbsarbeit nicht verdrängen, sondern ergänzen! Für Frauen ist sie jedoch *die* Alternative. Die Perspektive der Kommission ist damit anschlussfähig an ein rückwärts gewandtes Frauenbild, demzufolge die Aufgaben der Frau im Feld von Kindern, Küche und Kirche liegen, in einer säkularisierten Welt mit ihrem Bedeutungsverlust von Kirche ist es nunmehr nicht das kirchliche Ehrenamt, sondern die Bürgerarbeit. Abschließend sind erhebliche Zweifel anzumelden, ob die vorgeschlagenen Maßnahmen der eingangs erwähnten Zielvorstellung überhaupt zuträglich sind.


4.3.2    *Senatsverwaltung für Arbeit, Berufliche Bildung und Frauen, Berlin: Die Sackgassen der Zukunftskommission. Streitschrift wider die Kommission für Zukunftsfragen der Freistaaten Bayern und Sachsen (1998)*


Die Streitschrift wurde von der damaligen Senatorin und späteren Bundesministerin Bergmann vorgestellt und von AutorInnen aus der Senatsverwaltung, des Arbeitskreises Sozialwissenschaftliche Arbeitsmarktforschung e.V. (SAMF) und des Arbeitskreises AFG (Arbeitsförderungsgesetz) — Reform beim Vorstand der IG Metall erarbeitet. Sie ist das Ergebnis einer Zusammenarbeit von Wissen-schaftlerInnen aus den Sozial- und Wirtschaftswissenschaften und PraktikerIn-nen bzw. Verbandsvertretern.[3] Aus der umfangreichen Studie werden im Fol-genden einige Argumentationsbündel vorgestellt, die sich auf den Problembe-reich der Ursachen und der Maßnahmen zur Überwindung der Erwerbslosigkeit beziehen, wobei vorzugsweise auf jene Sachverhalte Bezug genommen wird, die auch im Mittelpunkt der Ausführungen der freistaatlichen Zukunftskommission stehen, so auf die Bereiche Frauenerwerbstätigkeit, Bildung und Qualifikation, Dienstleistungssektor und Niedriglöhne sowie Bürgerarbeit. Einleitend wird das gesellschaftliche Leitbild der AutorInnen skizziert, denn es bestimmt maßgeb-lich die Art und Weise der Argumentation, es unterscheidet sich deutlich von dem der Kommission.

Das Team stellt einleitend klar, dass es *trotz der Massenerwerbslosigkeit eine Zukunft der Erwerbsarbeit* gibt: „Die heutige Krise der Erwerbsgesellschaft kann überwunden werden. Es gibt nicht einen Königsweg, aber es gibt eine Vielzahl von Wegen und Strategien, die nachhaltig zur Reduzierung der Arbeits-losigkeit beitragen können" (Senatsverwaltung (Hrsg.) 1998: 1). Um ein Job-wunder auch in Deutschland zu ermöglichen, ist die us-amerikanische Beschäfti-gungspolitik kaum ein Vorbild, nachahmenswerte Beispiele gibt es eher in Eu-ropa, etwa in Dänemark und in den Niederlanden (vgl. ebd.: 15). Bei den Priori-

---

[3] Mitglieder sind: Prof. Dr. Gerhard Bäcker (FH Niederrhein), Prof. Dr. Klaus Busch (Universität Osnabrück), Prof. Dr. Gerhard Bosch (Institut für Arbeit und Technik (IAT), Gelsenkirchen), Prof. Dr. Sabine Gensior (TU Cottbus), Dr. Leonard Kasek (Vorstand SAMF), Dr. Ernst Kistler (Internationales Institut für Empirische Sozialökonomie (IIES), Stadtbergen), Dr. Ute Klammer (WSI), Jürgen Kühl (Beirats-, SAMF- und AFG- Arbeitskreismitglied, Erfurt), PD Dr. Lothar Lappe (Deutsches Jugendinstitut, München), Dr. Steffen Lehndorff (IAT), Barbara Meifort (Beirat Berufliche Bildung und Beschäftigungspolitik, Berlin), Dr. Volker Meinhardt (Deutsches Institut für Wirt-schaftsforschung, Berlin), Prof. Dr. Bernd Reissert (FH Technik und Wirtschaft, Berlin), Dr. Hartmut Seifert (WSI), Dorit Sing (IIES), Dr. Claus Schäfer (WSI), Manfred Schneider (BBJ-Servis GmbH, Berlin), Thomas Schönwälder (DGB Bayern, München), Dr. Rudolf Steinke (Senatsverwaltung für Arbeit, Berufliche Bildung und Frauen, Berlin), Dr. Alexandra Wagner (IAT).

täten, die, um die Probleme zu bewältigen, gesetzt werden müssen, hat die Steigerung der Erwerbstätigkeit und mithin die Entlastung, Konsolidierung der sozialen Sicherungssysteme Vorrang. Nur so kann die staatliche Verschuldung abgebaut und finanzieller Handlungsspielraum für notwendige gesellschaftliche Reformen wieder gewonnen werden. Auf diese Weise kann auch die Wettbewerbsfähigkeit der Wirtschaft erhöht werden. Das bisherige Normalarbeitsverhältnis, zugeschnitten auf die traditionelle Familienform mit dem männlichen Alleinverdiener, ist so zu verändern, dass die neuen Beschäftigungsverhältnisse ebenfalls erfasst, d.h. durch die Sozialversicherungspflicht abgesichert werden und so ein neues Normalarbeitsverhältnis entsteht. Die Verteilung von bezahlter und unbezahlter Arbeit zwischen den Geschlechtern ist neu zu regeln. „(...) mit zunehmender Erwerbstätigkeit der Frauen (müssen, I.R.) die Wahlchancen zwischen bezahlter Erwerbsarbeit und unbezahlter Eigenarbeit erhöht werden. Eine moderne und effiziente Dienstleistungsgesellschaft zeichnet sich durch eine zunehmende Angleichung der Eigenarbeit zwischen Männern und Frauen sowie einer entsprechenden Angleichung der Erwerbstätigkeitsquoten aus" (ebd.: 2). — Diese Vorstellungen zum Normalarbeitsverhältnis und mehr noch zur Arbeits(ver)teilung zwischen den Geschlechtern bilden das Zentrum des gesellschaftlichen Leitbildes — verständlicherweise, zumal ja auch die Analysen und Empfehlungen der freistaatlichen Zukunftskommission darauf im wesentlichen basieren. Dabei handelt es sich jedoch um polare gesellschaftliche Konstruktionen. Nun zu den Problembereichen im einzelnen!

*Frauenerwerbstätigkeit:* Sie ist die „entscheidende(n) Steuerungsgröße (...) im Kontext der gewünschten gesellschaftlichen Erneuerung" (ebd.: 145). Die wachsende Bildungs- und Ausbildungsbeteiligung auf zunehmend hohem Niveau hat in der Folge auch Erwerbsneigung und Erwerbstätigkeit der Frauen erhöht und mithin den weiblichen Lebensentwurf stärker individualisiert. Hingegen werden in der entsprechenden Argumentation der freistaatlichen Zukunftskommission Ursache und Wirkung verkehrt: Individualisierung gelte als Ursache für zunehmende Arbeitsmarktbeteiligung. Will man diesen Trend zu mehr Beschäftigung umkehren, so müssen Barrieren errichtet werden, die die Zukunftsfähigkeit der Gesellschaft nicht fördern, sondern insgesamt gefährden, denn Humankapital würde „in gigantischem Ausmaß" entwertet, und das aus demographischen Gründen schrumpfende Erwerbspersonenpotential spätestens ab 2010 einen gravierenden Arbeitskräftemangel auslösen (vgl. ebd.: 55), der — das kann aus heutiger Sicht bereits ergänzt werden — sich bereits jetzt bei bestimmten Qualifikationen abzeichnet. Anders als die Zukunftskommission unterstellt, geht bzw. ging die zunehmende Frauenerwerbstätigkeit nicht zu Lasten der Männer, denn sie war und ist zum großen Teil freiwillige und unfreiwillige Teilzeitbeschäftigung: „Die im Vollzeitäquivalenten ausgedrückte Beschäftigungsquote von Frauen hat in Deutschland zwar von 1985 auf 1990 um drei Prozent leicht zugenommen, stagniert aber seither — trotz der geringen Teilzeitquoten in Ostdeutschland — auch im gesamtdeutschen Wert für die Frauen" (ebd.: 38). Gestiegen ist vor allem die Erwerbsneigung verheirateter Frauen im mittleren Alter (vgl. ebd.: 39). „Die Männer werden nicht von den Frauen verdrängt, sondern durch gesamtwirtschaftliche Prozesse bzw. Änderungen in der Wirtschafts- und Produktionsstruktur" (ebd.: 38). Tätigkeitsfelder und Qualifikationsprofile sind zumindest teilweise geschlechtsspezifisch geprägt mit erheblichen Folgen, etwa für Entgelt, gesellschaftliche Anerkennung; daher wäre ein umfassender Austausch kaum möglich. Der Arbeitsmarkt ist eben in mehrfacher Hinsicht mittelbar wie unmittelbar segmentiert (vgl. ebd.: 145 f.). Ferner zeigen internationale Vergleiche, dass die Erwerbsquote der Frauen im Alter von 25 bis 35 Jahren in Deutschland bedeutend stärker abfällt als in anderen Ländern, was auch als ein

180

Indiz für die unzureichende Infrastruktur zu werten ist, so das mangelnde Angebot an Ganztags-, Vorschulen und Kindergärten. Der Schlüssel für eine Verbesserung der Situation von Frauen liegt „in der Erhöhung ihrer Erwerbsquote und zwar in einer Erhöhung des Anteils von Frauen in sozialversicherungspflichtigen Beschäftigungsverhältnissen sowie in dem Bezug einer künftigen Sozialversicherung auf das Individuum, unter Verzicht auf die Voraussetzung der Existenz eines stabilen Familienverbandes" (ebd.: 152). Das Ziel der Bayerisch-Sächsischen Zukunftskommission, die Erwerbsquote der Frauen zu senken mit dem Verweis auf Bürgerarbeit, wird als frauenfeindliche Strategie (vgl. ebd.: 40), als Strategie des Zurück-an-den-Herd (vgl. ebd.: 41), als ein an „altväterlicher Hauspädagogik" (ebd.: 147) orientiertes Modell entlarvt und verworfen.

*Bildung und Qualifikation:* Darüber verfügt schon jetzt ein großer Teil der Bevölkerung. Der Standortvorteil Deutschlands ist „in den letzten beiden Jahrzehnten vor allem dem hohen Qualifikationspotential der Facharbeiter und dem technisch-naturwissenschaftlichen Fach- und Hochschulpotential zu verdanken" (ebd.: 13). Dass in Bildung, Ausbildung und Weiterbildung verstärkt investiert werden muss, lässt sich schon mit den schrumpfenden öffentlichen Investitionen in diesem Bereich, vor allem während der letzten beiden Jahrzehnte, begründen, aber auch mit permanent steigenden Anforderungen an die Qualifikation der Beschäftigten, von denen Arbeitsmarktprognosen einhellig ausgehen (vgl. ebd.: 134). Dieser Anstieg resultiert auch aus Veränderungen in der Arbeitsorganisation, wobei die „neuen Produktionskonzepte" und lean-production-Ansätze dafür zutreffende Stichworte sind. Gerade diese tiefgreifenden, tayloristische Aufgabenzuschnitte überwindenden Veränderungen fördern „Selbständigkeit, Schöpfertum, Verantwortungsbewusstsein, Eigeninitiative und Leistungsbereitschaft" (ebd.: 54). Von der freistaatlichen Zukunftskommission werden diese Eigen-

schaften aber allein den UnternehmerInnen zugeschrieben und den ArbeitnehmerInnen abgesprochen. Demgegenüber verweist die „Streitschrift" darauf, dass
„moderne Unternehmen mehr denn je hochqualifizierte, selbständig und eigen-
verantwortlich handelnde Beschäftigte" benötigen (ebd.: 54). Dass die Entwicklung solcher Fähigkeiten auch durch Qualifizierungsprozesse gefördert werden
muss, bedarf keiner weiteren Begründung.

*Dienstleistungssektor und Niedriglöhne:* Der Ausweg aus der Arbeitsmarktmise-
re durch so genannte Einfacharbeitsplätze im Dienstleistungssektor bei Niedrig-
entgelten wird, ebenso wie von Gorz (vgl. Kapitel 4.2), verworfen: Personenbezogene Dienstleistungen, genannt werden Pflegen, Heilen, Erziehen, Unterrichten, Beraten, Unterhalten, Informieren (vgl. ebd.: 138), sind, anders als auch
teilweise von der Wissenschaft behauptet, keine geringqualifizierten Tätigkeiten.
Eine solche Bewertung wird als „offensichtlich sexistisch" (ebd.: 139) zurückgewiesen, da damit Tätigkeiten abqualifiziert werden, die traditionell von Frau-
en, bezahlt und/oder größtenteils unbezahlt, erbracht und denen bis heute vielfach gesellschaftliche Anerkennung sowie ein angemessenes Entgelt verwehrt
werden. Auch die Zukunftskommission der Friedrich-Ebert-Stiftung sei in ihrer
Argumentation nicht frei von solchen Vorurteilen, wie die AutorInnen kritisch
vermerken (vgl. ebd.: 139; Kapitel 4.3.3). Sie plädieren vielmehr für eine allgemeine Qualifizierungsoffensive auf hohem Niveau und räumen der „vorsorgen-
de(n) Qualifizierung und Kompetenzentwicklung erste Priorität" ein, vor allem
bei Jugendlichen (ebd.: 103). Auch empirische Untersuchungen über die Be-
rufswünsche Jugendlicher zeigen den Trend zu qualifizierten Dienstleistungen
auf und sprechen mithin eindeutig gegen einen Ausbau der einfachen personenbezogenen Dienste (vgl. ebd.: 102). Die Einrichtung eines Niedriglohnsektors
wird überdies abgelehnt, da eine allgemeinen Lohnsenkung und die Verdrän-

gung der Gering- durch Besserqualifizierte befürchtet wird, wie sich am Beispiel der Niederlande zeigen lässt (vgl. ebd.: 136). Damit einhergehende gesellschaftliche Verwerfungen wie Kriminalität, durch Erwerbslosigkeit und soziale Ungleichheit wesentlich zu erklären, werden von den AutorInnen der „Streitschrift" nicht zynisch, da angeblich nicht zu ändern, hingenommen, sondern als gesellschaftlicher Irrweg, als Sackgasse erkannt (vgl. ebd.: 129).

*Bürgerarbeit:* Als Strategie, um den Arbeitsmarkt zu entlasten und die Erwerbslosigkeit zu reduzieren, wird sie abgelehnt, als eine *Erwerbsarbeit ergänzende Tätigkeit begrüßt*, zumal dadurch sichtbar wird, „dass Arbeit mehr bedeutet als Gelderwerb, d.h. Arbeit auch eine sinnstiftende Funktion hat" (ebd.: 175). Die freistaatliche Zukunftskommission, so die Kritik, „unterschätzt die Bedeutung der Erwerbsarbeit" (ebd.: 176): Sie sichert nämlich die individuelle und gesellschaftliche Reproduktion, sie ist auch für Frauen „kein emanzipatorischer Luxus, sondern eine existenzielle Notwendigkeit" (ebd.: 177). Erwerbslose fühlen sich nicht ausgegrenzt, „weil sie für sich keine sinnvolle Tätigkeit finden können, sondern weil ihnen ein Erwerbsarbeitsplatz und ein Erwerbseinkommen verwehrt bleiben" (ebd.: 177). Ergebnisse empirischer Untersuchungen unterstreichen, dass die Problemgruppen des Arbeitsmarktes nur in geringem Umfang ehrenamtlich tätig sind (vgl. ebd.: 180). Zivilgesellschaftlich engagiert sind eher „hochqualifizierte Bürgerinnen und Bürger, vor allem solche mittleren Alters, in einer ‚gehobenen Position' und ‚gesicherten' Familienbeziehungen" (ebd.: 179). Letztlich wird von der Bürgerarbeit ein Rückzug des Staates aus seinen sozialen Pflichten und eine Verbilligung sozialer Dienste befürchtet (vgl. ebd.: 181 ff.). Abschließend wird noch angemerkt, dass das Ehrenamt in Deutschland keineswegs geschlechtneutral organisiert sei: Frauen befinden sich zu 80 Prozent auf den unteren hierarchischen Stufen, während Männer Leitungsfunktionen ausüben. Eine Gleichstellung der Geschlechter ist auch in der Bürgerarbeit keineswegs erreicht.

Wege zur Reduktion bzw. Überwindung der Erwerbslosigkeit werden von den AutorInnen der „Streitschrift" gesehen in einer „Lohnpolitik entsprechend der durchschnittlichen Produktivitätsentwicklung" (ebd.: 2), in einer Kaufkrafterhöhung, um die Binnennachfrage auszuweiten, in einer weiteren Arbeitszeitverkürzung, die mehr bedeutet als Ausweitung von Teilzeit und geringfügiger Beschäftigung (vgl. ebd.: 156 ff.), und in einer „Investitionsentwicklung im Sinne von mehr Beschäftigung", d.h. auch vermehrte Investitionen in Forschung, Entwicklung und Qualifikation (ebd.: 134), um wettbewerbsfähige, hochwertige Produkte und Verfahren herstellen zu können. Anders als im liberalen Selbstverständnis sollen folglich staatliche Aufgaben nicht beschnitten werden, und der Staat sich nicht auf die Gestaltung von Rahmenbedingungen beschränken, sondern er soll weiterhin als Mitgestalter von Wirtschaft und Gesellschaft im Sinne einer revitalisierten sozialen Marktwirtschaft tätig sein (vgl. ebd.: 1). Mag auch über das Ziel weitreichender gesellschaftlicher Konsens herrschen, so besteht über die Maßnahmen zur Zielverwirklichung doch wohl erheblicher gesellschaftlicher Dissens.

### 4.3.3 Zukunftskommission der Friedrich-Ebert-Stiftung:

*Wirtschaftliche Leistungsfähigkeit, sozialer Zusammenhalt,*

*ökologische Nachhaltigkeit. Drei Ziele — ein Weg (1999)*

Die der SPD nahestehende Friedrich-Ebert-Stiftung richtet 1995 eine Zukunftskommission ein, um „Elemente eines Konzepts für ein neues ‚Modell Deutschland'" zu entwickeln (Zukunftskommission der Friedrich-Ebert-Stiftung 1999: 10). Dabei soll „über die vorgezeichneten Pfade gesellschaftlichen Reformdenkens (...) hinausgegangen und nicht vorschnell an die Grenzen politischen Handelns gedacht werden" (ebd.: 9). Die Kommission legt ihre Arbeitsergebnisse im Frühjahr 1998 vor, also ein halbes Jahr vor der Bundestagswahl, die nach mehr als 15 Jahren der SPD wieder die politische Mehrheit bringt. Ebenso wie die anderen Kommissionen zeichnet sich auch diese durch ein interdisziplinäres Profil aus, es umfasst die Makro- und Innovationsökonomie, Industrie- und Familiensoziologie, Finanzwissenschaft, Sozialpolitik, Wirtschafts- und Sozialethik, Ökologie, Politologie und Jurisprudenz (vgl. ebd.: 12).[4]

Das „*Modell Deutschland*", das sich nach dem Zweiten Weltkrieg herausbildet, ist gekennzeichnet durch „eine dynamische Ökonomie, ein kooperatives Politiksystem, einen Sozialstaat mit breiter Sicherungswirkung und eine traditionelle geschlechtsspezifische Arbeitsteilung" (ebd.: 14). Dieses Modell stößt nun an seine Grenzen und *bedarf der Fortentwicklung*. Stichworte, die die gesellschaftlichen Umbrüche und den davon ausgelösten Reformbedarf sozusagen auf den Punkt bringen, sind die folgenden (vgl. ebd.: 15 ff.): Seit den 60er Jahren wer-

---

[4] Alle Mitglieder der Kommission sind ProfessorInnen: Friedrich Meyer-Krahmer (Vorsitzender), Martin Baethge, Marina Fischer-Kowalski, Friedhelm Hengsbach SJ, Lutz Hoffmann, Jürgen Kromphardt, Stephan Leibfried, Joachim Mitschke, Frieder Naschold, Hildegard Maria Nickel, Ilona Ostner, Fritz W. Scharpf, Udo Ernst Simonis, Sibylle Tönnies.

den die traditionellen Autoritätsverhältnisse zwischen den Generationen und Geschlechtern hinterfragt, die geschlechtsspezifischen und sexuellen Normen gelockert, Selbstentfaltungs- gegenüber Pflichtwerten betont; zudem steigt seit den 70er Jahren mit dem Zusammenbruch des Weltwährungssystems von Bretton Woods, der Erhöhung des Ölpreises und der dadurch ausgelösten Wirtschaftskrise die Erwerbslosigkeit an und Vollbeschäftigung wird nicht mehr erreicht; spätestens seit der deutschen Vereinigung 1990, dem Ende des realen Sozialismus und des „kalten Krieges" sowie der politischen und wirtschaftlichen Öffnung Osteuropas, der Vollendung des europäischen Binnenmarktes, der weltweiten Vernetzung der Kapitalmärkte und der Verschärfung der internationalen Konkurrenz, werden die Strukturprobleme des „Modells Deutschland" unübersehbar. Die *Notwendigkeit umfassender und tiefgreifender struktureller Reformen* zeigt sich vor allem in der krisenhaften Entwicklung der 90er Jahre. Der drastische Arbeitsplatzabbau, insbesondere in der industriellen Produktion, geht mit Bemühungen einher, die Produktivität zu steigern. Diese Veränderungen, seit Ende der 80er/Anfang der 90er Jahre eingeleitet, „werden in der öffentlichen Diskussion mit dem schillernden Begriff der ‚Globalisierung' verbunden" (ebd.: 16).

Der unaufhaltsame und unumkehrbare *Trend zur Globalisierung* bedeutet aber nicht, wie häufig geäußert, *das Ende politischer Handlungsfähigkeit der Nationalstaaten.* Europäische und internationale Regelungen werden zwar auf vielen Gebieten immer dringlicher — von der Schwierigkeit, diese zu vereinbaren und durchzusetzen hier erst gar nicht zu sprechen — , aber der nationale Handlungsspielraum ist „von Bund und Ländern, Gewerkschaften, Arbeitgebern, Wissenschaft und Kirchen immer noch beträchtlich" (ebd.: 18). Daher konzentriert sich die Kommission auf Handlungsstrategien, die im nationalen Rahmen umgesetzt werden können. Dabei verbietet es sich jedoch, Strategien aus anderen Ländern, etwa aus Japan und den USA, schematisch zu übernehmen oder einzelne Elemente selektiv zu verwenden, denn die Ausgangs- und Randbedingungen sind auch in den entwickelten Industrieländern höchst verschieden (vgl. ebd.: 17).

Das *gesellschaftliche Leitbild dieser Zukunftskommission* unterscheidet sich deutlich von dem der bayerisch-sächsischen: Besonders sichtbar wird die Differenz mit Blick auf den *Stellenwert von Erwerbsarbeit, speziell der Frauenerwerbstätigkeit, sowie von Bildung, Aus- und Weiterbildung.* Darauf ist zunächst einzugehen!

Die AutorInnen konstatieren zwar „einen grundlegenden Wandel der Erwerbsarbeit, jedoch nicht deren Ende" (ebd.: 146). Sie stellen klar, dass die massenhafte Erwerbslosigkeit nicht durch unbezahlte Bürgerarbeit bewältigt werden kann, sondern durch ein höheres, an ökologischen Prinzipien orientiertes Wirtschaftswachstum (vgl. ebd.: 146 ff.). *Erwerbsarbeit* gilt als *„ein demokratisches Grundrecht"* (ebd.: 229), als *„eine Schlüsselgröße sozialer Integration"* (ebd.: 147), sie „verliert nicht, sondern sie gewinnt an Bedeutung — nicht nur weil davon für die meisten der Lebensunterhalt abhängt, sondern auch deshalb, weil unter modernen Bedingungen die Bezahlung als Ausdruck der gesellschaftlichen Wertschätzung geleisteter Arbeit interpretiert wird" (ebd.: 231). Die gesellschaftlich einbindende Funktion von Erwerbsarbeit manifestiert sich in der Sicherung des Lebensunterhalts, in der Teilhabe am gesellschaftlichen Wohlstand und am durchschnittlichen Konsum und Lebensstil sowie an Bildung, Gesundheit und Lebenschancen (vgl. ebd.: 149). Darüber hinaus eröffnet sie die Möglichkeit, wie empirische Studien belegen, „im Lebenslauf Partner zu finden, eine Ehe einzugehen, eine Familie zu gründen und Kinder zu haben" (ebd.: 149,

280). Erwerbsarbeit und Familie sind wichtig, um Armut, Deprivation und soziale Marginalisierung zu vermeiden (vgl. ebd.: 147). Gemeint ist damit der Verlust von Teilhabechancen am gesellschaftlichen Leben, an sozialen Kontakten und einem sozialen Netzwerk. Hingegen bedeutet massenhafte Erwerbslosigkeit „eine ernsthafte Bedrohung der demokratischen Lebensform" (ebd.: 229).

Erwerbsarbeit gewinnt vor allem bei Frauen an Attraktivität. *Beide Geschlechter*, so das Plädoyer, sind *beim Zugang zur Erwerbsarbeit gleichzustellen.* Hingegen soll die soziale Absicherung unabhängig davon sein, „ob die gesellschaftlich nützliche Arbeit marktförmig erbracht wird oder nicht. Ein neuer Verteilungsschlüssel für verschiedene Formen gesellschaftlicher Arbeit muss daher gefunden werden" (ebd.: 147). Damit bleiben auch traditionelle Lebensformen wie die Hausfrauenehe geschützt, obwohl „keine westliche Gesellschaft (...) es sich noch leisten kann, die Hausfrauenexistenz zu fördern" (ebd.: 275). Es wird deutlich, dass auch für diese Kommission Arbeit nicht in Erwerbsarbeit aufgeht. Um eine gleichberechtigte Teilhabe der Geschlechter an bezahlter und unbezahlter Arbeit zu ermöglichen, sind „bezahlbare öffentliche Angebote zur Kinder-, Kranken- und Altenpflege bereitzustellen" (ebd.: 335). Darauf muss sich staatliches Handeln primär konzentrieren, denn die unzureichende Infrastruktur und nicht etwa familienbedingte Sachverhalte wie Mutterschaft verhindert bislang, dass Frauen kontinuierlich am Erwerbsleben teilhaben können. Warum, anders als die Bayerisch-Sächsische Zukunftskommission behauptet, *die gesellschaftliche Zukunft nur durch eine Förderung der Frauenerwerbstätigkeit gewonnen werden kann*, verdeutlichen folgende Argumente: Die Erwerbstätigkeit von Frauen ist „ein Puffer im demographischen Wandel und Mitgift, die Eheneigung und (Zwei)Elternschaft befördert, Nachteile und Armutsrisiko für Kinder vermeiden und eheliche Instabilität auffangen hilft" (ebd.: 275). Zudem vergrößert

188

sie das Volkseinkommen und trägt mit Steuer- und Beitragszahlungen dazu bei, Nichterwerbstätige, d.h. insbesondere Rentner und Erwerbslose, zu alimentieren. Angesichts instabiler Beschäftigungsverhältnisse ist auch eine wechselseitige Absicherung der Partner gegeben und dem Armutsrisiko wird so vorgebeugt. Schließlich können bei einem höheren Haushaltseinkommen arbeitsentlastende Dienste eher gekauft werden mit positiven Effekten für die Beschäftigung (vgl. Kapitel 3.3).

*Ein weiteres Element im Gesellschaftsbild der Zukunftskommission ist der Stellenwert von Bildung, Aus- und Weiterbildung.* Im Unterschied zur Bayerisch-Sächsischen Kommission wird eine *Elitenausbildung abgelehnt*, vielmehr werden Reformen in den Blick genommen, die Bildung, Aus- und Weiterbildung so verändern, dass sie „dem neuen Typ von Strukturwandel und Innovation" angemessen sind (ebd.: 183). Davon sollen möglichst alle Arbeitskräfte profitieren, vor allem aber auch diejenigen, deren Qualifikationsprofil im mittleren Bereich liegt, also die AbsolventInnen des dualen Ausbildungssystems. Bislang gehört nämlich zu den großen Wettbewerbsvorteilen der Bundesrepublik „eine im internationalen Vergleich überdurchschnittlich gute Ausstattung mit Humankapital" in diesem Sektor (ebd.: 184). Im Zuge der *Transformation des dualen Berufsbildungssystems* sollen die *Stärken*, etwa die enge Verbindung von Lernen und Arbeiten, der relativ ganzheitliche Sozialisationsmodus, der auch lernschwachen Jugendlichen Ausbildungsmotivation und Lernchancen eröffnet, *erhalten* bleiben. Die *Schwächen* des Systems sind zu *überwinden*, so durch die Lockerung des Berufsprinzips in Richtung auf Kernberufe mit den Komponenten Fach-, Schlüssel- und Zusatzqualifikationen, ein neues Arrangement zwischen Erstausbildung und Weiterbildung muss gefunden werden. Dieser Wandel ist durch institutionelle Reformen zu stützen (vgl. ebd.: 199 ff.). Mit der Erneuerung soll u. a. verhindert werden, dass Jugendliche eine perspektivlose Ausbildung absolvieren mit dem Risiko der späteren Erwerbslosigkeit (vgl. ebd.: 187).

Die Kommission entwickelt ein, gemessen an ihrem Zielbündel zukunftsträchtiges Strategiekonzept in Auseinandersetzung mit Ansätzen, die in eine soziale bzw. ökologische Sackgasse führen. Auf die Probleme der Globalisierung mit einer Kostensenkungsstrategie zu reagieren, wie etwa die Bayerisch-Sächsische Kommission, sei kein vertretbarer Weg, da die sozialen Risiken, so wachsende Armut und gesellschaftliche Desintegration mit zunehmenden „illegalen Formen der Lebensbewältigung", zu hoch und unkalkulierbar seien (vgl. ebd.: 18 ff.). Ebenso wenig aussichtsreich sei ein Entwicklungspfad, der auf eine konsequente und uneingeschränkte Wachstumspolitik setze, denn hierbei werde u. a. eine Verschlechterung der Umweltbedingungen in Kauf genommen, was ebenfalls als ökologisch hoch riskant einzuschätzen sei. *Die Kommission setzt auf eine dritte Strategie, nämlich wirtschaftliche Leistungsfähigkeit, sozialen Zusammenhalt und ökologische Nachhaltigkeit zu verbinden und dabei mögliche Zielkonflikte zu minimieren* (vgl. ebd.: 21 f.). Mit dieser Orientierung soll das „Modell Deutschland" erneuert werden. In vier Projekten wird die Reformstrategie exemplarisch konkretisiert: Projekt 1, Verbesserung der Innovationsfähigkeit und Stärkung der Humanressourcen; *Projekt 2, verbesserte Beschäftigungsmöglichkeiten für Niedrigqualifizierte*; Projekt 3, Wandel der Familie und Beschäftigungskrise als Herausforderungen an eine Politik sozialer Integration; Projekt 4, Umweltverträgliche Lebens- und Wirtschaftsweise (vgl. ebd.: 22). Im Kontext der Fragestellung *„Zeit und Arbeit"* ist das Projekt 2 von erheblicher Bedeutung, zumal in den vorausgegangenen Erörterungen sich dieses Konzept bereits als ein zentraler Streitpunkt erwiesen hat. Aus den Projekten 1 und 3 wurden bereits wichtige Überlegungen präsentiert. Ich konzentriere mich daher im Folgenden auf das Projekt 2.

Wie bereits mehrfach angemerkt, führt der *technisch-organisatorische Strukturwandel zu steigenden qualifikatorischen Anforderungen*, so dass die Beschäftigungschancen für Arbeitskräfte sinken, die diesen Ansprüchen nicht genügen (können). Dies gilt vor allem für Arbeitsplätze in solchen Wirtschaftszweigen, die dem internationalen Wettbewerb besonders stark ausgesetzt sind. Hohe Arbeitskosten für einfache Tätigkeiten, verursacht durch geringe Lohndifferenzierung und die Finanzierung versicherungsfremder Leistungen über das Sozialsystem, setzen diese einem erheblichen Rationalisierungsdruck aus. Entweder werden diese Tätigkeiten automatisiert und entfallen, oder sie werden in Länder verlagert mit weitaus geringeren Löhnen. *„Die eigentlichen Verlierer von Globalisierung und technischem Wandel sind damit die Geringqualifizierten in Deutschland"* (ebd.: 54). Das belegen entsprechende Zahlen eindrucksvoll: „In Deutschland (...) stellen heute Arbeitskräfte ohne abgeschlossene Berufsausbildung 20 % der Erwerbstätigen, aber 50 % der registrierten Arbeitslosen" (ebd.: 230). Nach Prognosen wird dieser Beschäftigtenanteil bis zum Jahr 2010 auf zehn Prozent sinken (vgl. ebd.: 230). Obwohl die Kommission, wie oben skizziert, für eine generelle Reform von Bildung, Aus- und Weiterbildung plädiert und einen Zugang für alle (potentiellen) Arbeitskräfte befürwortet, ist sie sich der Grenzen bewusst, an die sie dabei stößt:

„Die jahrzehntelangen Erfahrungen der traditionellen Arbeitsmarktpolitik mit Fortbildungs- und Umschulungsmaßnahmen belegen, dass der Qualifizierung und damit Produktivitätssteigerung enge begabungs-, milieu- und altersbedingte Grenzen gesetzt sind. Deshalb kann Qualifizierung auch nicht entfernt die mächtigen Freisetzungsschübe, gerade im Bereich einfacher Arbeit, kompensieren" (ebd.: 253).

*Beschäftigungsmöglichkeiten für Niedrigqualifizierte* werden dort gesehen, wo kein internationaler Wettbewerb existiert, etwa in den bereits erwähnten Bereichen des *Dienstleistungssektors*, wo „neben Arbeitsplätzen mit sehr hohen Qualifikationsanforderungen auch viele einfache Tätigkeiten" existieren (ebd.: 236). Es handelt sich um Arbeitsplätze in Klein- und Mittelbetrieben, denn im Öffentlichen Dienst können wegen der prekären Finanzlage Beschäftigungsmöglichkeiten nicht mehr geschaffen werden, vielmehr wird es auch hier eher zu einem wachsenden Stellenabbau kommen. *Einfache, binnenabsatzorientierte Dienstleistungen*, ein Potential von 4,7 Millionen Arbeitsplätzen (vgl. ebd.: 253), sollen aber anders als in den USA und nach Vorschlag der freistaatlichen Zukunftskommission keine neue Klasse von working poor, also Einkommensbezieher unterhalb eines sozio-kulturellen Existenzminimums begründen, was politisch nicht durchsetzbar und verfassungsrechtlich nicht geboten ist (vgl. ebd.: 243 f.). Um diese Gefahr zu bannen, wird eine „*Kombination von niedrigem Erwerbseinkommen und (bei steigendem eigenen Einkommen abnehmenden) Sozialeinkommen*" vorgeschlagen (ebd.: 249). Steuerfinanzierte Sozialleistungen werden nach bestimmten, individuell unterschiedlichen Merkmalen zu einem „*Bürgergeld*" zusammengefasst. Eigenes Erwerbseinkommen wird nur zu 50 Prozent auf den Bürgergeldanspruch angerechnet, so dass anders als heute bei der Sozialhilfe ein Anreiz zur Arbeitsaufnahme entsteht (vgl. ebd.: 251):

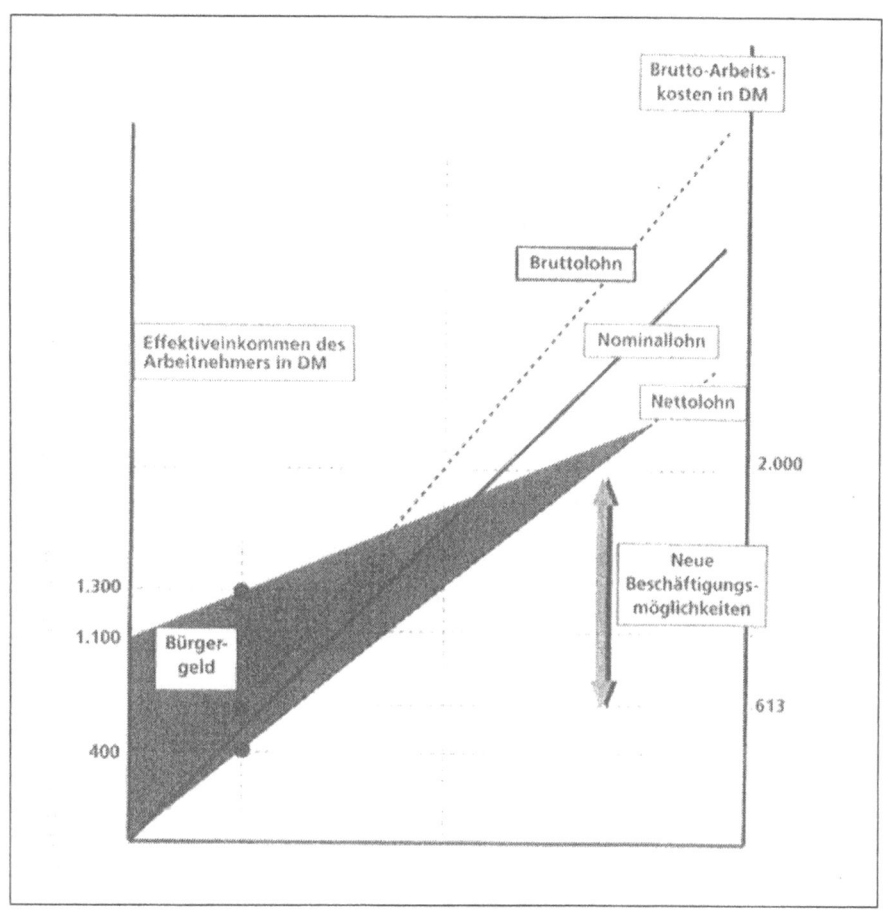

Bürgergeld und neue Beschäftigungsmöglichkeiten

Dieses Konzept geht auf den us-amerikanischen Wirtschaftswissenschaftler Milton Friedman, Berater der Präsidenten Richard Nixon und Ronald Reagan, zurück. In Form einer negativen Einkommenssteuer schlägt er vor, „der Staat solle allen seinen Bürgern ein Mindesteinkommen garantieren und sie zugleich durch eine Reihe von Anreizen dazu ermuntern, die staatliche Unterstützung durch eigenes Einkommen zu ergänzen. Mit steigendem Einkommen soll(te) sich der staatliche Zuschuss verringern" (Rifkin 2001: 195).

Ein Niedriglohn-Arbeitsmarkt „erfordert die gesetzliche Festlegung eines Mindestlohns unterhalb der derzeitigen Leichtlohntarife" (Zukunftskommission der Friedrich-Ebert-Stiftung 1999: 262). Um eine solche Strategie politisch durchzusetzen, auch um Mitnahme- und Umverteilungseffekte zu verhindern, bedarf es der Mitwirkung der Gewerkschaften, die diese jedoch bislang verweigern, aus der Befürchtung heraus, damit würde das Tarifgefüge insgesamt nach unten gezogen (vgl. ebd.: 262). Eine solche Abwärtsspirale zu fördern, kann nicht im Interesse der Gewerkschaften liegen. Politisch leichter durchsetzbar ist daher vermutlich eine Strategie, die die Sozialversicherungsbeiträge am unteren Ende der Lohnskala senkt, da ja diese Beiträge einen erheblichen Teil der Arbeitskosten ausmachen. Fehlende Beiträge sind durch Steuermittel auszugleichen (vgl. ebd.: 266 ff.).

Obwohl die Zukunftskommission unbestreitbar Frauenerwerbstätigkeit, vor allem auch die Vereinbarkeit von Beruf und Familie für beide Geschlechter fördern will, kann die Einrichtung eines Niedriglohn-Arbeitsmarktes die Benachteiligung von Frauen beim Entgelt und den davon bestimmten Sozialleistungen zementieren, ja sogar verstärken. Die Einführung von Leichtlohngruppen geht auf ein Urteil des Bundesarbeitsgerichts (1955) zurück, das die bis dahin üblichen Frauenlohnabschläge, da mit dem Gleichheitsgrundsatz des Grundgesetzes (Artikel 3) unvereinbar, verbot. Der Begriff Leichtlohngruppe gründet auf der Vorstellung, derzufolge es sich bei (industriellen) Frauenarbeitsplätzen um leichte Arbeit handelt — eine irrige Annahme, wie ein arbeitswissenschaftliches Gutachten (1975) nachweist, denn geringen physischen stehen häufig hohe psychische Belastungen/Beanspruchungen gegenüber (vgl. Jochmann-Döll 1990: 178 ff.). Es ist daran zu erinnern, dass Frauen bis heute bei gleicher oder gleichwertiger Arbeit in Deutschland nur etwa 70 Prozent der Männerentgelte erhalten (vgl. Kapitel 3.3). Durchaus erfolgreiche Versuche in den letzten Jahren, die Eingruppierung von Frauen, vor allem auch im Dienstleistungssektor, zu verbessern, also insbesondere psycho-soziale Anforderungen bzw. Qualifikationen angemessen zu bewerten, würden erschwert, wenn nicht sogar unmöglich (vgl. Winter 1994; Krell 2001). Damit würden frauenspezifische Benachteiligungen festgeschrieben, obwohl die Kommission anders als das bayerisch-sächsische Team nicht die Auffassung vertritt, wonach in diesen Bereichen des Dienstleistungssektors tendenziell einfache Qualifikationsprofile existieren. Die Ungleichheit zwischen Frauen hinsichtlich der Qualifikation, des beruflichen Status' und Einkommens hat sich in den letzten Jahrzehnten nicht gemildert, sondern im Gegenteil eher zugespitzt. Diese Ungleichheit will die Kommission zwar keineswegs weiter verstärken, denn das Bürgergeldsystem soll niemanden im Niedriglohnsektor einsperren: „Der Übergang zu besser bezahlter Arbeit ist gleitend und lohnend. Da ein durch Qualifikation erworbenes höheres Arbeitseinkommen nur zur Hälfte auf die staatliche Grundsicherung durch das Bürgergeld angerechnet wird, setzt das System bedeutsame finanzielle Anreize zur Qualifizierung" (Zukunftskommission der Friedrich-Ebert-Stiftung 1999: 253). Da aber private wie öffentliche Dienstleistungen, etwa Erziehung, Betreuung und Pflege als Kernbereiche eines frauenspezifischen Arbeitsmarktes, auch einem wachsenden Rationalisierungsdruck mit dem Ziel der Kostensenkung ausgesetzt sind, kann nicht ausgeschlossen werden, dass der schon jetzt existierende Verdrängungswettbewerb der höherqualifizierten durch niedrigqualifizierte Frauen sich weiter verschärft mit der Folge weiterer Qualitätseinbussen bei der Leistungserbringung. Denkbar ist aber auch eine Beschäftigung, ein Arbeitsplatz unterhalb der Qualifikation, was zwar zu Einbußen beim Entgelt führt, nichtsdestotrotz werden die Qualifikationen betrieblicherseits genutzt. Schon heute ist diese Strategie, vor allem bei der Beschäftigung von (qualifizierten) Frauen, weit verbreitet. Ob und wie sich dieses spannungsreiche Verhältnis durch Zivildienstleistende in bestimmten Dienstleistungsbereichen weiter zuspitzt, kann hier nicht beantwortet werden.

Die Protagonisten eines Niedriglohn-Arbeitsmarktes nehmen diese Komplexität, ja Widersprüchlichkeit im Bereich personenbezogener Dienstleistungen kaum in den Blick. Erst wenn die ausgeprägte geschlechtsspezifische Segmentierung dieses Arbeitsmarktes in den zentralen Dimensionen zur Kenntnis genommen wird, können erwünschte bzw. unerwünschte Folgen und Nebenfolgen einigermaßen antizipiert und abgeschätzt werden. Erst dann verfügen politische Akteure in etwa über ein ausreichendes wissenschaftliches Wissen für Entscheidungs- und Gestaltungsprozesse.

## 4.4 Das Bündnis für Arbeit, Ausbildung und Wettbewerbsfähigkeit (1996 – 2003)

Die in diesem Kapitel bislang vorgestellten Modelle und Ansätze zeichnen sich zwar durch eine Praxisorientierung aus, gleichwohl sind politisch Handelnde notwendig, um die Umsetzung voranzutreiben. Im *Bündnis für Arbeit* (Kurztitel), eine in Ergänzung zu Kapitel 1.5 erwähnte politische Arena in der Bundesrepublik Deutschland, versammeln sich mächtige *politische Akteure, so Staat (Regierung), Arbeitgeberverbände und Gewerkschaften, um auf dem Verhand-*

*lungswege zu versuchen, u. a. zur Überwindung der Massenerwerbslosigkeit beizutragen*. Dabei spielen, wie noch zu zeigen ist, auch die vorstehend diskutierten Konzepte eine strategische Rolle.

Die Konzertierte Aktion aus den 60er und 70er Jahren, Element einer keynesianisch aufgeklärten Wirtschaftspolitik, ist strukturprägendes Vorbild für das Bündnis für Arbeit. Für die einen ist das Bündnis „die politische Bühne, auf der in Deutschland die *Zukunft der (Arbeits)Gesellschaft und des Sozialstaates* verhandelt wird" (Arlt, Nehls 1999: 9), hingegen verweisen andere auf *Demokratie- und Legitimationsdefizite*, etwa durch die mögliche Verletzung der Prärogative des Gesetzgebers und der Tarifautonomie sowie ferner durch die Tatsache, dass organisierte Interessen zu Lasten der Langzeiterwerbslosen und der neuen sozialen Bewegungen privilegierten Zugang haben (vgl. Leggewie 1999: 13 ff.). Angemahnt wird ferner eine *Vernetzung in die Breite und Tiefe*, vor allem auch eine Ergänzung durch betriebliche, lokale und regionale Bündnisse, die eine Erfolgsbedingung für das Bündnis für Arbeit insgesamt bilden (vgl. Klein 1999: 234).

Die *Gründung des Bündnisses* geht auf eine *Initiative des IG Metall* Vorsitzenden Klaus Zwickel zurück, der angesichts der massiven Arbeitsmarktprobleme Mitte der 90er Jahre am 1. November 1995 auf dem 18. Ordentlichen Gewerkschaftstag seiner Organisation folgendes Angebot an die damalige CDU/CSU-FDP Regierung unter dem Kanzler Helmut Kohl sowie an die Arbeitgeber- und Wirtschaftsverbände richtet:

„Ich schlage (...) ein Abkommen auf Gegenseitigkeit vor, zur Schaffung von Arbeitsplätzen, ein ‚Bündnis für Arbeit'. Diese ‚Bündnis' umfasst auch einen eigenen Beitrag. Daran sind Voraussetzungen und Bedingungen geknüpft. Ein Geben und ein Nehmen. Diese Bündnis verpflichtet die Bundesregierung, die Arbeitgeber und auch uns zur Einhaltung. Und es verpflichtet zur Bilanz. Wenn die Unternehmen der Metallverarbeitung garantieren, in den nächsten drei Jahren auf betriebsbedingte Kündigungen zu verzichten, 300.000 zusätzliche Arbeitsplätze zu schaffen, außerdem 30.000 Langzeitarbeitslose einzustellen sowie die Ausbildungsplätze um jährlich 5 Prozent zu steigern und wenn die Bundesregierung verbindlich erklärt, bei der Novellierung des Arbeitsförderungsgesetzes auf die Kürzung des Arbeitslosengeldes und der Arbeitslosenhilfe zu verzichten und die Sozialhilfekriterien nicht zu verschlechtern, eine Regelung zur Gewährleistung des Ausbildungsplatzangebotes entsprechend der Nachfrage zu schaffen, Betriebe die nicht oder zu wenig ausbilden, zum Leistungsausgleich heranziehen, dann werde ich mich dafür einsetzen, in 1997 Einkommenssteigerungen zu vereinbaren, die sich am Ausgleich der Preissteigerung orientieren, und befristete Einarbeitungsabschläge für Langzeitarbeitslose zu ermöglichen" (Arlt, Nehls (Hrsg.) 1999: 256).

Dieses Angebot, vorgetragen vom Vorsitzenden jener Gewerkschaft, die innerhalb der im DGB organisierten Gewerkschaften damals die mitgliederstärkste und die gewerkschaftliche Programmatik in der Bundesrepublik wesentlich bestimmende ist, findet in der Öffentlichkeit wie bei den einschlägigen Akteuren eine positive Aufnahme, die am 23. Januar 1996 in die Unterzeichnung der Vereinbarung *„Bündnis für Arbeit und zur Standortsicherung"* mündet. Sie ist nur von kurzer Dauer, denn die damalige Bundesregierung legt 1996 ohne weitere Abstimmung ein *„Aktionsprogramm für Investitionen und Arbeitsplätze"* (das so genannte 50-Punkte-Programm) vor, mit dem der Standort Deutschland durch Rückführung des Staatsanteils und durch Maßnahmen des Sozialabbaus für den globalen Wettbewerb fit gemacht werden soll (vgl. Klein 1999: 235 f.). Daraufhin kündigen die Gewerkschaften die Vereinbarung. *Die Bündnisidee lebt erst wieder auf nach der Bundestagswahl 1998.* Die neue Regierung, aus SPD und Bündnis 90/Die Grünen gebildet, vereinbart ein Bündnis für Arbeit, Ausbildung und Wettbewerbsfähigkeit, in dem u. a. zu dem Thema *Beschäftigungschancen* *für Geringqualifizierte* Vereinbarungen gefunden werden sollen. In seiner Regierungserklärung vom 10. November 1998 stellt Bundeskanzler Gerhard Schröder bereits Anfang Dezember ein erstes Treffen in Aussicht. In der gemeinsamen Erklärung des Bündnisses vom 7. Dezember 1998 heißt es in einem 12 Punkte umfassenden Maßnahmenkatalog unter Punkt 11: Die am Bündnis Beteiligten streben vor allem an *„die Erschließung neuer Beschäftigungsfelder und Ausbildungsmöglichkeiten für gering qualifizierte Arbeitnehmer unter Erprobung und Einsatz neuer Instrumente"* (Arlt, Nehls (Hrsg.) 1999: 263).

Dieses Thema, das, folgt man den Ausführungen der Zukunftskommissionen (vgl. Kapitel 4.3.1 bis 4.3.3), von erheblicher gesellschaftlicher Dringlichkeit und zugleich Brisanz ist, wird in einer so genannten „Benchmarking-Gruppe" bearbeitet, die aus Vertretern der Ministerialbürokratie, des Bundeskanzleramtes und zwei Wissenschaftlern gebildet wird. Sie soll unter Bezug auf internationale Erfahrungen Vorschläge unterbreiten. Wissenschaftliche Beratung erfolgt durch die Professoren, beide Soziologen, Wolfgang Streeck, Direktor des Kölner Max-Planck-Instituts für Gesellschaftsforschung, und Rolf G. Heinze, Ruhruniversität Bochum. Als diese ihre arbeitsmarktpolitischen Vorstellungen im Frühjahr 1999 im „Spiegel" (Nr. 19) als Titelgeschichte unter der Überschrift „Aus Schröders Schublade: Der Plan. Radikalkur gegen die Arbeitslosigkeit" vorab veröffentlichen, lösen sie einen *erbitternden Streit im Bündnis für Arbeit aus, der die Entwicklung eines Niedriglohnsektors*, abgesehen von einigen Modellversuchen, *zunächst verhindert* (vgl. Der Spiegel 1999, Nr. 20: 60 ff.). Diese Blockade wird, angesichts eines weltweiten Wirtschaftsabschwungs im Frühjahr 2001, als „verpasste Chance" (vgl. Der Spiegel 2001, Nr. 19: 22 ff.) bewertet. Optimismus hinsichtlich der Umsetzung ist jedoch lange Zeit nicht angebracht: Während die Arbeitgeber zusätzliche Ausgaben ablehnen, die Arbeitsverwaltung um ihre bisherigen Fördertöpfe fürchtet, der Arbeitsminister Walter Riester (1998 - 2002) Missbrauch und Umsetzungsprobleme prognostiziert, die Gesundheitsministerin Ulla Schmidt feststellt: „Einen Niedriglohnsektor brauchen wir nicht, den haben wir bereits", ist der Widerstand aus den Gewerkschaften wohl am nachdrücklichsten (vgl. Der Spiegel 1999, Nr. 20: 60 ff.; 2001 Nr. 17: 24; Arlt, Nehls (Hrsg.) 1999: 30, 87, 143, 241). Die kontroversen Positionen der Akteure, die einem tragfähigen Kompromiss entgegenstehen, führen *Anfang 2003 zum Scheitern des Bündnisses.* Das Nahfolgeprojekt ist die *Agenda 2010,* die der Bundeskanzler Mitte März 2003, in einer Situation weiterhin steigender Erwerbslosenzahlen, dem Parlament und der Öffentlichkeit präsentiert.

Streeck und Heinze haben den oben erwähnten Artikel zunächst für den bereits zitierten Sammelband zum Bündnis für Arbeit (vgl. Arlt, Nehls (Hrsg.) 1999) verfasst und ihn dann unter einem anderen Titel dort erneut publiziert (vgl. Streeck, Heinze 1999: 147 ff.). Darauf beziehen sich die folgenden Ausführungen, gleichwohl existiert unter wiederum einem anderen Titel eine weitere, nahezu identische Veröffentlichung (vgl. Heinze, Streeck 2000: 234 ff.). In Ergänzung dazu ist noch auf eine frühere Buchveröffentlichung hinzuweisen (vgl. Heinze 1998).

Streeck und Heinze entwickeln ihre Vorschläge zur Überwindung der Beschäftigungskrise in Auseinandersetzung mit internationalen Lösungsansätzen und nehmen dabei explizit Bezug auf den Bericht der *Zukunftskommission der Friedrich-Ebert-Stiftung* und auf das darin favorisierte Konzept der Einrichtung eines Niedriglohnsektors. Die „heftige(n) und polemische(n) Kritik" (Streeck, Heinze 1999: 147) von Seiten der Gewerkschaften hat die Autoren nicht nur überrascht, sondern auch Unverständnis ausgelöst und die Frage provoziert:

„(...) warum die Gewerkschaften gegen ein Modell sind, das das Niveau unserer sozialen Sicherung verteidigt und darauf beharrt, dass gerade die oft niedrig entlohnten Tätigkeiten im Dienstleistungssektor netto nachweislich mehr bekommen sollen" (ebd.: 147). Die Akzeptanz einer solchen Politik würde für die Gewerkschaften einen Bruch mit den überkommenen tarifpolitischen Prinzipien einer kontinuierlichen Lohnerhöhung bedeuten, wiewohl sie gerade in den letzten Jahren hier viele Zugeständnisse gemacht haben, um Arbeitsplätze zu sichern bzw. zu schaffen. Dazu gehört auch eine zeitweise Absenkung des Tariflohns für bestimmte Gruppen wie Langzeiterwerbslose. Um vermutlich die politische Akzeptanz zu erhöhen, verwenden Heinze und Streeck nunmehr den Begriff „Mittellohnsektor" im Unterschied zu dem seit Jahren existierenden und prosperierenden Niedriglohnbereich, nämlich die so genannte „630,-DM-Beschäftigung" (vgl. ebd.: 147). Modellversuche mit wissenschaftlicher Begleitforschung, von der Bundesregierung als ein politischer Kompromiss auf den Weg gebracht, lehnen Heinze und Streeck ab, da deren Funktion darin bestehe, den notwendigen Paradigmenwechsel in der Arbeitsmarktpolitik zu vertagen, ja letztlich zu verhindern, denn einzuleiten (vgl. ebd.: 159) — eine Einschätzung, die sich bis 2002 als realistisch erweist.

Die seit zwei Jahrzehnten *praktizierten Strategien, um die wachsende Beschäftigungskrise zu bewältigen*, bestehen, gemäß der Analyse der Autoren, darin, *wachsende Teile des Arbeitsangebots einfach stillzulegen*. Diese Politik haben Regierung, Opposition, Arbeitgeber und Gewerkschaften im großen und ganzen einvernehmlich verfolgt. Um den Arbeitsmarkt zu entlasten, werden im wesentlichen drei gesellschaftliche Bereiche „als Zwischen- und Endlager von Arbeitskraft genutzt (...): die Familie, das Bildungssystem und die Alterssicherung" (ebd.: 149). Diese Politik ist durchaus erfolgreich: Mit 61,4 Prozent hat

Deutschland die niedrigste weibliche Erwerbsquote außerhalb Südosteuropas, das Durchschnittsalter der Studierenden beim ersten berufsqualifizierenden Abschluss liegt mittlerweile bei 28,2 Jahren, die Bundesanstalt für Arbeit gibt pro Jahr knapp DM 20 Milliarden für Qualifizierungsmaßnahmen aus, durch die Politik der Frühverrentung kann der Beschäftigungsabbau in den 90er Jahren konfliktfrei durchgeführt werden. 1997 weist die deutsche Volkswirtschaft mit einer Erwerbsrate von 71,1 Prozent deutlich weniger Beschäftigung auf als die britische (sechs Punkte mehr), die amerikanische (sieben Punkte mehr) und die dänische (neun Punkte mehr) (vgl. ebd.: 149 f.). Jedoch haben die verschiedenen Methoden zur Stilllegung von Arbeitskraft das kontinuierliche Ansteigen der Erwerbslosigkeit nicht verhindern können, wobei die finanziellen Aufwendungen immens sind. *Diese Politik stößt* wegen wachsender Kosten und zunehmender sozialer Widerstände *an ihre Grenzen.* Unerwünschte Nebenfolgen erzwingen eine Abkehr und eine Korrektur. Drei Folgewirkungen werden genannt: Die Frühverrentungen haben die Lohnnebenkosten steigen lassen, was soziale Akzeptanzprobleme in der älteren und finanzielle in der jüngeren Generation hervorruft, zudem erzwingt der demographische Wandel eher eine Verlängerung denn eine Verkürzung der Lebensarbeitszeit. Der späte Abschluss des Studiums behindert den Transfer neuen Wissens in die Arbeitswelt und mithin deren Innovationsfähigkeit. Ein Ausschluss der Frauen von Erwerbsarbeit ist illusorisch, denn deren Erwerbsquote steigt beständig: „Die vielfältigen Schikanen, die sich die deutsche Gesellschaft ausgedacht hat, um ihre Frauen in den Familienturm zu sperren — von der 630-DM-Falle über das Ehegattensplitting bis zu den Ladenschlusszeiten und der Weigerung, zuverlässige Ganztagsschulen einzurichten — werden immer weniger hingenommen werden" (ebd.: 151).

Um *die gesellschaftlich produzierte Paradoxie von niedriger Erwerbsquote und hoher Erwerbslosigkeit* aufzubrechen, wäre es, nach Auffassung der Autoren, Aufgabe der Bundesregierung und des Bündnisses für Arbeit die Beschäftigungspolitik so zu verändern, dass der Dienstleistungssektor für neue Beschäftigungsmöglichkeiten geöffnet wird.

„Als realistisches operatives Ziel könnte das Bündnis sich eine laufende Erhöhung der Erwerbsquote von einem Prozent pro Jahr, nach holländischem Beispiel, vornehmen. Schon bei einer Steigerung um fünf Prozent, also ein kanadisches Niveau, wären im übrigen die meisten aktuellen Finanzierungsprobleme unseres Systems der sozialen Sicherung lösbar, wenn nicht bereits gelöst" (ebd.: 153).

Wie aus den zuvor diskutierten Modellen bekannt, soll sich der Dienstleistungssektor sowohl für relativ unqualifizierte, also niedrig produktive Dienstleistungsarbeit, öffnen als auch qualifizierte Erwerbstätige erreichen (vgl. ebd.: 148). Diese Doppelstrategie, in der Argumentation keineswegs durchgehalten, denn an anderer Stelle heißt es, dass das eigentliche Beschäftigungsdefizit „nicht in erster Linie bei den hochqualifizierten Dienstleistungen" (ebd.: 157) liegt, kann als Reaktion auf jene Debatte interpretiert werden, in der über Qualifikationsprofile von Dienstleistungsarbeit aus frauenpolitischer Perspektive gestritten wird. Die frauenpolitische Brisanz dieser Auseinandersetzung mit Blick auf Qualifikation, aber auch auf Entgelt soll damit entschärft, vielleicht sogar zugedeckt werden (vgl. Kapitel 3.3, 4.3.3). Heinze und Streeck plädieren für eine *Entlastung von Sozialabgaben für niedrig produktive Beschäftigung* (vgl. Kapitel 4.3.3). Auf diese Weise würde eine beschäftigungspolitisch wünschenswerte Begünstigung arbeitsintensiver Dienstleistungsbereiche mit Beschäftigungsmöglichkeiten für „gering qualifizierte (!) Arbeitnehmer" erreicht (ebd.: 161). Auf der Angebotsseite des Arbeitsmarktes würde bei niedrigen Bruttolöhnen der Abstand zwischen Brutto und Netto abnehmen, aber *der Abstand zwischen Nettolohn und derzeitigem Sozialhilfeniveau wachsen, so dass ein Anreiz zur Aufnahme von Erwerbsarbeit besteht.* Niedrige Löhne in diesem Bereich setzen aber eine Tarifpolitik voraus, die sich nicht an der nationalen Durchschnittsproduktivität orientiert, wie die AutorInnen der Berliner Streitschrift fordern (vgl. Kapitel 4.3.2), sondern an inter- und intrasektoralen Produktivitätsunterschieden. Das von Heinze und Streeck favorisierte Modell einer Arbeitsmarktreform nimmt *einen* Vorschlag der Zukunftskommission der Friedrich-Ebert-Stiftung auf. Gewisse politische Umsetzungschancen ergeben sich erst in Verlauf des Jahres 2003 (vgl. Kapitel 5).

### 4.5 Zusammenfassung

Im Kontext der Thematik *„Zeit und Arbeit"* sind abschließend gemeinsame und unterschiedliche Positionen zu zentralen Aspekten der in diesem Kapitel diskutierten Modelle zusammenfassend herauszuarbeiten:

- Gorz ist der einzige unter den AutorInnen, der *die Zeitknappheit, die Zeitnot,* wie sie sich mit der Rationalisierungsbewegung einer kapitalistischen Wirtschaftsgesellschaft herausbildet, grundlegend überwinden will. Im Gegensatz zum gesellschaftlichen Status quo favorisiert er das Modell einer *„Zeitsouveränitätsgesellschaft".* AutorInnen, die außer einer optionalen Arbeitszeitgestaltung einen Ausbau der gesellschaftlichen Infrastruktur zur Entlastung der Familienarbeit fordern, wollen vor allem die Zeitnot erwerbstätiger Eltern deutlich mildern.

- Alle Konzepte favorisieren einen *erweiterten Arbeitsbegriff*, der neben der Erwerbsarbeit auch Haus- und Beziehungsarbeit sowie ehrenamtliche Tätigkeiten bzw. Bürgerarbeit umfasst.

- Der *Stellenwert von Erwerbsarbeit* wird hingegen unterschiedlich gewichtet. Gorz und die freistaatliche Zukunftskommission relativieren die objektive und/oder subjektive Bedeutung dieser Arbeit. Gorz will Erwerbsarbeit tendenziell durch selbstbestimmte Aktivitäten überwinden und einem alternativen Gesellschaftsentwurf, der „Multiaktivitätsgesellschaft", zum Durchbruch verhelfen. Im Unterschied dazu wollen die Berichter an den Club of Rome und die Mitglieder der freistaatlichen Zukunftskommission das Defizit an Erwerbsarbeit durch Ehrenamt/Bürgerarbeit und Eigenarbeit kompensieren. Die Berichter an den Club of Rome, die AutorInnen der Berliner „Streitschrift" und die Mitglieder der Zukunftskommission der Friedrich-Ebert-Stiftung sowie die wissenschaftlichen Berater im Bündnis für Arbeit halten an dem herausgehobenen Stellenwert von Erwerbstätigkeit mit Blick auf die Fortentwicklung von Gesellschaft und auf die Gesellschaftsmitglieder in Bezug auf deren sozialen Status, Integration und Identität fest. Anders als die AutorInnen der freistaatlichen Zukunftskommission sehen sie überwiegend die zunehmende *Frauenerwerbstätigkeit* positiv und wollen sie weiter fördern, da sie u. a. die finanziellen Grundlagen sozialstaatlicher Leistungen wie die Sozialversicherungssysteme (wieder) festigen kann. Würden Frauen vom Arbeitsmarkt zurückgedrängt, so drohen zudem enorme Verwerfungen, denn schon heute und zukünftig noch mehr fehlen Fachkräfte. Frauen gehören immer mehr zu dieser Gruppe, da ihr Qualifikationsniveau in den letzten Jahren permanent gestiegen ist.

- Die Berichter an den Club of Rome plädieren zusammen mit den AutorInnen der Bayerisch-Sächsischen Zukunftskommission für eine *Grundsicherung*, deren Bewilligung an bestimmte Voraussetzungen, d.h. Erwerbsarbeit und/oder Ehrenamt/Bürgerarbeit gebunden ist. Nur Gorz ist Vertreter eines bedingungslosen, ausreichenden und nicht nur minimalen Grundeinkommens.

- Über die *Ursachen der Erwerbslosigkeit* besteht im großen und ganzen Konsens, wiewohl die Diskussion darüber aus unterschiedlichen Perspektiven, mit verschiedenen Argumenten und Akzenten geführt wird. Eine gravierende Differenz gibt es jedoch zur freistaatlichen Zukunftskommission, die neben der Ausländerbeschäftigung in der wachsenden Frauenerwerbstätigkeit eine der Hauptursachen für das Beschäftigungsdilemma sieht. Frauen sollen weitgehend vom Arbeitsmarkt verdrängt und auf Bürgerarbeit bzw. das Ehrenamt verwiesen werden.

- Strategischer Ansatzpunkt für die *Überwindung der Beschäftigungskrise* ist der Dienstleistungssektor, vor allem der Bereich der *personenbezogenen Dienstleistungen*, in dem ein so genannter *Niedriglohnsektor* einzurichten ist. Dieser Konsens überdeckt allerdings gewichtige Differenzen. Während die freistaatliche Zukunftskommission und auch die Berichter an den Club of Rome eine wachsende Gruppe von working poor letztlich akzeptieren, setzen die AutorInnen aus der Friedrich-Ebert-Stiftung und die Berater des Bündnisses für Arbeit auf ein existenzsicherndes, soziokulturellen Standards entsprechendes Einkommen für die Beschäftigten, die auch an allen anderen Leistungen der Sozialversicherungssysteme partizipieren sollen. Mehr noch: Der Niedriglohnsektor ist kein Ghetto, er kann eine Brücke zu anderen Arbeitssektoren bilden, also zusammen mit

Qualifizierungsprozessen zu einem höheren Einkommen führen. Gorz und die AutorInnen der Berliner „Streitschrift" sprechen sich vehement dagegen aus. Für Gorz würden die in einem solchen Sektor Beschäftigten diskriminiert und überdies der gesellschaftliche Status quo zementiert. Die AutorInnen der „Streitschrift" setzen auf eine allgemeine, umfassende Qualifizierungsoffensive im Unterschied zu einer Elitenbildung, wie sie die freistaatliche Kommission intendiert, und auf staatliche Politik, um Langzeiterwerbslose, die mit den gestiegenen Anforderungen nicht mehr mithalten können, wieder in den normalen Arbeitsmarkt zu integrieren. Eine solche Offensive befürworten auch die AutorInnen aus der Friedrich-Ebert-Stiftung. Sie sind aufgrund einschlägiger Erfahrungen jedoch skeptischer, ob die Arbeitsmarktprobleme Geringqualifizierter dadurch insgesamt behoben werden können. Die AutorInnen der „Streitschrift" verweisen zudem auf die geschlechtsspezifische Segmentierung des Arbeitsmarktes und auf damit einhergehende Benachteiligungen: Frauen sind einerseits Gewinnerinnen des Ausbaus von Dienstleistungsarbeit, auch aufgrund ihrer gestiegenen Qualifikationen; gleichwohl ist ihr Anteil an Leitungspositionen gering. Andererseits werden sie aber in erheblichem Umfang nach wie vor diskriminiert, vor allem mittelbar und unmittelbar beim Entgelt, was im wesentlichen darauf zurückzuführen ist, dass vor allem psycho-soziale Anforderungen/Qualifikationen und Belastungen/Beanspruchungen im Vergleich zu so genannten Männerarbeitsplätzen nicht angemessen gewürdigt, anerkannt und entgolten werden. Durch die Einrichtung eines Niedriglohnsektors besteht zweifellos die Gefahr, die Ungleichbehandlung nicht nur fortzuschreiben, sondern auszuweiten und neu zu befestigen. Diese Tendenz kann noch dadurch verstärkt werden, dass Frauen heutzutage zunehmend unterhalb ihrer formalen Qualifikationen beschäftigt und entsprechend niedriger entgolten werden. Schon allein für diese strittigen Punkte besteht nach wie vor ein erheblicher wissenschaftlicher wie politischer Klärungsbedarf.

Abschließend sei daran erinnert, dass im Dienstleistungssektor insgesamt schon jetzt und auch zukünftig verstärkt rationalisiert wird, und entgegen lange Zeit gehegter Erwartung die anderenorts erwerbslos Gewordenen nicht aufgefangen werden (vgl. Rifkin 2001: 147). Es ist daher nicht auszuschließen, dass diese ehemals „große Hoffnung des zwanzigsten Jahrhunderts" (vgl. Fourastié 1954) auch für den Bereich der personenbezogenen Dienstleistungen sich als illusionär erweist. Schon heute gilt: Darüber zur Vollbeschäftigung zurückkehren zu können, ist fraglich. Aus dieser Skepsis beziehen viele Modelle jenseits der Erwerbsarbeit ihre wesentliche Legitimation. — Außer forcierter Rationalisierung zeichnet sich in diesem Sektor, so bei Verwaltung, Forschung und Entwicklung, eine Verlagerung in asiatische und angesichts der EU-Erweiterung in osteuropäische Länder ab. Diese zunehmende Tendenz, möglich durch eine weltweite Vernetzung durch IuK-Technik, betrifft Arbeitsplätze mit hohen Qualifikationsanforderungen (vgl. Kagermann 2003: 110 ff.; Möllhoff 2003: 23; Ludsteck 2003: 18). Ob außer gering nun auch höher Qualifizierte in großem Umfang Opfer der Globalisierung werden, bleibt abzuwarten. Die deutlich niedrigeren Lohnkosten bei gutem bis sehr gutem Qualifikationsniveau sprechen aber gegen eine völlige Umkehr des eingeschlagenen Trends.

# 5 Von der Schwierigkeit, die Zukunft von Zeit und Arbeit politisch zu gestalten

Die im Kapitel 1.5 skizzierten Arenen der Gestaltung von Zeit und Arbeit sowie deren Akteure, vor allem soweit es sich um organisierte, institutionalisierte handelt, fragen zunehmend wissenschaftliche Beratung nach, obwohl seit der Euphorie der 60er und 70er Jahre eine Ernüchterung hinsichtlich der Praxismöglichkeit und -wirksamkeit von Wissenschaft eingetreten ist. Politische Entscheidungen scheinen sich demnach kaum mehr ohne wissenschaftliche Begründung legitimieren zu lassen. Eine Arena, aktuell besonders ins Blickfeld gerückt, ist die staatliche, d.h. das Handeln von Regierung und Parlament. Da die Regierung und die sie bildenden Parteien derzeit keine politische Mehrheit im Bundesrat haben, werden Gesetzgebungsverfahren, sofern eine Zustimmung der Länderkammer erforderlich, erschwert. Verhandelt und entschieden wird über die Zukunft der Arbeitsgesellschaft, des Sozialstaats. In diesem Zusammenhang stellt sich nun abschließend die Frage nach den politischen Umsetzungschancen der vorgestellten Zukunftsmodelle, vornehmlich jenen, die in den Kapiteln 4.3 und 4.4 referiert wurden. Einige der im Folgenden sichtbar werdenden Probleme im Spannungsfeld von Wissenschaft und Politik sind so grundlegend, dass sie auch für andere Gestaltungsarenen relevant sind.

Die Zukunftskommissionen (vgl. Kapitel 4.3) weisen eine Reihe gemeinsamer Merkmale auf. Ihre Einrichtung und die Berufung ihrer Mitglieder erfolgt auf

Initiative von Landesregierungen und einer parteinahen Stiftung. Auffällig ist ihr durchgängig interdisziplinärer Charakter. Interdisziplinarität ist *eine* Voraussetzung für gesellschaftliche Problembewältigung. Ambivalent zu bewerten ist jedoch, dass die ExpertInnen nicht nur aus der Wissenschaft, sondern vereinzelt auch aus der Praxis kommen. Ob dadurch die Umsetzungschancen erhöht werden, was zumindest auf den ersten Blick durchaus plausibel erscheint, bleibt dennoch fraglich. Gleiches gilt für den Sachverhalt, dass die ExpertInnen ihren Auftraggebern politisch mehr oder weniger nahe stehen, wiewohl in der Wissenschaft erkenntnisleitende Interessen gerade auch in ihrer Unterschiedlichkeit von grundlegender Bedeutung sind, und mithin Voraussetzungslosigkeit im Sinne von Neutralität nicht existiert. So haben „alle Parteien (...) längst ihre ‚Haus- und HofwissenschaftlerInnen', die sich zum Teil erbittert bekämpfen" (Bonß 1999: 104). Vermittelt über politische Handlungen und Prozesse stößt so Wissenschaft auf Wissenschaft, was, politisch zwar überdeckt, auch zu wissenschaftlichen Kontroversen führen kann. — Alle Zukunftsentwürfe weisen eine sozialwissenschaftliche Orientierung auf, und sie bestätigen damit einen verstärkt sich abzeichnenden Trend zur Versozialwissenschaftlichung. Dazu kommt es, wenn bei politischen Problemen eine Lösung nur unter Rückgriff auf soziologisches Wissen zu erwarten ist (vgl. Bonß, Hartmann 1985: 15). Dabei kann Versozialwissenschaftlichung als *ein* Schritt zur Interdisziplinariät in der theoretisch-methodischen Vorgehensweise verstanden werden. Eine solche anspruchsvolle Perspektive wird häufig programmatisch zwar beschworen, aber faktisch kaum realisiert. Das mag u. a. mit folgendem Umstand zusammenhängen: So hat „der soziologische Diskurs (...) nicht die zentrale Definitionsmacht über den öffentlichen Diskurs" (Lepsius 2003: 22). Diese Rolle wird zumindest aktuell eher von den Wirtschaftswissenschaften eingenommen, die in Teilbereichen durchaus soziologisches Wissen aufnehmen. Dabei kann „eine ungeheuere Trivialisierung

210

des soziologischen Wissens und soziologischer Kategorien (erfolgen, I. R.). Die entwerten sich in dem öffentlichen Gebrauch bis zur Unkenntlichkeit ihres Gehaltes. Insofern haben wir eine Soziologisierung des Diskurses ohne eine theoretische Verschärfung des Diskurses" (ebd.: 22).

Trotz aufgezeigter Berührungspunkte zwischen Wissenschaft und Politik handelt es sich um zwei disparate gesellschaftliche Systeme, auch mit Blick auf ihre spezifischen Handlungskonstellationen. Diese Divergenzen erklären maßgeblich, warum die Umsetzung wissenschaftlichen Wissens zumeist als unzureichend wahrgenommen wird und auch ist. Damit werden Erwartungen an die Leistungsfähigkeit wissenschaftlicher Beratung enttäuscht und sodann als überzogen abgewertet.

Wissenschaft und Politik bzw. Praxis unterscheiden sich zumindest hinsichtlich folgender Merkmale (vgl. Bosch u. a. (Hrsg.) 1999): Der Zeithorizont der Wissenschaft ist langfristig. Die Standards wissenschaftlichen Arbeitens sind hoch, d.h., es sind methodisch und empirisch abgesicherte Ergebnisse zu präsentieren, so dass schnelle Innovationen nicht zu erwarten sind. In den Sozialwissenschaften ist die Prognosefähigkeit eingeschränkt, jedoch sind begrenzte Trend- und Tendenzaussagen möglich, aber kein sozialtechnologisches Rezeptwissen. Forschungsinteressen richten sich vornehmlich auf soziale Zusammenhänge einschließlich der Neben- und Folgewirkungen sowie der ungeplanten Konsequenzen. Um diesen Anforderungen zu genügen, bedarf Wissenschaft, obwohl sie ja nicht gesellschaftlich voraussetzungslos agiert, der Distanz zur gesellschaftlichen Praxis; andernfalls bleibt ihr Potential unausgeschöpft. Mangelnder oder gar fehlender Abstand kann sich mithin als kontraproduktiv erweisen.

Wissenschaft erfüllt, daran ist zu erinnern, im politischen Prozess mehrere Funktionen: Sie legitimiert, wie bereits angedeutet, Entscheidungen der Akteure, wobei eine Entmachtung des Gesetzgebers nicht auszuschließen ist, was wiederum die Entwicklung zur Expertokratie begünstigt (vgl. Kapitel 4.4). Zudem bedient sich die Politik der Wissenschaft, um Entscheidungen zu vertagen, also um Zeit zu gewinnen. Es werden wissenschaftliche Gutachten vergeben, Kommissionen eingerichtet und Modellversuche mit Begleitforschung durchgeführt.

Die Politik zeichnet sich gegenüber der Wissenschaft durch einen kurzfristigen Horizont aus, der zunächst einmal durch die Dauer einer Legislaturperiode begrenzt ist, obwohl im günstigen Fall auch Perspektiven darüber hinaus entwickelt werden. Das Interesse einer Regierung an ihrer Wiederwahl ist legitim. Insofern richtet sich die Aufmerksamkeit in erster Linie auf prompte Lösungen, gefragt ist direktes Rezept- und Umsetzungswissen im Sinne sozialtechnologischer Empfehlungen, wobei deren weitreichende Folgen tendenziell ausgeblendet werden. Politische Entscheidungsprozesse sind außerordentlich komplex, da unterschiedliche Interessen hineinwirken, wobei deren VertreterInnen über abgestuft viel Einfluss und Macht verfügen. Eine Regierung, in der Regel in der Bundesrepublik von mehreren Parteien gebildet, muss einerseits Rücksicht nehmen auf die jeweiligen Bundestagsfraktionen, auf ihre Wähler und Parteimitglieder, will sie ihre Zukunft nicht auf's Spiel setzen, zudem auf Lobbyisten vielfältiger Provenienz, möglicherweise auch auf die Opposition, mit der sie bei gegenläufigen Mehrheitsverhältnissen im Bundesrat Kompromisse auszuhandeln genötigt ist, und andererseits muss sie gleichzeitig genügend Unabhängigkeit auch im Sinne von „Führungsstärke" behaupten, um noch relativ eigenständig, an einem „Gemeinwohl" orientiert handeln zu können. Diese vielschichtige, widersprüchliche und konfliktträchtige Konstellation trägt wesentlich dazu bei, die von der Wissenschaft präsentierten Vorlagen nur selektiv zu rezipieren. Insofern können Ergebnisse der Wissenschaftsforschung nicht erstaunen, denen zufolge es keine lineare mechanische Umsetzung sozialwissenschaftlichen Wissens gibt (vgl. ebd.). Ähnliches dürfte für wirtschaftswissenschaftliches Wissen gelten. Insgesamt erscheint eine Nichtsteuerbarkeit der Anwendung plausibel.

Im Prozess der politischen Rezeption der Zukunftsmodelle lassen sich die aufgezeigten Tendenzen durchaus wieder erkennen. Für einige, den Arbeitsmarkt betreffenden Gesetze, in 2002 und 2003 verabschiedet, dienen die Entwürfe, zumindest fragmentarisch, als Vorlage, ohne dass von den Akteuren darauf explizit Bezug genommen wird.

Nach der Bundestagswahl 2002, die SPD und Bündnis 90/Die Grünen knapp gewinnen, ist die Wirtschaftsgesellschaft weiterhin u. a. durch eine anhaltende ökonomische Stagnation, steigende Erwerbslosigkeit — weit über vier Millionen, geringe Konsumneigung, massiven Rückgang des Steueraufkommens und wachsende Staatsverschuldung gekennzeichnet — mit der Folge, dass der Sozialstaat wie nie zuvor in der Bundesrepublik an die Grenze seiner finanziellen Leistungsfähigkeit stößt. Die über Jahre gehegte Idee und praktizierte Politik, Wirtschaftswachstum werde die zumeist strukturellen Probleme kurzfristig wenigstens verdecken, wenn nicht vielleicht sogar lösen, erweist sich als nicht mehr haltbare Illusion, zumal die wirtschaftliche Misere seit Anfang 2001 kein kurzlebiges Phänomen zu sein scheint. Mit der Aufkündigung des Bündnisses für Arbeit im Winter 2003 (vgl. Kapitel 4.4) und der anschließenden Regierungserklärung, am 14. März 2003, nimmt der Bundeskanzler unter dem Stichwort *„Agenda 2010"* einen Kurswechsel vor, der auf einen tiefgreifenden Umbau des Sozialstaates angelegt ist. Diese Wende löst einen heftigen, bisweilen erbitterten

Meinungsstreit mit den Gewerkschaften, in und zwischen den Regierungs- und Oppositionsparteien aus und führt besonders durch die WählerInnen zu einem bislang anhaltenden Sympathieabsturz des Kanzlers und seiner Regierung sowie der SPD, was auch die große Zahl von Parteiaustritten belegt.

Als bereits 2002 aufgrund einer Studie bekannt wird, dass ein Drittel der erwerbslos Gemeldeten gar keine Stelle sucht, sondern Sozialansprüche erhalten oder die Zeit bis zur Rente überbrücken will (vgl. Sauga 2002: 73), wird gemäß dem Vorschlag der nach dem VW-Manager Hartz (vgl. Kapitel 3.1) benannten Regierungskommission eine Neuorganisation der Bundesanstalt für Arbeit avisiert mit dem Ziel, der Vermittlung von Erwerbslosen zukünftig Priorität einzuräumen. Den gleichen Anliegen widmen sich die neu geschaffenen Jobcenter und Personalservice-Agenturen, wobei die letztere die Leiharbeit aktivieren soll. Einschnitte in die Sozialversicherungssysteme, so bei der Renten- und Krankenversicherung, sollen die Lohnnebenkosten zumindest stabilisieren, wenn nicht gar absenken (vgl. Kapitel 1.5), wobei die entsprechenden Risiken fortan privat abzusichern sind. Ferner wird der Kündigungsschutz gelockert. Diese und die nachfolgend skizzierten sowie weitere Maßnahmen, etwa die vorgezogene Steuersenkung, werden bis Ende 2003 nach einem Vermittlungsverfahren zwischen Regierung(s-) und Opposition(sparteien) — in bislang beispielloser Weise als öffentliches Schauspiel mit dramatischen Höhepunkten inszeniert — als Gesetze verabschiedet.

Die folgenden Vorhaben finden sich auch, zwar nicht im Detail, aber im Prinzip in den Konzepten der Zukunftskommissionen und des Bündnisses für Arbeit wieder. Es besteht zumindest ein Gleichklang in der eingeschlagenen Richtung, wobei sich die verwendeten Begriffe teilweise unterscheiden. Der Forderung der

Bayerisch-Sächsischen Zukunftskommission, die Selbständigkeit zu fördern, wird durch finanzielle Anreize und die Lockerung des Meisterzwangs entsprochen. Sie wird populär unter dem Stichwort „Ich AG". Es ist davon auszugehen, dass mit Ausnahme der VerfasserInnen der „Streitschrift" die Mitglieder der anderen Kommissionen grundsätzlich die Reform der geringfügigen Beschäftigung, nunmehr Mini- bzw. Midi-Job genannt, respektieren bzw. akzeptieren, was Detailkritik nicht ausschleißt: Die so genannte Geringfügigkeitsgrenze wird zum 1. April 2003 auf 400,- Euro angehoben, ohne dass Abgaben bei den Beschäftigten anfallen (vgl. Kapitel 2.3); danach wird bis zu 800,- Euro eine so genannte Gleitzone für die Sozialbeiträge eingeführt (vgl. Kapitel 3.3, 4.3.3, 4.4.). Das Arbeitslosengeld wird ab 2005 maximal ein Jahr gezahlt, Arbeitslosen- und Sozialhilfe werden im Arbeitslosengeld II zusammengefasst, das leicht über dem bisherigen Sozialhilfeniveau liegen wird (vgl. Kapitel 4.3.1). Eigenes Erwerbseinkommen wird nicht mehr wie bisher fast vollständig auf die staatlichen Transferleistungen angerechnet. Damit sollen Anreize zur Aufnahme von Erwerbsarbeit geschaffen werden, was natürlich ein entsprechendes Angebot voraussetzt. Langzeiterwerbslose müssen künftig jede legale Beschäftigung annehmen, auch wenn die Bezahlung unterhalb ortsüblicher Tarife liegt. Die Frage des Entgelts ist nach wie vor ein zentraler Streitpunkt und hat die Forderung nach einem gesetzlichen Mindestlohn provoziert (vgl. Kapitel 4.3.3). Ein langfristiger Berufs- und Qualifikationsschutz ist mithin nicht mehr gegeben.

Ob diese Neujustierung des Sozialstaates im Sinne von mehr Autonomie und weniger Zwang, von mehr Eigenverantwortung und weniger kollektiv-solidarischer Absicherung zumindest mittelfristig Nutzen für die überwiegende Mehrzahl bringt, ist durchaus fraglich. Skepsis ist schon deshalb angebracht, weil in Bildung, Forschung und Entwicklung entgegen anderslautenden Ankündigungen öffentliche Investitionen nach wie vor eher kümmerlich sind, was einer Erfolg versprechenden Positionierung der Bundesrepublik Deutschland in der „Weltgesellschaft" nicht förderlich ist.

# Literatur

Arlt, Hans-Jürgen; Sabine Nehls (1999): Einleitung, in: Dies. (Hrsg.): Bündnis für Arbeit. Konstruktion — Kritik — Karriere, Opladen: Westdeutscher

Bäcker, Gerhard; Brigitte Stolz-Willig (1993): Teilzeitarbeit — Probleme und Gestaltungschancen, in: WSI-Mitteilungen, Nr. 9, S. 545 ff.

Bauer, Frank (1999): Teilzeit ist nicht gleich Teilzeit. Besonderheiten der Teilzeitbeschäftigung von Männern, in: Hans-L. Endl, Ulrich Heisig, Jürgen Holland u. a.: teilZeit. Lebensqualität trotz Beschäftigungskrise, Hamburg: VSA, S. 101 ff.

Beck, Ulrich; Elisabeth Beck-Gernsheim (1990): Das ganz normale Chaos der Liebe, Frankfurt/M.: Suhrkamp

Becker, Stefan J. (2003): Mehr Familie für den Unternehmenserfolg, in: Personalwirtschaft. Magazin für Human Resources, Nr. 7, S. 32 ff.

Becker-Schmidt, Regina; Uta Brandes-Erlhoff, Marva Karrer, Axeli G. Knapp, Mechthild Rumpf, Beate Schmidt (1982): Nicht wir haben die Minuten, die Minuten haben uns. Zeitprobleme und Zeiterfahrungen von Arbeitermüttern in Fabrik und Familie, Bonn: Dietz

Bergmann, Christine (2000): Gleichstellungspolitik — weiterhin aktuell, in: Gewerkschaftliche Monatshefte, Nr. 12, S. 665 ff.

Bergmann, Werner (1985): Das Problem der Zeit in der Soziologie. Ein Literaturüberblick zum Stand der „zeitsoziologischen" Theorie und Forschung, in: Kölner Zeitschrift für Soziologie und Sozialpsychologie, Nr. 3, S. 462 ff.

Bertram, Hans (2000): Arbeit, Familie und Bindungen, in: Jürgen Kocka, Claus Offe (Hrsg.): Geschichte und Zukunft der Arbeit, Frankfurt/M., New York: Campus, S. 308 ff.

Bielenski, Harald; Burkhard Strümpel (1988): Eingeschränkte Erwerbsarbeit bei Frauen und Männern. Fakten — Wünsche — Realisierungschancen, Berlin: Sigma

Bielenski, Harald (2000): Erwerbswünsche und Arbeitszeitpräferenzen in Deutschland und Europa — Ergebnisse einer Repräsentativbefragung, in: WSI-Mitteilungen, Nr. 4, S. 228 ff.

Bispinck, Reinhard (1996): Zeitfragen — Streitfragen. Zur Entwicklung der kollektiven Regulierung von Arbeitszeit, in: WSI-Mitteilungen, Nr. 7, S. 414 ff.

Bispinck, Reinhard (1997): Die Tarifrunde 1997. Eine Halbjahresbilanz, in: WSI-Mitteilungen, Nr. 7, S. 449 ff.

Böhle, Fritz (1999): Nicht nur mehr Qualität, sondern auch höhere Effizienz — Subjektivierendes Handeln in der Altenpflege, in: Zeitschrift für Arbeitswissenschaft, Nr. 3, S. 174 ff.

Bonß, Wolfgang; Heinz Hartmann (1985): Konstruierte Gesellschaft, rationale Deutung. Zum Wirklichkeitscharakter soziologischer Diskurse, in: Dies. (Hrsg.): Entzauberte Wissenschaft, Soziale Welt, Sonderband 3, Göttingen: Schwartz & Co, S. 9 ff.

Bonß, Wolfgang (1999): Verwendung und Verwissenschaftlichung — oder: Grenzen praxisorientierter Sozialforschung, in: Aida Bosch, Helmut Fehr, Clemens Kraetsch, Gert Schmidt (Hrsg.): Sozialwissenschaftliche Forschung und Praxis. Interdisziplinäre Sichtweisen, Wiesbaden: DUV, S. 103 ff.

Bosch, Aida; Helmut Fehr, Clemens Kraetsch, Gert Schmidt (Hrsg.) (1999): Sozialwissenschaftliche Forschung und Praxis. Interdisziplinäre Sichtweisen, Wiesbaden: DUV

Bosch, Gerhard (1996): Flexibilisierung der Arbeitszeit und Umverteilung von Arbeit, in: WSI-Mitteilungen, Nr. 7, S. 423 ff.

Bosch, Gerhard (1998): Das Ende von Arbeitszeitverkürzungen? Zum Zusammenhang von Arbeitszeit, Einkommen und Beschäftigung, in: WSI-Mitteilungen, Nr. 6, S. 345 ff.

Bothfeld, Silke; Lutz C. Kaiser (2003): Befristung und Leiharbeit: Brücken in reguläre Beschäftigung?, in: WSI-Mitteilungen, Nr. 8, S. 484 ff.

Bremer, Claudia (1998): Formen und Voraussetzungen der Telearbeit, in: Adreas Brill, Michael de Vries (Hrsg.): Virtuelle Wirtschaft. Virtuelle Unternehmen, Virtuelle Produkte, Virtuelles Geld und Virtuelle Kommunikation, Opladen: Westdeutscher, S. 120 ff.

Brinkmann, Gerhard (1981): Ökonomik der Arbeit, Stuttgart: Klett-Cotta, S. 112 ff.

Brucks, Ursula (1999): Gefühlsarbeit — Versuch einer Begriffsklärung, in: Zeitschrift für Arbeitswissenschaft, Nr. 3, S. 182 ff.

Bund der Industrieangestellten Österreichs (Hrsg.) (1929): Grundlagen und Richtlinien gewerkschaftlicher Rationalisierungspolitik, Wien: Kammer für Arbeiter und Angestellte

Busch, Gabriele; Doris Hess-Diebäcker, Marlene Stein-Hilbers (1988): Den Männern die Hälfte der Familie — den Frauen mehr Chancen im Beruf, Weinheim: Deutscher Studien

Büschemann, Karl-Heinz (1999): Rückkehr zur Realität. VW kippt einen Teil seines revolutionären Arbeitszeitmodells, in: Süddeutsche Zeitung, 26. Januar, S. 19

Büschemann, Karl-Heinz (2003): „Intelligentes Arbeitszeitmodell". Opel bezahlt Arbeitsausfall zur Hälfte, in: Süddeutsche Zeitung, 5. November, S. 23

Büser, Wolfgang (2001): Mehr Spielraum für Eltern. Ein neues Gesetz regelt die staatliche Erziehungshilfe / Unterstützung und Auszeiten nach der Geburt werden erweitert, in: Süddeutsche Zeitung, 3./4. Februar, S. 24

Büssing, André; Sandra Aumann (1996): Telearbeit aus arbeitspsychologischer Perspektive. Eine Analyse von Telearbeit anhand Kriterien humaner Arbeit, in: Arbeit. Zeitschrift für Arbeitsforschung, Arbeitsgestaltung und Arbeitspolitik, Nr. 2, S. 133 ff.

Büssing, André; Sandra Aumann (1996): Telearbeit im Spannungsfeld der Interessen betrieblicher Akteure: Implikationen für das Personalmanagement, in: Zeitschrift für Personalforschung, Nr. 3, S. 223 ff.

Büssing, André, Patrick Boome (1999): Telearbeit. Zeitflexibel in die Informationsgesellschaft, in: André Büssing, Hartmut Seifert (Hrsg.): Die „Stechuhr" hat ausgedient. Flexiblere Arbeitszeiten durch technische Entwicklungen, Berlin: Sigma, S. 99 ff.

Campbell Clark, Sue (2000): Work/family border theory: A new theory of work/family balance, in: Human Relations, Nr. 4, S. 747 ff.

Claußen, Lars (1988): Produktive Arbeit, destruktive Arbeit. Soziologische Grundlagen, Berlin, New York: de Gruyter

Daniels, Arne (1999): Die Reformer: Peter Hartz rettete bei Volkswagen viele tausend Arbeitsplätze, in: Die Zeit, 2. Juni, S. 57

Deckstein, Dagmar (1999): Megatrend Mikrounternehmen, in: Süddeutsche Zeitung, 23./24. April, S. 25

Der Spiegel 1999, Nr. 19

Der Spiegel 1999, Nr. 20

Der Spiegel 2001, Nr. 10

Der Spiegel 2001, Nr. 17

Der Spiegel 2001, Nr. 19

Der Spiegel 2001, Nr. 27

Der Spiegel 2001, Nr. 30

Deutschmann, Christoph (1985): Der Weg zum Normalarbeitstag. Die Entwicklung der Arbeitszeiten in der deutschen Industrie bis 1918, Frankfurt/M., New York: Campus

Deutschmann, Christoph (1990): Der Normalarbeitstag. Historische Funktion und Grenzen des industriellen Zeitarrangements, in: Helmut König, Bodo von Greiff, Helmut Schauer (Hrsg.): Sozialphilosophie der industriellen Arbeit, Leviathan, Sonderheft 11, Opladen: Westdeutscher, S. 77 ff.

Deutschmann, Christoph (2001): Die Gesellschaftskritik der Industriesoziologie — ein Anachronismus?, in: Leviathan, Nr. 1, S. 58 ff.

Dingeldey, Irene; Silke Reuter (2003): Beschäftigungseffekte der neuen Verflechtung zwischen Familien- und Arbeitsmarktpolitik, in: WSI-Mitteilungen, Nr. 11, S. 659 ff.

Dostal, Werner (1999): Telearbeit in der Informationsgesellschaft, Göttingen: Hogrefe

Durkheim, Emile (1981): Die elementaren Formen des religiösen Lebens, Frankfurt/M.: Suhrkamp

Eckart, Christel (1986): Halbtags durch das Wirtschaftswunder. Die Entwicklung der Teilzeitarbeit in den sechziger Jahren, in: Helgard Kramer, Christel Eckart, Ilka Riemann, Karin Walser: Grenzen der Frauenlohnarbeit. Frauenstrategien in Lohn- und Hausarbeit seit der Jahrhundertwende, Frankfurt/M., New York: Campus, S. 183 ff.

Eckart, Christel (2000): Zeit zum Sorgen. Fürsorgliche Praxis als regulative Idee der Zeitpolitik, in: Feministische Studien extra, S. 9 ff.

Elias, Norbert (1984): Über die Zeit, Frankfurt/M.: Suhrkamp

Engelbrech, Gerhard; Hannelore Gruber, Maria Jungkunst (1997): Erwerbsorientierung und Erwerbstätigkeit ost- und westdeutscher Frauen unter veränderten gesellschaftlichen Rahmenbedingungen, in: Mitteilungen aus der Arbeitsmarkt- und Berufsforschung, Nr. 1, S. 150 ff.

Ertel, Michael; Silvija Kaurić (2000): Flexibilisierung und Gesundheit am Beispiel der Telearbeit. Ergebnisse einer empirischen Untersuchung in der Medienbranche, in: WSI-Mitteilungen, Nr. 9, S. 598 ff.

Fourastié, Jean (1954): Die große Hoffnung des zwanzigsten Jahrhunderts, Köln: Bund

Freudenreich, H.; B. Klein, J. Stricker (1997): Entwicklung der Telearbeit — Arbeitsrechtliche Rahmenbedingungen, Stuttgart (Ms.)

Fürstenberg, Friedrich; Irmgard Herrmann-Stojanov, Jürgen P. Rinderspacher (Hrsg.) (1999): Der Samstag. Über Entstehung und Wandelt einer modernen Zeitinstitution, Berlin: Sigma

Fürstenberg, Friedrich (2000): Berufsgesellschaft in der Krise. Auslaufmodell oder Zukunftspotential?, Berlin: Sigma

Garhammer, Manfred (1994): Balanceakt Zeit. Auswirkungen flexibler Arbeitszeiten auf Alltag, Freizeit und Familie, Berlin: Sigma

Garhammer, Manfred unter Mitarbeit von Norbert Mundorf (1997): Teleheimarbeit und Telecommuting: ein deutsch-amerikanischer Vergleich über kulturelle Bedingungen und soziale Auswirkungen einer neuen Arbeitsform, in: Zeitschrift für Arbeitswissenschaft, Nr. 4, S. 232 ff.

Gehrmann, Wolfgang (2003): Die Wolfsburger Traumfabrik, in: Die Zeit, 23. Oktober, S. 20 f.

Gehrmann, Wolfgang; Christian Tenbrock (2003): Flexible Funktionäre. Union und Industrie wollen den Flächentarifvertrag aufbrechen und betriebliche Bündnisse erzwingen. Die gibt es längst — tausendfach, in: Die Zeit, 4. Dezember, S. 23

Geissler, Birgit; Birgit Pfau-Effinger (1999): Wandel der Erwerbsbiographie und der Lebensplanung junger Frauen, in: Hans-L. Endl, Ulrich Heisig, Jürgen Holland u. a.: teilZeit. Lebensqualität trotz Beschäftigungskrise, Hamburg: VSA, S. 88 ff.

Geißler, Rainer (1992): Die Sozialstruktur Deutschlands. Ein Studienbuch zur Entwicklung im geteilten und vereinten Deutschland, Opladen: Westdeutscher

Geramanis, Olaf (2002): Vertrauensarbeitszeit — die verpasste Chance?, in: WSI-Mitteilungen, Nr. 6, S. 347 ff.

Gerhard, Ute (1998): „Illegitime" Töchter. Das komplizierte Verhältnis zwischen Feminismus und Soziologie, in: Jürgen Friedrichs, M. Rainer Lepsius, Karl Ulrich Mayer (Hrsg.): Die Diagnosefähigkeit der Soziologie, Sonderheft 38, Kölner Zeitschrift für Soziologie und Sozialpsychologie, S. 343 ff.

Gesterkamp, Thomas (2001): Papa ante Portas. Eine bundesweite Kampagne wirbt dafür, dass auch Väter die neue Rechtslage nutzen und Erziehungspausen einlegen können, in: Süddeutsche Zeitung, 28./29. April, S. V 1/25

Giarini, Orio; Patrick M. Liedtke (1998): Wie wir arbeiten werden. Der neue Bericht an den Club of Rome, Hamburg: Hoffmann und Campe

Godehard, Birgit (1995): Telearbeit — Rahmenbedingungen und Potentiale, Opladen: Westdeutscher

Goldmann, Monika; Gudrun Richter unter Mitarbeit von Wolfram Wassermann (1987): Betriebliche Flexibilisierungsinteressen und die Entstehung von Teleheimarbeitsplätzen für Frauen. Empirische Beispiele aus der Druckindustrie, in: Friedhelm Gehrmann (Hrsg.): Neue Informations- und Kommunikationstechnologien. Ansätze einer gesellschaftsbezogenen Technologieberichterstattung, Soziale Indikatoren 14, Frankfurt/M., New York: Campus, S. 105 ff.

Gorz, André (1980): Abschied vom Proletariat. Jenseits des Sozialismus, Frankfurt/M.: Europäische Verlagsanstalt

Gorz, André (1983): Wege ins Paradies, Berlin: Wagenbach

Gorz, André (2000): Arbeit zwischen Misere und Utopie, Frankfurt/M.: Suhrkamp

Gottschall, Karin (2002): Flexible Erwerbsbürgerschaft auch für Frauen? Herausforderungen der Arbeitsmarkt-, Familien- und Bildungspolitik in Deutschland, in: Arbeit. Zeitschrift für Arbeitsforschung, Arbeitsgestaltung und Arbeitspolitik, Nr. 2, S. 89 ff.

Graumann, Carl F. (1982): Zur Einführung in diesen Band, in: Ders. (Hrsg.): Kurt-Lewin-Werkausgabe, Band 4, Feldtheorie, Bern, Stuttgart: Huber, Klett-Cotta, S. 11 ff.

Greiner, Ulrich (1986): „Beethoven. Roll over Beethoven. Roller skating Beethoven", in: Die Zeit, Nr. 17

Habermas, Jürgen (1981): Theorie des kommunikativen Handelns, Band 1 und 2, Frankfurt/M.: Suhrkamp

Hardes, Heinz-Dieter; Gerd-Jan Krol, Fritz Rahmeyer, Alfons Schmid (1995): Volkswirtschaftslehre — problemorientiert, Tübingen: Mohr (Siebeck)

Hartz, Peter (1994): Jeder Arbeitsplatz hat ein Gesicht. Die Volkswagenlösung, Frankfurt/M., New York: Campus

Hartz, Peter (1996): Das atmende Unternehmen. Jeder Arbeitsplatz hat einen Kunden — Beschäftigungssicherung bei Volkswagen, Frankfurt/M., New York: Campus

Hausen, Karin (2000): Arbeit und Geschlecht, in: Jürgen Kocka, Claus Offe (Hrsg.): Geschichte und Zukunft der Arbeit, Frankfurt/M., New York: Campus, S. 343 ff.

Heckmann, Friedrich (1988): Der Kampf um den freien Sonntag im 19. Jahrhundert, in: Hartmut Przybylski, Jürgen P. Rinderspacher (Hrsg.): Das Ende gemeinsamer Zeit. Risiken neuer Arbeitszeitgestaltung und Öffnungszeiten, Bochum: SWJ, S. 99 ff.

Heinze, Rolf G.; Claus Offe (Hrsg.) (1990): Formen der Eigenarbeit. Theorie, Empirie, Vorschläge, Opladen: Westdeutscher

Heinze, Rolf G. (1998): Die blockierte Gesellschaft. Sozioökonomischer Wandel und die Krise des „Modell Deutschland", Opladen: Westdeutscher

Heinze, Rolf G.; Wolfgang Streeck (2000): Institutionelle Modernisierung und Öffnung des Arbeitsmarktes: Für eine neue Beschäftigungspolitik, in: Jürgen Kocka, Claus Offe (Hrsg.): Geschichte und Zukunft der Arbeit, Frankfurt/M., New York: Campus, S. 234 ff.

Herrmann-Stojanov, Irmgard (1999): Kein Tag wie jeder Andere. Befragungsergebnisse aus vier Jahrzehnten, in: Friedrich Fürstenberg, Irmgard Herrmann-Stojanov, Jürgen P. Rinderspacher (Hrsg.): Der Samstag. Über Entstehung und Wandel einer modernen Zeitinstitution, Berlin: Sigma, S. 297 ff.

Hielscher, Volker; Eckart Hildebrandt (1999): Zeit für Lebensqualität. Auswirkungen verkürzter und flexibilisierter Arbeitszeit auf die Lebensführung, Berlin: Sigma

Hielscher, Volker; Eckart Hildebrandt (2000): Die Ambivalenz flexibler Arbeitszeiten: Neue Abhängigkeiten vom Betrieb oder Zugewinn an Lebensqualität?, in: Eckart Hildebrandt (Hrsg.): Reflexive Lebensführung. Zu den sozialökologischen Folgen flexibler Arbeitszeit, Berlin: Sigma, S. 129 ff.

Hildebrandt, Eckart (2000): Flexible Arbeit und nachhaltige Lebensführung, in: ebenda, S. 271 ff.

Hildebrandt, Eckart; Karsten Reinecke, Jürgen Rinderspacher, Günter Voß (2000): Einleitung: Zeitwandel und reflexive Lebensführung, in: ebenda, S. 9 ff.

Hinrichs, Karl; Claus Offe, Helmut Wiesenthal (1983): Der Streit um die Zeit. Die Arbeitszeit im gesellschaftspolitischen und industriellen Konflikt, in: Claus Offe, Karl Hinrichs, Helmut Wiesenthal (Hrsg.): Arbeitszeitpolitik. Formen und Folgen einer Neuverteilung der Arbeitszeit, Frankfurt/M., New York: Campus, 2. Auflage, S. 8 ff.

Hochschild, Arlie Russell (2002): Work-Life-Balance. Keine Zeit. Wenn die Firma zum Zuhause wird und zu Hause nur Arbeit wartet, Opladen: Leske + Budrich

Holch, Christine (1996): Wie eine fette Ente das Fliegen lernt. Auch nach dem Rückzug des Spaniers machen die Manager in Wolfsburg Druck, in: Die Zeit, 6. Dezember, S. 19

Holst, Elke; Friederike Maier (1998): Normalarbeitsverhältnis und Geschlechterordnung, in: Mitteilungen aus der Arbeitsmarkt- und Berufsforschung, Nr. 3, S. 506 ff.

Hornberger, Sonja; Jürgen Weisheit (1999): Telearbeit und Vereinbarkeit von Beruf und Familie, in: André Büssing, Hartmut Seifert: Die „Stechuhr hat ausgedient. Flexiblere Arbeitszeiten durch technische Entwicklungen, Berlin: Stigma, S. 127 ff.

Hörning, Karl-H.; Anette Gerhardt, Matthias Michailow (1990): Zeitpioniere. Flexible Arbeitszeiten — neuer Lebensstil, Frankfurt/M.: Suhrkamp

Jäckel, Michael; Christoph Rövekamp (2001): Alternierende Telearbeit. Akzeptanz und Perspektiven einer Neuen Form der Arbeitsorganisation, Wiesbaden: Westdeutscher

Jäger, Wieland (1999): Reorganisation der Arbeit. Ein Überblick zu aktuellen Entwicklungen, Opladen: Westdeutscher

Jahoda, Maria; Paul F. Lazarsfeld, Hans Zeisel (1975): Die Arbeitslosen von Marienthal. Ein soziographischer Versuch, Frankfurt/M.: Suhrkamp

Jahoda, Maria (1983): Wieviel Arbeit braucht der Mensch? Arbeit und Arbeitslosigkeit im 20. Jahrhundert, Weinheim, Basel: Beltz

Jahoda, Maria (1997): „Ich habe die Welt nicht verändert". Lebenserinnerungen einer Pionierin der Sozialforschung, Frankfurt/M., New York: Campus

Jochmann-Döll, Andrea (1990): Gleicher Lohn für gleichwertige Arbeit. Ausländische und deutsche Konzepte und Erfahrungen, München, Mehring: Hampp

Jönsson, Ingrid (2002): Vereinbarkeit von Berufs- und Familienleben in Schweden, in: WSI-Mitteilungen, Nr. 3, S. 176 ff.

Jonas, Friedrich (1960): Sozialphilosophie der industriellen Arbeitswelt, Stuttgart: Enke

Jürgens, Kerstin; Karsten Reinecke (1998): Zwischen Volks- und Kinderwagen, Berlin: Sigma

Kagermann, Henning (2003): Spiegel-Gespräch: „Wir sind Getriebene". SAP-Chef H. K. über den Konkurrenzkampf in der Software-Branche und seine Lehren aus der New-Economy-Blase, über den Standort Deutschland und die Verlagerung der Arbeitsplätze nach Indien, in: Der Spiegel, Nr. 48, S. 110 ff.

Kamp, Lothar (2000): Analyse betrieblicher Vereinbarungen zur Telearbeit, in: WSI-Mitteilungen, Nr. 9, S. 626 ff.

Katz, Christian; Werner Duell (1990): Individuelle Telearbeit für Männer: Chance für neue Geschlechterrollen, in: Felix Frei, Ivars Udris (Hrsg.): Das Bild der Arbeit, Bern, Stuttgart, Toronto: Huber, S. 302 ff.

Keller, Berndt (1995): Einführung in die Arbeitspolitik. Arbeitsbeziehungen und Arbeitsmarkt in sozialwissenschaftlicher Perspektive, München, Wien: Oldenbourg, 4., durchgesehene Auflage

Kirner, Ellen (1997): Konzepte für eine veränderte Arbeitsteilung zwischen Männern und Frauen, in: Andreas Gmelch, Irene Raehlmann (Hrsg.): Beschäftigungsperspektiven 2000. Vortrags- und Diskussionsreihe 1996/97 der Otto-Friedrich-Universität Bamberg, Bamberg: Fränkischer Tag, S. 48 ff.

Kleemann, Frank; G. Günther Voß (1999): Telearbeit und alltägliche Lebensführung, in: André Büssing, Hartmut Seifert (Hrsg.): Die „Stechuhr" hat ausgedient. Flexiblere Arbeitszeiten und technische Entwicklungen, Berlin: Sigma, S. 147 ff.

Klein, Martina (1999): Tripartistische Konsensstrategien. Erfahrungen, Voraussetzungen und Chancen, in: Hans-Jürgen Arlt, Sabine Nehls (Hrsg.): Bündnis für Arbeit. Konstruktion — Kritik — Karriere, Opladen: Westdeutscher, S. 231 ff.

Knauth, Peter (1997): Nacht- und Schichtarbeit, in: Holger Luczak, Walter Volpert (Hrsg.): Handbuch Arbeitswissenschaft, Stuttgart: Schäffer-Poeschel, S. 938 ff.

Kofler, Leo (1966): Zur Geschichte der bürgerlichen Gesellschaft, Versuch einer verstehenden Deutung der Neuzeit, Neuwied, Berlin: Luchterhand

Kommission für Zukunftsfragen der Freistaaten Bayern und Sachsen (Hrsg.) (1998): Erwerbstätigkeit und Arbeitslosigkeit in Deutschland. Entwicklung, Ursachen, Maßnahmen, München: Olzog

Konradt, Udo; Renate Schmook (1999): Analyse der Belastungen und Beanspruchungen an Telearbeitsplätzen. Erste Ergebnisse einer Längsschnittstudie, in: Arbeit. Zeitschrift für Arbeitsforschung, Arbeitsgestaltung und Arbeitspolitik, Nr. 1, S. 40 ff.

Krell, Gertraude (2001): Zur Analyse und Bewertung von Dienstleistungsarbeit. Ein Diskussionsbeitrag, in: Industrielle Beziehungen. Zeitschrift für Arbeit, Organisation und Management, Nr. 1, S. 9 ff.

Kronauer, Martin; Berthold Vogel, Frank Gerlach (1993): Im Schatten der Arbeitsgesellschaft. Arbeitslose und die Dynamik sozialer Ausgrenzung, Frankfurt/M., New York: Campus

Kurz-Scherf, Ingrid (1987): Skizze eines phantastischen Tarifvertragsentwurfs, in: Ingrid Kurz-Scherf, Gisela Breil (Hrsg.): Wem gehört die Zeit. Ein Lesebuch zum 6-Stunden-Tag, Hamburg: VSA, S. 300 ff.

Kutsch, Thomas; Fritz Vilmar (Hrsg.) (1983): Arbeitszeitverkürzung. Ein Weg zur Vollbeschäftigung, Opladen: Westdeutscher

Läsker, Kristina (2003): Unternehmen wenig familienfreundlich, in: Süddeutsche Zeitung, 9. Dezember, S. 6

Lauterbach, Wolfgang (1994): Berufsverläufe von Frauen. Erwerbstätigkeit, Unterbrechung und Wiedereintritt, Frankfurt/M., New York 1994: Campus

Leggewie, Claus (1999): Böcke zu Gärtnern? Das Bündnis für Arbeit im Politikprozess, in: Hans-Jürgen Arlt, Sabine Nehls (Hrsg.): Bündnis für Arbeit. Konstruktion — Kritik — Karriere, Opladen: Westdeutscher, S. 13 ff.

Lepsius, Reiner M. (2003): Die Soziologie ist eine Dauerkrise. Ein Gespräch mit Georg Vobruba, in: Soziologie. Forum der Deutschen Gesellschaft für Soziologie, Nr. 3, S. 20 ff.

Lewin, Kurt (1982): Mathematische Konstrukte in Psychologie und Soziologie (mit Karl Karsch), in: Carl-Friedrich Graumann (Hrsg.): Kurt-Lewin-Werkausgabe, Band 4, Feldtheorie, Bern, Stuttgart: Huber, Klett, S. 87 ff.

Lewin, Kurt (1982): Forschungsprobleme der Sozialpsychologie II: Soziales Gleichgewicht und sozialer Wandel im Gruppenleben, in: ebd., S. 237 ff.

Ludsteck, Walter (2003): Nichts wie weg. Unternehmen verlagern auch Bürojobs. Länder mit niedrigen Löhnen locken. Deutschland spielt passive Rolle, in: Süddeutsche Zeitung, 17. Dezember, S. 18

Ludwig, Isolde; Vanessa Schlevogt (2002): Bessere Zeiten für erwerbstätige Mütter?, in: WSI-Mitteilungen, Nr. 3, S. 133 ff.

Luhmann, Niklas (1968): Die Knappheit der Zeit und die Vordringlichkeit des Befristeten, in: Die Verwaltung, Nr. 1, S. 3 ff.

Luhmann, Niklas (1971): Lob der Routine, in: Niklas Luhmann (Hrsg.): Politische Planung. Aufsätze zur Soziologie von Politik und Verwaltung, Opladen: Westdeutscher, S. 113 ff.

Luhmann, Niklas (1973): Vertrauen. Ein Mechanismus zur Reduktion sozialer Komplexität, Stuttgart: Enke, 2. erweiterte Auflage

Management & Training. Magazin für Human Resources Development (2001), Nr. 10, Schwerpunkt: Work-Life-Balance

Marcuse, Herbert (1967): Über die philosophischen Grundlagen des wirtschaftswissenschaftlichen Arbeitsbegriffs, in: Ders.: Kultur und Gesellschaft, Band 2, Frankfurt/M.: Suhrkamp, S. 7 ff.

Marquardt, Albrecht; Peter Runde, Gert Westphal (1993): Psychische Belastung in helfenden Berufen: Bedingungen, Hintergründe, Auswege, Opladen: Westdeutscher

Marx, Karl (1964): Die deutsche Ideologie, in: Ders.: Frühschriften, Stuttgart: Kröner

Marx-Engels-Werke (MEW) (1968): Lohnarbeit und Kapital, Band 6, Berlin: Dietz

Marx-Engels-Werke (MEW) (1973): Ergänzungsband, 1. Teil, Berlin: Dietz

Marx-Engels-Werke (MEW) (1974): Das Kapital. Erster Band, Band 23, Berlin: Dietz

Matthes, Joachim (Hrsg.) (1983): Krise der Arbeitsgesellschaft? Verhandlungen des 21. Soziologentages in Bamberg 1982, Frankfurt/M., New York: Campus

Maurer, Andrea (1992): Alles eine Frage der Zeit? Die Zweckrationalisierung von Arbeitszeit und Lebenszeit, Berlin: Sigma

Mischau, Anina; Birgit Blättel-Mink, Caroline Kramer (1998): Innerfamiliale Arbeitsteilung — Frauen zwischen Wunsch und Wirklichkeit, in: Soziale Welt, Nr. 4, S. 333 ff.

Mitscherlich, Alexander; Margarete Mitscherlich (1967): Die Unfähigkeit zu trauern. Grundlagen kollektiven Verhaltens, München: Piper

Möllhoff, Christine (2003): „Wir sind die Gewinner". Die zweite Globalisierungswelle rollt. Banken und Software-Firmen verlagern jetzt auch immer mehr qualifizierte Arbeitplätze nach Indien, in: Die Zeit, 23. Oktober, S. 23

Müller, Peter (2001): Versteckter Sprengsatz. Beim Streit über das Pilotprojekt bei VW geht es um mehr als 5000 Arbeitsplätze. Auf dem Spiel steht die künftige Tarifpolitik der IG Metall, in: Die Zeit, 5. Juli, S. 19

Müller-Jentsch, Walther (1997): Soziologie der industriellen Beziehungen. Eine Einführung, Frankfurt/M., New York: Campus, 2. erweiterte und überarbeitete Auflage, 1. Auflage 1986

Müller-Jentsch, Walther; Peter Ittermann (2000): Industrielle Beziehungen. Daten, Zeitreihen, Trends 1950 - 1999, Frankfurt/M., New York: Campus

Müller-Wichmann, Christiane (1984): Zeitnot. Untersuchungen zum „Freizeitproblem" und seiner pädagogischen Zugänglichkeit, Weinheim, Basel: Beltz

Münch, Richard (2002): Die „zweite Moderne": Realität oder Fiktion? Kritische Fragen an die Theorie der „reflexiven" Modernisierung, in: Kölner Zeitschrift für Soziologie und Sozialpsychologie, Nr. 3, S. 417 ff.

Münz, Rainer (2001): Verzweifelt gesucht: mehr Menschen. Auch wenn die gebärfaulen Deutschen ein Babywunder herbeizaubern, werden Arbeiter und Rentenbeschaffer aus dem Ausland gebraucht, in: Die Zeit, 26. April, S. 4 f.

Munz, Eva; Frank Bauer, Hermann Groß (2002): Regelung und Praxis von Arbeitszeitkonten, in: WSI-Mitteilungen, Nr. 6, S. 347 ff.

Nasemann, Andrea (2000): Teilzeitarbeit: Ladenhüter oder Zukunftsmodell, in: Süddeutsche Zeitung, 25./26. November, S. V1/1

Nave-Herz, Rosemarie (1998): Die These über den „Zerfall der Familie", in: Jürgen Friedrichs, M. Rainer Lepsius, Karl Ulrich Mayer (Hrsg.): Die Diagnosefähigkeit der Soziologie. Kölner Zeitschrift für Soziologie und Sozialpsychologie, Sonderheft 38, S. 286 ff.

Negt, Oskar (1985): Lebendige Arbeit, enteignete Zeit. Politische und kulturelle Dimensionen des Kampfes um die Arbeitszeit, Frankfurt/M., New York: Campus

Neusüß, Christel (1983): Und die Frauen? Tun die denn nichts? Oder: Was meine Mutter zu Marx sagt, in: Beiträge zur feministischen Theorie und Praxis, Nr. 9, 10, S. 181 ff.

Notz, Petra (2001): Frauen, Manager, Paare. Wer managt die Familie?, München, Mering: Hampp

Novotny, Helga (1982): Nie von Zeit allein ..., in: Feministische Studien, Nr. 1, S. 9 ff.

Nowotny, Helga (1989): Eigenzeit, Frankfurt/M.: Suhrkamp

v. Oerzten, Christine (1997): Männerwelt Volkswagenwerk. Frauenarbeit und Geschlechterpolitik in der „Käferstadt", in: Rosemarie Beier (Hrsg.): Aufbau West — Aufbau Ost. Die Planstädte Wolfsburg und Eisenhüttenstadt in der Nachkriegszeit. Buch zur Ausstellung des Deutschen Historischen Museums vom 16. Mai bis 12. August 1997, Ostfildern-Ruit, S. 211 ff.

Ostner, Ilona (1978): Beruf und Hausarbeit. Die Arbeit der Frau in unserer Gesellschaft, Frankfurt/M., New York: Campus

Peinelt-Jordan, Klaus (1996): Männer zwischen Familie und Beruf. Ein Anwendungsfall für die Individualisierung der Personalpolitik, München, Mering: Hampp

Peinelt-Jordan, Klaus (1999): Personalpolitik für aktive Väter, in: Endl, Hans-L.; Ulrich Heisig, Jürgen Holland u. a.: teilZeit. Lebensqualität trotz Beschäftigungskrise, Hamburg: VSA, S. 112 ff.

Perina, Udo (1994): Teilen ohne Vorteil, in: Die Zeit, 10. Juni, S. 21

Pietrzyk, Ulrike (2003): Flexible Beschäftigungsform ‚Zeitarbeit' auf dem Prüfstand, in: Arbeit. Zeitschrift für Arbeitsforschung, Arbeitsgestaltung und Arbeitspolitik, Nr. 2, S. 112 ff.

Pinl, Claudia (1988): Mühsame Bewegungen im patriarchalischen Sumpf. Der Arbeitskreis Frauenpolitik der GRÜNEN im Bundestag, in: Marianne Weg, Otti Stein (Hrsg.): MACHT macht Frauen stark. Frauenpolitik für die 90er Jahre, Hamburg: VSA, S. 84 ff.

Pinl, Claudia (1988): Die Arbeitsteilung nach Geschlecht ist (fast) abgeschafft. Aus dem Bericht der Bundesfrauenbeauftragten für das Jahr 2010, in: ebenda, S. 199 ff.

Preller, Ludwig (1978): Sozialpolitik in der Weimarer Republik, Kronberg/Taunus: Athenäum, unveränderter Nachdruck des 1949 erstmals erschienenen Werkes

Prigge, Wolfgang-Ulrich (1997): Probleme besonderer Beschäftigtengruppen, in: Holger Luczak, Walter Volpert (Hrsg.): Handbuch Arbeitswissenschaft, Stuttgart: Schäffer-Poeschel, S. 773 ff.

Promberger, Markus; Jörg Rosdücher, Hartmut Seifert, Rainer Trinczek (1996): Beschäftigungssicherung durch Arbeitszeitverkürzung. 4-Tage-Woche bei VW und Freischichten im Bergbau: Mehr als zwei Beispiele, Berlin: Sigma

Promberger, Markus; Jörg Rosdücher, Hartmut Seifert, Rainer Trinczek (1997): Weniger Geld, kürzere Arbeitszeit, sichere Jobs. Soziale und ökonomische Folgen beschäftigungssichernder Arbeitszeitverkürzungen, Berlin: Sigma

Raehlmann, Irene (1980): „Verminderung negativer Wechselbeziehungen zwischen Arbeitswelt und den anderen Lebensbereichen" — eine Aktionsrichtung im Forschungsprogramm „Humanisierung des Arbeitslebens", in: Psychosozial, Zeitschrift für Prävention und Therapie psychosozialer Konflikte und Krankheiten, Nr. 4, S. 63 ff.

Raehlmann, Irene (1990): Neuorganisation der Arbeit. Perspektiven wider ihre geschlechtsgebundene Zuweisung, in: Ethik und Sozialwissenschaften, Streitforum für Erwägungskultur, Nr. 2, S. 269 ff.

Raehlmann, Irene (1991): Wechselwirkungen zwischen Arbeits- und außerbetrieblicher Lebenswelt. Ein untersuchungsleitendes Prinzip in der Schichtarbeitsforschung?, in: WSI-Mitteilungen, Nr. 1, S. 48 ff.

Raehlmann, Irene (1992): Wirkungszusammenhänge zwischen betrieblicher und außerbetrieblicher Lebenswelt — eine neue Perspektive in der Arbeitsforschung?, in: Dies., Birgit Meiners, Alexander Glanz, Maria Funder (Hrsg.): Alles unter einen Hut? Arbeits- und Lebenszeit von Frauen in der „Dienstleistungsgesellschaft", Hamburg: VSA, S. 9 ff.

Raehlmann, Irene; Birgit Meiners, Alexander Glanz, Maria Funder (1993): Flexible Arbeitszeiten: Wechselwirkungen zwischen betrieblicher und außerbetrieblicher Lebenswelt, Opladen: Westdeutscher

Raehlmann, Irene (1996): Entwicklung von Arbeitsorganisationen. Voraussetzungen, Möglichkeiten, Widerstände, Opladen: Westdeutscher

Raehlmann, Irene (2002): Arbeit und „Alltägliche Lebensführung" – neue Sichtweisen in Arbeitswissenschaft und Arbeitsforschung?, in: Manfred Moldaschl (Hrsg.): Neue Arbeit — Neue Wissenschaft der Arbeit? Festschrift zum 60. Geburtstag von Walter Volpert, Heidelberg, Kröning: Asanger, S. 249 ff.

Reich, Robert B. (2002): The Future of Success. Wie wir morgen arbeiten werden, München, Zürich: Piper

Reichwald, Ralf; Kathrin Möslein, Hans Sachenbacher, Hermann Engelberger (1997): Telearbeit & Telekooperation: Bedingungen und Strategien erfolgreicher Realisierung, in: Zeitschrift für Arbeitswissenschaft, Nr. 4, S. 204 ff.

Resch, Marianne (2000): Veränderungen des Verhältnisses von Erwerbsarbeit und unbezahlter Arbeit: Mehr Autonomie und neuer Sinn?, in: Zeitschrift für Arbeitswissenschaft, Nr. 2, S. 77 ff.

Rifkin, Jeremy (2001): Das Ende der Arbeit und ihre Zukunft, Frankfurt/M.: Fischer

Rinderspacher, Jürgen (1985): Gesellschaft ohne Zeit. Individuelle Zeitverwendung und soziale Organisation der Arbeit, Frankfurt/M., New York: Campus

Rousseau, Jean-Jacques (1987): Emile oder über die Erziehung, Paderborn: Schöningh, 8. Auflage

Rudolph, Hedwig (1983): Zwischen „Präferenzen" und Profit: Zur bedingten Flexibilität teilzeitarbeitender Frauen, in: Claus Offe, Karl Hinrichs, Helmut Wiesenthal (Hrsg.): Formen und Folgen einer Neuverteilung von Arbeitszeit, Frankfurt/M., New York: Campus, 2. Auflage, S. 98 ff.

Sauga, Michael (2002): Beschäftigung. An der Realität vorbei, in: Der Spiegel, Nr. 1, S. 73

Schilling, Gabi, Herrmann, Groß (1992): Studien zur Vereinbarkeit von Beruf und Familie. Über Arbeitszeiten von Frauen und über Teilzeitbeschäftigung von Männern, Köln: Institut zur Erforschung sozialer Chancen (ISO)

Schilling, Gabi; Frank Bauer, Hermann Groß (1996): Arbeitszeiten, Arbeitszeitwünsche und Zeitverwendung in Deutschland — Ergebnisse einer aktuellen Beschäftigtenbefragung in West- und Ostdeutschland, in: WSI-Mitteilungen, Nr. 7, S. 432 ff.

Schmid, Pia (1990): Warum Frauen nicht arbeiten und was das mit der Arbeit der Männer zu tun hat. Arbeit in der bürgerlichen Geschlechtertheorie, in: Helmut König, Bodo von Greiff, Helmut Schauer (Hrsg.): Sozialphilosophie der industriellen Arbeit. Leviathan, Sonderheft 11, Opladen: Westdeutscher, S. 258 ff.

Schmidt, Caroline (2003): Arbeitsmarkt: Trend zum Drittjob, in: Der Spiegel, Nr. 47, S. 66 f.

Schmidt, Renate (1988): Freiheit — Gleichheit — Schwesterlichkeit. Der Arbeitskreis Gleichstellung von Frau und Mann der SPD-Bundestagsfraktion, in: Marianne Weg, Otti Stein (Hrsg.): MACHT macht Frauen stark. Frauenpolitik für die 90er Jahre, Hamburg: VSA, S. 78 ff.

Schmiede, Rudi; Edwin Schudlich (1984): Arbeitszeit und Arbeitspolitik, in: Ulrich Jürgens, Frieder Naschold (Hrsg.): Arbeitspolitik. Materialien zum Zusammenhang von politischer Macht, Kontrolle und betrieblicher Organisation der Arbeit, Leviathan, Sonderheft 5, Opladen: Westdeutscher, S. 365 ff.

Schneider, Roland (1998): Verfrühte Hoffnung — noch kein Telearbeits-Wunder in Deutschland, in: WSI-Mitteilungen, Nr. 5, S. 331 ff.

Schöps, Martina (1980): Zeit und Gesellschaft, Stuttgart: Enke

Schratzenstaller, Margit (2002): Familienpolitik — wozu und für wen? Die aktuelle familienpolitische Reformdebatte, in: WSI-Mitteilungen, Nr. 3, S. 127 ff.

Schulze Buschoff, Karin (1994): Arbeitszeitpräferenzen. Basisdaten für eine bedürfnisgerechte Arbeitszeitgestaltung, Berlin: Wissenschaftszentrum Berlin für Sozialforschung (WZB), discussion-paper 94-102

Schulze, Gerhard (1992): Die Erlebnisgesellschaft. Kultursoziologie der Gegenwart, Frankfurt/M., New York: Campus

Schur, Ilse R. (2002): Expansion des Arbeitsmarkts im Dienstleistungssektor. Haushaltsdienste für jedermann/-frau, in: Arbeit. Zeitschrift für Arbeitsforschung, Arbeitsgestaltung und Arbeitspolitik, Nr. 4, S. 277 ff.

Seifert, Hartmut (1998): Arbeitszeitpolitik in Deutschland: auf der Suche nach neuen Wegen, in: WSI-Mitteilungen, Nr. 9, S. 579 ff.

Seifert, Hartmut; Johann Welsch (1999): Neue Technik und Arbeitszeiten in veränderten Arbeitswelten?, in: André Büssing, Hartmut Seifert

(Hrsg.): Die „Stechuhr" hat ausgedient. Flexiblere Arbeitszeiten durch technische Entwicklung, Berlin: Sigma, S. 49 ff.

Seifert, Hartmut (2000): Arbeitszeit nach Wunsch verkürzen?, in: WSI-Mitteilungen, Nr. 4, S. 237 ff.

Seifert, Hartmut; Rainer Trinczek (2000): Tarifkonzepte und Betriebswirklichkeit des VW-Modelltarifvertrags, in: Eckart Hildebrandt (Hrsg.): Reflexive Lebensführung. Zu den sozialökologischen Folgen flexibler Arbeit, Berlin: Sigma, S. 99 ff.

Senatsverwaltung für Arbeit, Berufliche Bildung und Frauen Berlin (Hrsg.) (1998): Die Sackgassen der Zukunftskommissionen. Streitschrift wider die Kommission für Zukunftsfragen der Freistaaten Bayern und Sachsen, Berlin: Schriftenreihe der Senatsverwaltung für Arbeit, Berufliche Bildung und Frauen

Sennett, Richard (1998): Der flexible Mensch. Die Kultur des neuen Kapitalismus, Berlin: Berlin

Simmel, Georg (1983): Das Geld in der modernen Kultur (1896), in: Ders.: Schriften zur Soziologie. Eine Auswahl, Frankfurt/M.: Suhrkamp, S. 78 ff.

Sorokin, Pitirim A.; Robert K.Merton (1937): Social Time: A Methodological and Functional Analysis, in: The American Journal of Sociology, Nr. 5, S. 615 ff.

Spitzley, Helmut (2000): Beschäftigungsorientierte Arbeitszeitgestaltung als Positiv-Summen-Spiel, in: Zeitschrift für Arbeitswissenschaft, Nr. 2, S. 67 ff.

Springer, Roland (1999): Rückkehr zum Taylorismus? Arbeitspolitik in der Automobilindustrie am Scheideweg, Frankfurt/M., New York: Campus

Streeck, Wolfgang; Rolf G. Heinze (1999): An Arbeit fehlt es nicht, in: Der Spiegel, Nr. 19, S. 38 ff.

Streeck, Wolfgang; Rolf G. Heinze (1999): Runderneuerung des deutschen Modells. Aufbruch für mehr Jobs, in: Hans-Jürgen Arlt, Sabine Nehls (Hrsg.): Bündnis für Arbeit. Konstruktion — Kritik — Karriere, Opladen: Westdeutscher, S. 147 ff.

Strümpel, Burkhard; Wolfgang Prenzel, Joachim Scholz, Andreas Hoff (1988): Teilzeitarbeitende Männer und Hausmänner. Motive und Konsequenzen einer eingeschränkten Erwerbsarbeit von Männern, Berlin: Sigma

Tenbrock, Christian (2003): Jürgen Peters hatte Recht. Kampf um die 35-Stunden Woche — jetzt auch im Westen, in: Die Zeit, 6. November, S. 19

v. Thadden, Elisabeth (2001): „Wir müssen die Männer zwingen". Der Familienforscher Hans Bertram fordert die Abschaffung des Patriarchats und eine Arbeitswelt, die Rücksicht nimmt auf die Bedürfnisse der Kinder und Eltern, in: Die Zeit, 22. Februar, S. 32

Taylor, Frederick Winslow (1919): Die Grundsätze wissenschaftlicher Betriebsführung, München, Berlin: Oldenbourg

Thompson, E. P. (1973): Zeit, Arbeitsdisziplin und Industriekapitalismus, in: Rudolf Braun, Wolfram Fischer, Helmut Großkrank, Heinrich Volkmann (Hrsg.): Gesellschaft in der industriellen Revolution, Köln: Kiepenheuer & Witsch, S. 81 ff.

Tornes, Kristin (1988): Frauen und Zeit, in: Helga Maria Hernes (Hrsg.): Frauenzeit — Gebundene Zeit, Bielefeld: AJZ, S. 13 ff.

Vogelheim, Elisabeth (1984): Frauenarbeitsschutz — künftig überflüssig?, in: Dies. (Hrsg.): Frauen am Computer. Was die neuen Technologien den Frauen bringen, Reinbek bei Hamburg: Rowohlt, S. 78 ff.

Volmerg, Birgit; Eva Senghaas-Knobloch, Thomas Leithäuser (1986): Betriebliche Lebenswelt. Eine Sozialpsychologie industrieller Arbeitsverhältnisse, Opladen: Westdeutscher

Volpert, Walter (1975): Die Lohnarbeitswissenschaft und die Psychologie der Arbeitstätigkeit, in: Peter Groskurth, Walter Volpert: Lohnarbeitspsychologie, Frankfurt/M.: Fischer, S. 11 ff.

Volpert, Walter (1990): Welche Arbeit ist gut für den Menschen? Notizen zum Thema Menschenbild und Arbeitsgestaltung, in: Felix Frei, Ivars Udris (Hrsg.): Das Bild der Arbeit, Bern, Stuttgart, Toronto: Huber, S. 23 ff.

Voß, G. Günter; Hans J. Pongratz (1998): Der Arbeitskraftunternehmer. Eine neue Grundform der Ware Arbeitskraft?, in: Kölner Zeitschrift für Soziologie und Sozialpsychologie, Nr. 1, S. 131 ff.

Walther, Rudolf (1990): Arbeit — ein begriffsgeschichtlicher Überblick von Aristoteles bis Ricardo, in: Helmut König, Bodo von Greiff, Helmut Schauer (Hrsg.): Sozialphilosophie der industriellen Arbeit. Leviathan, Sonderheft 11, Opladen: Westdeutscher, S. 3 ff.

Weber, Max (1924): Methodologische Einleitung für die Erhebungen des Vereins für Socialpolitik über Auslese und Anpassung (Berufswahlen und Berufsschicksal) der Arbeiterschaft in der geschlossenen Großindustrie (1908), in: Max Weber: Gesammelte Aufsätze zu Soziologie und Sozialpolitik, Tübingen: Mohr (Siebeck), S. 1 ff.

Weber, Max (1924): Zur Psychophysik der industriellen Arbeit (1908 – 1909), in: ebd., S. 61 ff.

Weber, Max (1964): Der Beruf zur Politik, in: Ders.: Soziologie, Weltgeschichtliche Analysen, Politik, Stuttgart: Kröner, S. 167 ff.

Weber, Max (1965): Die protestantische Ethik, München, Hamburg: Siebenstern

Wehler, Hans-Ulrich (1995): Deutsche Gesellschaftsgeschichte 1849 bis 1914, Band 3, München: Beck

Wehler, Hans-Ulrich (2003): Deutsche Gesellschaftsgeschichte 1914 bis 1949, Band 4, München: Beck

Weißbach, Hans-Jürgen; Nicole Lampe, Gaby Späker (1997): Telearbeit. Veränderte ökonomische Rahmenbedingungen, alte und neue Bedürfnisse von ArbeitnehmerInnen, Marburg: Schüren

Welsch, Johann (1998): Der Telekommunikationssektor: „Beschäftigungslokomotive" der Informationsgesellschaft? Beschäftigungseffekte von Multimedia in einer Schlüsselbranche der Zukunft, in: WSI-Mitteilungen, Nr. 1, S. 61 ff.

Wichmann, Dominik (1999): Das Leben im Wendekreis des Käfers. Fünf lange Tage und Nächte in Wolfsburg: Ein nicht alltäglicher Ausflug in das Soziallabor Deutschlands — eine Reise zurück und in die Zukunft, in: Süddeutsche Zeitung, 29./30. Mai, S. III

Wiesenthal, Helmut (1986): Zwischen Verkürzung und Flexibilität. Arbeitsumverteilung diesseits der schlechten Utopie der 20-Stunden-Woche, in: Hans E. Maier, Thomas Schmid (Hrsg.): Der goldene Topf. Vorschläge zur Auflockerung des Arbeitsmarktes, Berlin: Wagenbach, S. 116 ff.

Zukunftskommission der Friedrich-Ebert-Stiftung (Hrsg.) (1999): Wirtschaftliche Leistungsfähigkeit, sozialer Zusammenhalt, ökologische Nachhaltigkeit. Drei Ziele — ein Weg, Bonn: Dietz

# Aktuelle Neuerscheinungen zum Thema „Organisation"

If you have any concerns about our products,
you can contact us on
**ProductSafety@springernature.com**

In case Publisher is established outside the EU,
the EU authorized representative is:
**Springer Nature Customer Service Center GmbH
Europaplatz 3, 69115 Heidelberg, Germany**

Printed by Libri Plureos GmbH
in Hamburg, Germany